PSICANÁLISE I

OBRAS COMPLETAS
PSICANÁLISE I

Sándor Ferenczi

Tradução
ÁLVARO CABRAL

Revisão técnica e da tradução
CLAUDIA BERLINER

Título original:
BAUSTEINE ZUR PSYCHOANALYSE
Copyright © vols. I-IV segundo as edições Payot.
Publicados por acordo com Patterson Marsh Ltd e Judith Dupont
Copyright © 1991 e 2011, Livraria Martins Fontes Editora Ltda.,
São Paulo, para a presente edição.

1ª edição *1991*
2ª edição *2011*
5ª tiragem *2023*

Tradução
ÁLVARO CABRAL

Revisão técnica e da tradução
Claudia Berliner
Revisões
Márcia Leme
Letícia Castello Branco
Produção gráfica
Geraldo Alves
Paginação
Studio 3 Desenvolvimento Editorial
Capa
Katia Harumi Terasaka

Dados Internacionais de Catalogação na Publicação (CIP)
(Câmara Brasileira do Livro, SP, Brasil)

Ferenczi, Sándor, 1873-1933.
 Psicanálise I / Sándor Ferenczi ; [tradução Álvaro Cabral ; revisão técnica e da tradução Claudia Berliner]. – 2ª ed. – São Paulo : Editora WMF Martins Fontes, 2011. – (Obras completas / Sándor Ferenczi ; v. 1)

 Título original: Bausteine Zur Psychoanalyse.
 Bibliografia.
 ISBN 978-85-7827-269-2

 1. Psicanálise I. Título. II. Série.

10-03388
CDD-616.8917
NLM-WM 460

Índices para catálogo sistemático:
1. Psicanálise : Medicina   616.8917

Todos os direitos desta edição reservados à
Editora WMF Martins Fontes Ltda.
Rua Prof. Laerte Ramos de Carvalho, 133 01325-030 São Paulo SP Brasil
Tel. (11) 3293.8150 e-mail: info@wmfmartinsfontes.com.br
http://www.wmfmartinsfontes.com.br

Sumário

Prefácio do dr. Michaël Balint VII
Nota dos tradutores franceses XI

I. Do alcance da ejaculação precoce 1
II. As neuroses à luz do ensino de Freud e da psicanálise ... 5
III. Interpretação e tratamento psicanalíticos da impotência psicossexual 25
IV. Psicanálise e pedagogia 39
V. A respeito das psiconeuroses 45
VI. Interpretação científica dos sonhos 63
VII. Transferência e introjeção 87
VIII. Palavras obscenas. Contribuição para a psicologia do período de latência 125
IX. Anatole France, psicanalista 139
X. Um caso de paranoia deflagrada por uma excitação da zona anal 149
XI. A psicologia do chiste e do cômico 153
XII. Sobre a história do movimento psicanalítico 167
XIII. O papel da homossexualidade na patogênese da paranoia 179
XIV. O álcool e as neuroses 199
XV. Sonhos orientáveis 205
XVI. O conceito de introjeção 209
XVII. Sintomas transitórios no decorrer de uma psicanálise .. 213
XVIII. Um caso de *déjà vu* 225

XIX. Notas diversas 229
XX. A figuração simbólica dos princípios de prazer e de realidade no mito de Édipo 231
XXI. Filosofia e psicanálise 243
XXII. Sugestão e psicanálise 253
XXIII. Notas diversas 265
XXIV. O conhecimento do inconsciente 267
XXV. Contribuição para o estudo do onanismo 273

Bibliografia 279

Prefácio do dr. Michaël Balint

Sándor Ferenczi, 1873-1933

Acaba de ser empreendida a publicação em francês de toda a obra psicanalítica de Ferenczi. É um fato histórico extraordinário que essa publicação tenha tido que esperar tanto tempo, mais de trinta anos após a morte de Ferenczi. O presente volume constitui a primeira parte dessa obra, compreendendo os anos de 1908 a 1912. A edição dos volumes seguintes está prevista numa ordem cronológica.

Ferenczi é, sem dúvida, uma das figuras mais enigmáticas entre os pioneiros da psicanálise; por isso talvez seja oportuna uma breve introdução que trate da personalidade e da posição do autor.

Em 1914, Freud escrevia em História do movimento psicanalítico: *"A Hungria, geograficamente tão próxima da Áustria e cientificamente tão distante, produziu um único colaborador, S. Ferenczi, mas um colaborador que, por si só, vale toda uma sociedade."* Mais tarde, em 1933, em sua notícia necrológica, Freud escreveu que certos artigos de Ferenczi *"fizeram de todos os analistas seus alunos"*. Aí está um dos aspectos do complexo quadro; podemos acrescentar-lhe que Ferenczi era certamente, entre todos os analistas da nova geração que começou a se agrupar em torno de Freud, aquele que desfrutou da maior intimidade com ele; foi o primeiro a quem Freud chamou *"caro amigo"* em suas cartas, o único convidado a viajar com ele durante suas férias ciosamente protegidas. Foi ainda ele – nós o sabemos – que Freud, desde o início de seu relacionamento mútuo, imaginou de bom grado ter por genro.

O outro aspecto do quadro é o fato histórico de que, perto do fim da vida de Ferenczi, na segunda metade dos anos 1920, uma divergência de pontos de vista sempre crescente surgiu entre Freud e Ferenczi; no início, ela parece limitar-se aos problemas técnicos mas, na verdade, envolvia diversos problemas teóricos essenciais; em 1932, redundou na desavença aberta entre os dois homens.

Quem é, pois, o homem que se perfila por trás dessa obra e dessa vida? No restante desta introdução, proponho-me descrever as origens e a evolução de Ferenczi. Para tanto, dois caminhos, pelo menos, se me oferecem. Um deles seria percorrer de um extremo ao outro a vida de Ferenczi no prefácio deste primeiro volume; o outro, acompanhar sua evolução até o fim do período tratado neste tomo. Como ambas as soluções apresentam sérios inconvenientes, decidi-me pela segunda, que oferece ao leitor a possibilidade de compreender melhor os textos que lhe são submetidos. Esta parte da minha introdução terminará, portanto, no ano de 1912.

Ferenczi descende de uma família deveras interessante. Seu pai, embora fosse um judeu polonês imigrado na Hungria, alistou-se em 1848, aos 18 anos, no exército de voluntários que lutavam contra os Habsburgo pela independência da Hungria. Como só tinha um nível modesto de instrução, obteve autorização, após a capitulação de 1849, para estabelecer-se como livreiro com sua esposa em Miskolcz, pequena cidade de província húngara. Seu negócio prosperou rapidamente e ele tornou-se o editor de um dos principais poetas da resistência húngara, Michel Tompa, um pastor protestante. Fundou numerosa família – teve onze filhos, que abraçaram todos profissões liberais. Ferenczi, nascido em 1873, foi o quinto dos homens. Perdeu o pai quando ainda era adolescente; sabemos que, quando iniciou seus estudos de medicina aos 17 anos, em Viena, sua mãe já era viúva.

Como se podia esperar nessas circunstâncias, Ferenczi idealizou o pai, adquiriu um intenso "complexo fraterno" e desenvolveu uma relação extremamente ambivalente com a mãe. Após a morte do marido, a viúva assumiu a direção da livraria e, como tinha onze filhos, certamente não podia dedicar muito tempo a cada um deles. Seja como for, subsiste o fato de que Ferenczi, ao longo de toda a sua vida, tinha uma grande necessidade de amor. Possuía, sem dúvida, uma personalidade calorosa e esfuziante, e expressava generosamente todos os seus sentimentos; mas, de certa maneira, nunca parecia estar inteiramente satisfeito com o que recebia: precisava sempre de algo mais.

Seus anos de estudo em Viena representaram sua primeira experiência de independência no mundo. Contou-nos com frequência que, ao con-

PREFÁCIO

trário do que aconteceu em seu período escolar, não foi um aluno muito estudioso na universidade; preferiu a boa vida. Não obstante, terminou seu curso no tempo normal – sem jamais ter encontrado Freud nem ter ouvido falar dele. Regressou então a Budapeste e instalou-se como clínico geral e neuropsiquiatra; foi contratado, finalmente, como perito psiquiátrico junto aos tribunais. Exerceu a clínica geral até 1910; depois abandonou-a, para consagrar sua atividade profissional inteiramente à psicanálise. Conservou seu cargo de perito psiquiátrico junto aos tribunais por alguns anos mais, rescindindo-o após a guerra de 1914-18. Amigo de Max Schächter, redator-chefe de uma das principais revistas médicas da Hungria, logo iniciou sua colaboração nela, tanto com artigos originais quanto com notas e comentários de leitura. Gostava de contar que fora solicitado a redigir uma nota sobre A interpretação dos sonhos e que se recusara a escrevê-la depois de ter folheado rapidamente o livro, achando que ele não valia a pena. Alguns anos mais tarde, ouviu falar de um método elaborado em Zurique que permitia medir o funcionamento mental com a ajuda de um cronômetro. Era algo suficientemente preciso para seduzi-lo; comprou um cronômetro e, a partir desse instante, ninguém escapou ao seu zelo. Quem ficasse ao seu alcance nos cafés de Budapeste, escritor, poeta, pintor, zelador dos banheiros ou garçom, era irremediavelmente submetido à "prova de associação". Assim foi levado a reparar a omissão do passado e leu de ponta a ponta toda a literatura psicanalítica disponível na época.

No começo de 1908, aos 34 anos, escreveu a Freud para solicitar que lhe concedesse o privilégio de uma entrevista. Segundo parece, Freud ficou tão impressionado com Ferenczi que o convidou a apresentar uma comunicação no Primeiro Congresso de Psicanálise, em Salzburgo, em abril de 1908, e a visitá-lo em Berchtesgaden, onde a família Freud devia passar suas férias de verão – um acontecimento inaudito. No ano seguinte, em 1909, quando Freud visitou os Estados Unidos, ninguém duvidava de que Ferenczi o acompanharia na viagem. Foi o começo de uma amizade sem nuvens durante muitos anos, que assim permaneceu até a Primeira Guerra Mundial.

Numerosas viagens de verão e inúmeras discussões científicas se seguiram, das quais Ferenczi não era o único a tirar proveito. Em várias ocasiões, Freud menciona em suas cartas como este ou aquele comentário feito no decorrer dessas conversas o ajudou a transpor uma dificuldade. Por seu lado, Ferenczi, em seus artigos, nunca perdeu a oportunidade de expressar sua gratidão a Freud pelo estímulo proporcionado a algumas de suas ideias.

Todos os artigos contidos neste primeiro volume, que termina com o ano de 1912, pertencem a esse período. Nele iremos encontrar alguns clássicos da literatura analítica, como "Transferência e introjeção", "Palavras obscenas", "O papel da homossexualidade na patogênese da paranoia", "Sintomas transitórios no decorrer de uma psicanálise", "Filosofia e psicanálise", etc. É interessante assinalar que todos os artigos dessa época tratam de questões clínicas ou teóricas; Ferenczi sempre se preocupara, certamente, com problemas de ordem técnica, mas seu primeiro artigo técnico só datará de 1913. Pouco a pouco, o seu interesse por esse assunto o invadiu inteiramente e dedicou-lhe quase por completo os últimos anos de sua vida.

Gostaria de fazer ainda uma observação. O título do primeiro artigo psicanalítico de Ferenczi, a sua comunicação ao Congresso de Psicanálise de Salzburgo em 1908, apenas alguns meses após seu primeiro encontro com Freud, era "Psicanálise e pedagogia". Por uma ou outra razão, esse artigo foi publicado somente em húngaro durante a vida de Ferenczi (salvo uma breve nota de Rank que servia de apresentação para todas as comunicações feitas ao Congresso).

Na literatura psicanalítica, foi esse o primeiro artigo sobre a pedagogia; entretanto, foi ignorado e depois esquecido. O mais provável é que tenha parecido suscetível de gerar controvérsias inoportunas na época. Ele contém, sem dúvida, algumas ideias que ainda hoje pareceriam audaciosas, mas estou certo de que o leitor considerará o artigo muito interessante e estimulante.

Isso nos oferece uma espécie de preâmbulo às posições que Ferenczi assumirá no movimento psicanalítico. Nos volumes seguintes, encontraremos vários artigos que suscitaram reações análogas e foram, por consequência, ignorados pela maioria dos psicanalistas.

Proponho-me, como disse mais acima, continuar esta introdução nos volumes seguintes; descreverei os eventos históricos, articulando-os com a obra produzida durante esse mesmo período, por um lado, e as reações do mundo psicanalítico às ideias de Ferenczi, por outro.

Dr. MICHAËL BALINT

Nota dos tradutores franceses

A tradução dos textos que compõem este volume defrontou-se com um grande número de problemas e dificuldades. Parece que isso ocorre frequentemente quando se trata de Ferenczi: a maioria dos que participaram em empreendimentos que envolvem sua obra teve essa mesma experiência. Existe "algo" na obra de Ferenczi que suscita ao mesmo tempo o entusiasmo e a exasperação.

Ferenczi é considerado um dos pioneiros da psicanálise. Entretanto, sua obra é pouco conhecida, ou mal conhecida, sobretudo na França: apenas uma dúzia de artigos foram traduzidos até hoje e um pequeno volume, *Thalassa*, publicado pelas Éditions Payot.

A realização deste volume seguiu, portanto, o processo aparentemente inevitável das iniciativas ligadas à pessoa de Ferenczi: houve voluntários entusiastas e desinteressados, que não economizaram seus esforços, mas a equipe de tradução desagregava-se a todo instante, pelos mais variados motivos. Houve dificuldades de prazos, de saídas, de regressos, de meias-voltas, de artigos perdidos, de outros traduzidos várias vezes ou só pela metade...

Uma interrogação se põe nesse caso: não se deverá buscar a explicação desses avatares no próprio caráter da obra de Ferenczi? A sedução e a repulsa que ela exerce simultaneamente evocam as reações que, de modo geral, a psicanálise provoca no grande público: uma dupla reação de fascínio e medo. Mas quando se trata de Ferenczi, os próprios psicanalistas reagem como o público leigo. Qual poderá ser a causa disso?

Aqueles que conheceram Ferenczi descrevem-no como um fragmento de vida em estado puro, não aceitando limites nem restrições, agindo em todas as direções ao mesmo tempo, interessando-se por tudo com igual intensidade, pronto para todas as experiências. Outros acrescentam que esse extravasamento vital tinha um perfume de desespero e morte. Isso combina bem, sem dúvida, com a reputação de otimista inveterado de Ferenczi. Pois o que pode haver de mais desesperado do que a recusa absoluta em renunciar à esperança? Será necessário procurar a explicação da atitude geral em relação a Ferenczi nesse caráter desenfreado, ilimitado, desesperado? Seja como for, as reações inconscientes opõem-se amiúde às intenções conscientes.

Além dos problemas de ordem psicológica, os tradutores tiveram que enfrentar igualmente um certo número de problemas técnicos e práticos.

Ferenczi escrevia indiferentemente em alemão e em húngaro. Ele mesmo traduzia com frequência seus textos – muito livremente – de uma língua para a outra. Tampouco era raro que uma conferência de divulgação destinada aos médicos húngaros se transformasse em artigo para psicanalistas de língua alemã e sofresse as modificações correspondentes. Por vezes, é muito difícil decidir qual dos dois originais diferentes deve servir para a tradução. Procuramos levar em conta, segundo o caso, o interesse teórico, histórico ou documentário. Evitamos misturar as versões. Entretanto, certas passagens de textos húngaros são confusas: a terminologia estava mal definida na época em que eles foram escritos. Por outro lado, a terminologia elaborou-se mais rapidamente em alemão do que em húngaro. Por isso recorremos nesses casos ao texto alemão, para esclarecer os pontos obscuros, sem deixar de permanecer fiéis, no conjunto, ao texto húngaro. Em outros casos, buscamos socorro nas traduções inglesas mais recentes.

O próprio Ferenczi é muito independente em sua terminologia; as diferentes noções psicanalíticas, à medida que vão aparecendo, figuram em sua obra sob denominações às vezes diversas. Conservamos as expressões empregadas por Ferenczi quando nos parecia que nenhuma confusão era possível. Em outros casos, preferimos dar aos conceitos o nome que têm hoje, em vez de inventar um termo francês que teria desorientado o leitor ou acarretado uma sobrecarga do texto com notas inúteis, de fato, para a sua compreensão.

Enfim, certos textos originais são difíceis de encontrar ou até mesmo totalmente inacessíveis. Há artigos que tivemos de traduzir a partir de traduções, o que é uma verdadeira heresia na matéria. Reproduzimos no final deste volume a lista cronológica das obras de Ferenczi, de acordo com o catálogo contido no tomo IV de *"Bausteine zur Psychoanalyse"*, o *"Koechel"* da obra de Ferenczi, completada pela bibliografia publicada no fim de *"Final Contributions to the Problems and Methods of Psycho-Analysis"*, posterior ao catálogo de "Bausteine".
Nessa lista, assinalaremos as versões que serviram de base para os textos contidos no presente volume.

Os tradutores

P.S. – Uma terceira assinatura teria seu lugar embaixo desta nota: a do doutor Gérard Mendel, diretor da coleção *"Science de l'Homme"*, publicada pelas Éditions Payot. Com efeito, durante estes últimos anos, ele participou amplamente nas dificuldades que acabamos de descrever: sem ele, a edição francesa das obras completas de Ferenczi seria apenas um amontoado de textos incompletos no fundo de uma gaveta.

I

Do alcance da ejaculação precoce[1]

A busca da explicação fisiológica de uma expulsão prematura do esperma e dos estados nervosos concomitantes já deu origem a toda uma literatura. Mas falou-se muito pouco ou nada das consequências nervosas de um coito assim abreviado no tempo por parte do parceiro do *outro sexo*. Entretanto, fundados nas investigações inovadoras de Freud, aqueles que examinaram mais de perto a vida sexual ou conjugal de mulheres que padecem de uma *neurose de angústia* puderam constatar que os estados de medo, de ansiedade ou de angústia são sempre provocados pela insatisfação sexual, ou pela satisfação incompleta ou imperfeita, cuja causa mais frequente é a ejaculação precoce do parceiro masculino. Além disso, deixando de lado os casos francamente patológicos de ejaculação precoce (quase sempre associada a inúmeros outros sinais de neurastenia sexual e sempre imputável a uma excessiva masturbação), parece que, de modo geral, *o sexo masculino apresenta, em relação ao sexo feminino, uma ejaculação precoce relativa.* Em outras palavras, mesmo no caso mais favorável, quando a duração da fricção no homem é normal, grande número de mulheres não chega ao orgasmo; seja porque a anestesia permanece completa até o fim, seja porque, tendo-se produzido uma certa excitação libidinal, esta não atinge o grau necessário ao orgasmo, o ato fica concluído para o homem e a mulher fica excitada mas insatisfeita.

---

1. *Journal médical de Budapest,* 1908.

Esse estado, quando se torna permanente, leva necessariamente a um estado de tensão nervosa; só o egoísmo masculino, sobrevivência do velho regime patriarcal, pôde desviar a atenção dos homens... logo, dos médicos, deste problema. Estamos habituados desde longa data a admitir que somente os homens têm direito à libido sexual e ao orgasmo; estabelecemos e impusemos às mulheres um ideal feminino que exclui a possibilidade de exprimir e de reconhecer abertamente desejos sexuais, e só tolera a aceitação passiva, ideal que classifica as tendências libidinais, por muito pouco que elas se manifestem na mulher, nas categorias patológico e "vicioso". Submetendo-se às concepções do homem tanto para o seu mundo ético quanto sob muitos outros aspectos, a mulher assimilou tão bem essas ideias que toda ideia contrária, aplicada a ela própria, lhe parece impensável. Até mesmo a mulher que sofre da mais severa das angústias e que – de acordo com o interrogatório – só conheceu excitações frustradas, rejeita com veemência e sincera indignação ser "do gênero" daquelas a quem "essas coisas" podem fazer falta. Não só ela não as deseja – afirma em geral – mas considera-as, no que lhe diz respeito, um tratamento desagradável, repugnante, que dispensaria perfeitamente se o seu marido não se importasse tanto com isso[2].

Entretanto, os impulsos libidinais do organismo, despertados e não satisfeitos, não se resolvem à força de decretos morais; na falta de ser saciado, o desejo sexual encontra sua saída em sintomas patológicos – geralmente a angústia e, nos indivíduos predispostos, neuroses (histeria, neurose de angústia).

Se os homens rompessem seu modo de pensar egocêntrico para imaginar uma vida em que *lhes* tocasse sofrer constantemente a interrupção do ato antes da resolução orgástica da tensão, dar-se-iam conta do martírio sexual suportado pelas mulheres e do desespero provocado pelo dilema que as reduz a escolher entre o respeito a si mesmas e a plena satisfação sexual. Eles compreenderiam melhor por que uma porcentagem tão importante de mulheres foge ao dilema através da doença.

---

2. *Nota bene*: o instinto feminino tem razão a esse respeito: a abstinência total é menos nociva para o sistema nervoso do que a excitação frustrada.

A teleologia própria do raciocínio humano não se resigna facilmente ao postulado de que "no melhor dos mundos possíveis" um funcionamento orgânico tão elementar deve apresentar naturalmente igual diferença de duração para resultar na satisfação em ambos os sexos. E a experiência parece confirmar, com efeito, que não se trata de uma diferença orgânica nos dois sexos mas de uma diferença de condições de vida e de pressão cultural, para explicar essa "discronia" na sexualidade dos cônjuges.

A maior parte dos homens casa-se após um número maior ou menor (geralmente bastante grande) de aventuras sexuais e a experiência mostra que, nesse domínio, o hábito não acarreta uma elevação do limiar de excitação mas, pelo contrário, propicia uma aceleração da ejaculação. Esse efeito aumenta consideravelmente se – como é indiscutivelmente o caso em 90% dos homens – a satisfação foi por largo tempo obtida por via autoerótica. Por isso, na grande maioria dos homens que se casam, a ejaculação é relativamente precoce.

Em contrapartida, a mulher, durante sua adolescência, é metodicamente subtraída a toda e qualquer influência sexual, quer se trate do plano real ou do plano mental; e, além disso, os esforços tendem a fazê-la detestar e desprezar tudo o que envolva o domínio da sexualidade. Assim, pois, comparada com seu futuro esposo, a mulher que se casa é, do ponto de vista sexual, pelo menos hipestésica, quando não anestésica.

Não me sinto qualificado para extrair as conclusões *sociológicas* do problema e decidir quem dos dois tem razão: aquele que inclui os homens, por sua vez, na exigência de castidade até o casamento, ou aquele que propõe a emancipação das mulheres[3]. O médico, que apenas busca remédio para os sofrimentos humanos e está menos preocupado com os males da sociedade, inclina-se evidentemente para essa segunda alternativa; ele se sente mais seduzido por uma tendência capaz de provocar uma diminuição da histeria feminina do que por aquela que, ao preconizar a observância da castidade no homem, tende a estender a histeria igualmente ao sexo masculino.

---

3. Em minha opinião, as mulheres estão erradas quando creem que o remédio para seus males seria o direito de voto. Não é o direito à escolha política mas à escolha sexual que elas deveriam reivindicar com mais sólidas razões.

Na realidade, não creio que a escolha se reduza a esses dois extremos. Deve existir uma solução para administrar melhor o interesse sexual da mulher, sem que por isso se sacrifique a ordem social fundamentada na família. O movimento de iniciação sexual das mulheres antes do casamento constitui um tímido começo nesse sentido. E se o número de sugestões e projetos simplistas e absurdos é enorme, existe, contudo, a esperança de que o procedimento brutal e geralmente praticado que consiste em entregar, no dia do casamento, uma mulher amedrontada e ignorante da sexualidade a um homem já detentor de numerosas experiências, será um dia abandonado. Enquanto vigorarem as condições atuais, não é surpreendente que a ejaculação relativamente rápida do homem e a relativa anestesia da mulher sejam naturalmente admitidas na vida conjugal, e que, em consequência da "significação exemplar da sexualidade"[4], as uniões baseadas na satisfação mútua, ou seja, as uniões felizes, sejam tão raras.

---

4. "Vorbildlichkeit der Sexualität", Freud.

II

As neuroses à luz do ensino de Freud e da psicanálise[1]

Há alguns anos, no Terceiro Congresso Nacional de Psiquiatria, fiz uma exposição sobre a "neurastenia", na qual reivindiquei uma classificação nosológica sistemática desse quadro tão confuso e tão complexo que abrange tantos diagnósticos errôneos ou ausentes. Mas, embora a orientação fosse correta quando eu separava os estados de debilidade neurastênica dos estados nervosos que acompanham as afecções orgânicas, por um lado, e os estados puramente psiquiátricos, por outro, tornei-me culpado de uma omissão grave ao negligenciar totalmente as investigações realizadas sobre as neuroses pelo doutor Freud, de Viena. Essa omissão pode ser-me imputada com severidade tanto maior na medida em que os trabalhos de Freud já eram de meu pleno conhecimento nessa altura. Li em 1893 o artigo de Freud e Breuer sobre o mecanismo psíquico dos fenômenos histéricos; mais tarde li uma comunicação individual em que ele demonstrava que os traumatismos sexuais da infância se encontram na origem das psiconeuroses.

Hoje, tendo tido tantas ocasiões de me convencer da exatidão das teorias de Freud, posso fazer-me, com boas razões, a seguinte pergunta: por que as deixei de lado naquele momento, por que me pareceram *a priori* inverossímeis e artificiais, e, sobretudo, por que essa teoria da origem sexual das neuroses suscitou em mim tanto desprazer e aversão que nem mesmo julguei oportuno verificar se, porventura, ela comportava alguns elementos de verdade?

---

[1] Conferência realizada na Sociedade Real de Medicina de Budapeste, em 28 de março de 1908.

Seja dito em minha defesa que a maior parte dos neurologistas cometeu o mesmo erro e, entre eles, homens de grande valor, como Kraepelin e Aschaffenburg ainda hoje o cometem. Em contrapartida, alguns pesquisadores que se decidiram subsequentemente a tentar a interpretação dos problemas particulares suscitados pelos casos de neurose por meio das teorias e dos laboriosos procedimentos de Freud converteram-se, em sua maioria, em ardorosos adeptos desse ensino até então negligenciado, e o número de discípulos de Freud é hoje considerável.

A brevidade do tempo de que disponho impede-me de expor – ainda que a tentação seja grande – como Freud e Breuer reconheceram, examinando as particularidades *de uma só* paciente histérica, que poderiam passar por simples esquisitices ou caprichos, a presença de fenômenos psíquicos de significação universal, chamados a desempenhar, no desenvolvimento futuro da psicologia normal e patológica, um papel ainda difícil de avaliar. Devo igualmente renunciar a acompanhar Freud, que caminha doravante com plena independência ao longo de passagens difíceis que o conduziram – depois de vários erros corajosamente reconhecidos – à sua posição atual, a única que, em minha opinião, está apta a explicar os fenômenos enigmáticos das neuroses e, por conseguinte, a curá-las. Poupar-lhes-ei igualmente a leitura dos dados da literatura e as estatísticas. Limitar-me-ei, no âmbito desta conferência, a elucidar alguns pontos essenciais dessa teoria complexa e a ilustrar seu alcance mediante exemplos clínicos.

Uma tese fundamental dessa nova teoria é que, nas neuroses, a sexualidade desempenha um papel específico; até mesmo que a maioria das neuroses reporta-se, em última análise, a uma síndrome que mascara funções sexuais anormais.

Num primeiro grupo, Freud classifica os estados neuróticos em que uma perturbação atual da *fisiologia* das funções sexuais parece agir como causa patogênica direta, sem intervenção de fatores psicológicos. Dois estados mórbidos pertencem a esse grupo, ao qual Freud dá o nome de "neuroses atuais" mas a que poderíamos igualmente aplicar, sem trair o autor, um nome que as define bem por oposição às psiconeuroses, qual seja, o de *fisioneuroses*. Trata-se da neurastenia, num sentido restrito do termo, e de uma síndrome nitidamente delimitada, que recebeu o nome de neurose de angústia, em alemão *Angstneurose*. Se eliminarmos do grupo de doenças designado pelo termo *neurastenia* tudo o que lhe está impropriamente ligado e pode ser classificado numa entidade mórbida mais adequada, subsistirá uma síndrome bastante característica em que dominam as cefaleias, as raquialgias, as perturbações gastrointestinais, as parestesias, um grau variável de impotência e, com consequência desses diversos fatores, um estado de depressão. Segundo as observações de Freud, o fator patogênico principal dessas neuroses neurastênicas, no sentido estrito do termo, era constituído pela *masturbação excessiva*. Para afastar *a priori* a objeção demasiado fácil do caráter banal dessa atividade, insisto no fato de que se trata aqui do onanismo excessivo, praticado mesmo depois da puberdade, e não do onanismo habitual da infância, limitado a um certo período; pois esse tipo de onanismo está tão generalizado, sobretudo no sexo masculino, que considero por minha parte ser a ausência total de antecedentes autoeróticos o que lança uma dúvida sobre o bom equilíbrio psíquico do indivíduo, dúvida que na maioria dos casos se justifica.

Já exprimi em outro artigo o que penso sobre as variações da importância atribuída ao efeito patogênico da masturbação: o apogeu é representado pela degenerescência medular e o perigeu, pela inocuidade total. Estou entre aqueles que não superestimam a importância do onanismo; mas, por minha experiência, posso igualmente afirmar que na neurastenia, tomada no sentido restrito que Freud lhe dá, a autossatisfação excessiva jamais está ausente e explica suficientemente os sintomas. Assinalo, de passagem, que o dano provocado no estado psíquico de numerosos masturbadores pelas opiniões exageradas que se divulgam a respeito do caráter vergonhoso e nocivo da masturbação, precipitando-os na Cila da angústia ou da psiconeurose quando tentam sufocar sua paixão para evitar a Caribde da neurastenia, é infinitamente mais grave do que o efeito direto do onanismo.

A masturbação excessiva é patogênica pelo fato de que tende a libertar o organismo da tensão sexual por um sucedâneo menos eficaz do que o processo normal, ou seja, para citar Freud, mediante uma "descarga inadequada". Concebe-se perfeitamente que esse modo de satisfação, praticado em excesso, esgota as fontes de energia neuropsíquica do indivíduo. O coito normal é uma função complexa, sem dúvida, mas não obstante uma função reflexa, cujos arcos reflexos passam, em sua maioria, pelo bulbo e pelos centros subcorticais, embora os centros nervosos superiores estejam igualmente envolvidos; na masturbação, pelo contrário, em consequência da pobreza das estimulações sexuais externas, os centros de ereção e de ejaculação só conseguem chegar a uma tensão suficiente para deflagrar o mecanismo reflexo indo captar energia numa fonte psíquica superior, a imaginação.

Repito que tudo o que precede diz essencialmente respeito às formas visceroespinhais da neurastenia; resta descobrir se as outras formas da entidade mórbida astênica, como por exemplo a astenia psíquica, no sentido estrito do termo, dependem igualmente da mesma explicação.

No segundo grupo das neuroses atuais, a que Freud chama *Angstneurose* – neuroses de angústia –, os sintomas principais são uma irritabilidade geral que se manifesta essencialmente pela hiperestesia auditiva e a insônia, um estado de expectativa ansiosa crônica e específica, frequentemente focalizada na saúde de outra pessoa, às vezes na do próprio paciente (hipocondria), crises de angústia quase sempre associadas ao medo de um infarto, de um ataque de paralisia, e que se fazem acompanhar de distúrbios respiratórios, cardíacos, vasomotores e secretórios. As formas de angústia podem manifestar-se de forma rudimentar: suores, palpitações, bulimia ou diarreia, ou simplesmente pesadelos e terrores noturnos (*pavor nocturnos*). As vertigens desempenham um papel considerável nas neuroses de angústia e podem atingir uma tal intensidade que limitam, de maneira parcial ou total, a liberdade de movimento do paciente. Uma parte das agorafobias é, de fato, a consequência de crises de vertigem ansiosa; o paciente receia os deslocamentos por temer que a crise de angústia o surpreenda em plena rua. Nesse caso, a fobia é, portanto, uma defesa contra a angústia, e a própria angústia é aqui um fenômeno que não pode ser analisado no plano psicológico, mas que se explica unicamente pela fisiologia.

Todos esses sintomas e síndromes poderiam facilmente abrigar-se sob a ampla capa da neurastenia e da histeria, se Freud não tivesse conseguido mostrar a unidade etiológica destas, pertencente, uma vez mais, ao domínio da sexualidade. Com efeito, a neurose de angústia apresenta-se quando *a energia sexual, a libido, é desviada da esfera psíquica,* propagando-se a tensão sexual *exclusivamente* por via bulbar e subcortical. Portanto, ao passo que nas condições normais a energia sexual se propaga igualmente para a esfera psíquica, na neurose de angústia o psiquismo não participa ou só participa de modo insuficiente no afeto sexual, quer por estar ocupado alhures, quer por ser inacessível à libido devido a uma forte inibição, quer ainda por ser incapaz de perceber corretamente a excitação; de sorte que a excitação espalha-se, na totalidade ou em medida excessiva, pelas vias nervosas inferiores. Uma das mais notáveis descobertas de Freud consiste em que essa clivagem entre o psiquismo e a libido manifesta-se subjetivamente pela angústia, quer dizer, a excitação que não pode manifestar-se no plano psíquico provoca no organismo efeitos fisiológicos acompanhados de uma sensação de angústia, de ansiedade. A neurose de angústia opõe-se, a esse respeito, diretamente à neurastenia, em que se recorre de maneira exclusiva à energia psíquica.

Por uma comparação tomada à física – mas que exprime muito bem o princípio do processo –, poderíamos dizer que a transformação da excitação sexual em fator de atividades motora, vasomotora, secretória, respiratória, que têm por corolário a angústia quando o circuito psíquico lhe é vedado e não tem outro meio de escoar-se a não ser pelas vias nervosas inferiores, é análoga à transformação da eletricidade em calor quando encontra uma forte resistência no circuito condutor.

O exemplo mais conhecido de neurose de angústia sexual é a angústia virginal (Freud), que aparece geralmente tanto nos homens como nas mulheres no momento das primeiras relações. É evidente que o psiquismo – mal preparado – não pode participar corretamente na libido. A angústia manifesta-se com frequência naqueles que experimentam uma intensa excitação sexual mas não podem satisfazer sua libido em virtude de obstáculos externos ou internos. Citemos, a título de exemplo, a neurose dos noivos que tive ocasião de observar muitas vezes, e que se faz acompanhar de toda a gama de sintomas classicamente descritos por Freud. Graves neuroses de angústia são provocadas pelo coito interrompido, tanto nos homens como nas mulheres. Nesse caso, é uma forte inibição psíquica que impede o fluxo normal da libido. A ejaculação precoce do marido é uma causa frequente de angústia na mulher: pode-se atribuí-la à masturbação excessiva. Essa combinação de neurose conjugal, marido neurastênico e mulher ansiosa, é extremamente difundida.

De acordo com a minha experiência, a abstinência total é mais bem tolerada do que as excitações frustradas; no entanto, pode provocar uma neurose de angústia. Essa explicação da neurose de angústia é sustentada pelos resultados terapêuticos. A angústia cessa quando os obstáculos que se opõem à manifestação psíquica da excitação são eliminados. O remédio para a angústia virginal é a continuidade de uma relação normal; o de muitas neuroses é pôr fim aos modos de coito impróprios; a angústia da mulher é frequentemente curada pelo reforço da potência de seu cônjuge.

*
* *

Na sequência desta exposição, desejo abordar um capítulo mais complexo e mais importante da teoria de Freud; deverei, para tanto, deixar de lado as explicações fisiológicas e mecanicistas, visto que, neste ponto, são as considerações psicológicas que predominam. Freud agrupa nesse capítulo duas doenças: a *histeria* e a *neurose obsessiva*. Até agora, a neurose obsessiva era geralmente classificada no capítulo da neurastenia; em contrapartida, admite-se que a histeria é uma neurose psicogênica cujos sintomas se explicam por mecanismos mentais inconscientes ou semiconscientes. Mas os autores que estudaram essas doenças, mesmo quando suas experiências e observações são de valor inestimável para a neurologia, não souberam unificar seus pontos de vista acerca dessa doença complexa e, em especial, não souberam explicar-nos por que os sintomas se apresentam necessariamente em tal ou tal paciente segundo um agrupamento e uma ordem dados. Ora, na medida em que esse problema continuava sem resposta – deixamos de lado, neste ponto, uma certa presciência confusa do papel do inconsciente – cada caso de histeria apresentava-nos problemas indecifráveis, à semelhança da esfinge. Mas enquanto a esfinge mantém-se petrificada em sua tranquila contemplação do infinito, a histeria – como que para desafiar insolentemente com seus esgares a nossa impotência – muda incessantemente de rosto e torna o paciente sua vítima insuportável tanto para a família como para o médico. Este, que esgotou rapidamente todos os recursos da quimioterapia e da hidroterapia, cansado de tratamentos por sugestão com resultados efêmeros, aguarda com impaciência a chegada do verão a fim de poder despachar seu doente para o campo... o mais longe possível. Mas, ainda que ele volte melhor, ao primeiro choque psíquico sério a recaída sobrevirá inevitavelmente. E assim continua durante um ano, dez anos ou mais, de forma que mais ninguém, entre os especialistas e os clínicos, acredita no caráter benigno da histeria. Nessas condições, o evangelho de Freud é uma verdadeira libertação tanto para o médico quanto para o doente, pois anuncia a descoberta da chave para o problema da histeria, uma compreensão mais profunda dessa penosa doença e seu caráter curável.

Breuer foi o primeiro a relacionar o conjunto dos sintomas apresentados por uma paciente histérica com traumatismos psicológicos, choques psíquicos esquecidos mas cuja lembrança, investida dos afetos correspondentes, permanece latente no inconsciente e, como um enclave estranho no psiquismo, provoca tensões contínuas ou periódicas no aparelho neuropsíquico. Com a ajuda da hipermnésia provocada pela hipnose, Breuer e Freud estabeleceram que os sintomas são, na realidade, os símbolos dessas lembranças latentes; em seguida, no estado vígil, levaram a paciente a adquirir consciência dos acontecimentos passados que foram revelados no decorrer do sono hipnótico, suscitando assim uma violenta descarga emocional; esta apaziguada, os sintomas desapareceram definitivamente. Segundo Breuer e Freud, o recalcamento da lembrança e de seu afeto, latentes no inconsciente, devia-se ao fato de que, no momento do choque psíquico, o indivíduo não estava em condições de reagir ao acontecimento, ou seja, de exprimir-se por palavras, gestos, uma mímica, pranto ou riso, cólera, irritação ou outras manifestações de uma emoção intensa, em outras palavras, em condições de elaborar suas emoções mediante associações de ideias. As emoções e as ideias, não podendo resolver-se corretamente no nível psíquico, refluíram para a esfera orgânica e converteram-se em sintomas histéricos. O tratamento, a que os autores chamaram *catarse*, permitiu ao paciente eliminar essa lacuna, "ab-reagir" os afetos não liquidados, suprimindo assim o efeito patogênico da lembrança privada de seu afeto e tornada consciente.

Foi essa a semente de onde germinou o método de análise psicológica de Freud, a *psicanálise*. Esse método abandonou totalmente a hipnose e é praticado em estado vígil, o que o coloca ao alcance de um número muito maior de pacientes e afasta a objeção daqueles que pretendem que os fatos revelados pela análise baseiam--se na sugestão.

No decorrer de suas investigações, Freud estabeleceu que todos os esquecimentos não dependem do desgaste, do apagamento natural das impressões mnêmicas; muitas impressões são esquecidas porque o psiquismo inclui uma instância de julgamento, a *censura*, que recalca sob o limiar da consciência as representações insuportáveis ou dolorosas. Freud designa esse processo como *Verdrängung* – rejeição, repressão, recalque – e demonstrou que esse mecanismo desempenha o mesmo papel nas funções mentais normais e patológicas.

O recalque das lembranças desagradáveis nunca é, na prática, um processo que se conclui com inteiro sucesso; entretanto, o combate entre o grupo de representações afetivamente investido com sua tendência para a repetição – o que Jung denomina *complexo* –, por um lado, e a censura que se lhe opõe, por outro, pode eventualmente terminar num compromisso mútuo. Nesse caso, nem a tendência para o recalque nem a tendência para a repetição podem realizar-se inteiramente, mas o complexo fica representado na consciência por intermédio de uma associação superficial qualquer.

Segundo Freud, são esses representantes ou símbolos de complexos que constituem a maioria dessas ideias súbitas que, interrompendo bruscamente o desenrolar normal do pensamento, vêm-nos ao espírito sem razão aparente ou, como se costuma dizer,"por acaso"; com frequência, uma certa recordação da infância longínqua, parecendo anódina e insignificante, revela ser a representante de um complexo e não se poderia compreender por que a nossa memória acumulou tal lembrança se uma investigação mais profunda não descobrisse que ela dissimula a recordação de outro evento muito significativo e que nada tem de anódino. São essas lembranças que Freud chama "recordações encobridoras".

Um complexo pode também manifestar-se por um súbito distúrbio da expressão, da linguagem, dos atos, por gestos involuntários, sorrisos confusos, lapsos diversos, inversões, lacunas.

Um terceiro modo de manifestação dos complexos recalcados é o *sonho*. Uma obra de Freud entre as mais notáveis trata da interpretação de sonhos; aí se encontra a tese capital que propõe ser sempre o sonho a manifestação mais ou menos velada de um desejo recalcado. Como a censura é muito menos severa durante o sono do que no estado vígil, a análise de sonhos permite abordar as representações e os afetos recalcados no inconsciente.

Jung enriqueceu com um excelente instrumento o método de análise psicológica de Freud ao demonstrar que os complexos podem manifestar-se no decorrer do chamado teste de associação livre. Esse teste consiste em enunciar alternadamente para o paciente uma palavra indiferente ou uma palavra afetivamente investida, devendo o paciente reagir, o mais rapidamente possível, com uma outra palavra. A qualidade da réplica e a duração do tempo de reação – que basta medir em quintos de segundo – permitem-nos determinar as reações investidas de um complexo inconsciente, o que nos possibilita, em seguida, atingir mais depressa e mais facilmente as imagens mnêmicas esquecidas mas sempre ativas, os grupos de representações recalcadas pela censura.

Vi ser empregada uma variante interessante do teste de associação na clínica de Zurique. Jung e Peterson praticam o teste submetendo o paciente examinado a uma corrente galvânica fraca durante o registro das reações. Um galvanômetro muito sensível, ligado ao circuito, mostra em geral, no momento das reações relacionadas com o complexo, uma oscilação positiva intensa, permitindo-nos assim comparar a influência dos complexos sobre as diferentes reações e representá-los graficamente.

Eis, em suas grandes linhas, como se pratica o método de análise psicológica: ensinamos o paciente a exprimir em palavras tudo o que lhe acode ao espírito, sem exercer crítica nenhuma, como se ele se observasse a si mesmo. Esse modo de pensar opõe-se, sob muitos aspectos, ao modo de pensar consciente, em que as ideias que se afastam do sujeito são imediatamente rejeitadas como sem valor, inutilizáveis e mesmo perturbadoras. Mas em análise interessamo-nos precisamente pelo que a consciência superior não quer aceitar; por isso convidamos o paciente a contar tudo o que lhe vem ao espírito quando dirige sua atenção justamente para essas ideias súbitas. No começo, as associações mantêm-se superficiais, dizem respeito aos acontecimentos cotidianos e às impressões novas que preocupam o indivíduo; mas logo, por intermédio das ideias súbitas, surgem traços mnêmicos mais antigos – as recordações encobridoras – cuja interpretação suscita, para grande surpresa do próprio paciente, lembranças antigas, essenciais na vida do sujeito, que lhe escapavam até então. Essas lembranças já são suscetíveis de pertencer a complexos recalcados. A principal função da análise consiste em levar o paciente a *adquirir consciência* do conjunto de seu universo intelectual e emocional, assim como da gênese desse universo, e a reencontrar os motivos que determinaram o recalque das ideias ou das emoções. Essa análise – essa confissão científica – exige muito senso psicológico e tato.

No decorrer da análise, observamos atentamente todos os gestos involuntários do paciente, sua mímica, seus lapsos e confusões, seus esquecimentos, e o incitamos a explicá-los. Fazemos com que relate sistematicamente seus sonhos e analisamos todos os seus detalhes, sempre de acordo com o método exposto mais acima. Examinamos igualmente as reações do paciente ao teste de associação de Jung; podemos, por esse caminho, tentar o acesso aos seus complexos.

Se esse trabalho de análise difícil e profundo for mantido durante muito tempo, vários meses, talvez, com um paciente histérico, este revelará mais cedo ou mais tarde a existência de numerosos complexos em estreita relação com os sintomas. Verifica-se então que o próprio sintoma histérico é apenas um representante de complexo, indecifrável isoladamente, mas que pode ser interpretado desde que o complexo a que ele está ligado – por um fio associativo frequentemente tênue – se liberte do recalque e se torne consciente. O médico, além do que terá aprendido sobre a patogênese dos sintomas, também constatará com prazer e interesse que o sintoma, se foi analisado até o fim, e após uma reação, em geral bastante violenta, desaparece total e definitivamente.

Freud certamente não empreendeu suas pesquisas a partir de uma teoria pronta e acabada; pelo contrário, foi a experiência acumulada que lhe serviu de base para formar uma opinião. Para afastar os obstáculos acumulados em seu caminho, ele não recuou diante das tarefas mais penosas. Para completar a análise das neuroses, elaborou a única teoria do *sonho* que é verdadeiramente satisfatória e que se apresenta como uma das mais notáveis realizações do espírito humano; depois, teve de se dedicar à explicação do "acaso", ou dos atos falhos, e foi assim que acabou escrevendo a *Psicopatologia da vida cotidiana;* uma monografia igualmente única no seu gênero, deve sua existência às investigações dedicadas aos procedimentos e motivações inconscientes do chiste e do cômico. Enfim, reunindo os resultados obtidos, Freud lançou as bases de uma psicologia nova que representa, tenho a convicção disso, um ponto de mutação na evolução desta disciplina. O próprio Freud atribui muito mais importância aos resultados teóricos do que aos êxitos terapêuticos; mas a minha intenção, hoje, é apresentar-lhes os novos dados da patologia e da terapêutica das neuroses.

Pelo método analítico, Freud chegou à estranha conclusão de que os sintomas psiconeuróticos resultam de complexos *sexuais* recalcados. Mas essa conclusão torna-se menos estranha quando se pensa que as pulsões sexuais estão entre os instintos humanos mais possantes, aqueles que tendem a exprimir-se por todos os meios e que, por outro lado, a educação esforça-se por sufocar desde a infância. As noções inculcadas: consciência moral, honra, respeito à família, ou seja, a consciência por um lado e, por outro, as leis escritas da Igreja e do Estado, suas ameaças e punições, tudo concorre para reprimir os instintos sexuais ou, pelo menos, para confiná-los em estreitos limites. O conflito torna-se, portanto, inevitável; segundo a resistência do indivíduo e a relação de força dos instintos que se procuram exprimir, esse combate termina ou pela vitória da sexualidade, ou por seu completo recalcamento ou, ainda, e esse é o caso mais frequente, por um meio-termo, uma solução de compromisso. A psiconeurose nada mais é do que uma forma de compromisso. A consciência do histérico consegue afastar o grupo de representações sexuais afetivamente investidas, mas este encontra um modo de exprimir-se pela via simbólica – a das associações – convertido em sintomas orgânicos.

*
* *

A psicanálise forneceu-me numerosas provas de que só a interpretação segundo Freud pode elucidar os sintomas da histeria. Eis alguns exemplos colhidos entre outros.

Um jovem de 17 anos veio me procurar: queixa-se de salivação intensa que o obriga a cuspir o tempo todo. Não pode fornecer nenhuma informação sobre a causa ou a origem do mal. O exame não revelou nenhuma afecção orgânica: a salivação, que eu efetivamente constatei, devia ser qualificada, portanto, como salivação histérica ou ptialismo. Mas, em vez de prescrever bochechos medicamentosos, brometo, hipofosfato ou eventualmente atropina, admiti o paciente em psicanálise. Em primeiro lugar, a análise revelou que a necessidade de cuspir manifestava-se essencialmente na presença de mulheres. Mais tarde, o paciente lembrou-se de já ter tido anteriormente esse transtorno quando, no Museu Anatômico do Vàrosliget[2], vira moldes representando os órgãos genitais femininos e outros reproduzindo os sintomas de doenças venéreas na mulher. Diante desse espetáculo, ele fora tomado de um mal-estar, saíra às pressas do museu e voltara para casa a fim de... lavar as mãos. Por que razão o fizera, não pôde dizê-lo; mas a sequência da análise revelou que a visita ao museu despertara nele a lembrança de sua primeira relação, quando sentira uma repugnância intensa à vista do órgão genital feminino e em seguida se lavara durante horas a fio. Mas a explicação para essa repugnância excessiva só veio a ocorrer no final da análise, quando o rapaz se lembrou de ter, aos 5 anos de idade, praticado o *cunnilingus* com garotinhas de sua idade, entre elas sua própria irmã. A causa da salivação era, portanto, essa lembrança recalcada, latente sob a consciência. No momento em que o complexo se tornou consciente, o sintoma desapareceu definitivamente. Sem mesmo levar em conta o êxito terapêutico, a análise permite-nos, de maneira inegável, uma compreensão muito mais profunda da gênese dos sintomas histéricos do que todos os outros meios de investigação conhecidos até hoje.

Eis outro exemplo: uma jovem de boa família, 19 anos de idade, que manifestava a respeito dos homens um pudor extraordinário e até mesmo repugnância, viu desaparecerem suas parestesias histéricas à medida que a análise permitiu despertar a lembrança de experiências sexuais da infância relacionadas com as partes doloridas de seu corpo, e que ela tomou consciência das fantasias sexuais que a elas se ligaram no momento da puberdade. Em particular, um sonho da paciente forneceu a explicação da raquialgia. De aspecto banal, no começo, esse sonho mostrou-se muito significativo quando a análise mostrou, a seu propósito, como as perdas seminais recordavam à paciente uma certa publicidade vista nos jornais. A paciente, cujos conhecimentos fisiológicos eram um tanto escassos, sentira-se apreensiva porque, em sua infância, sofrera de leucorreia, em consequência de práticas onânicas; a raquialgia era determinada pelo seu medo de ser vítima de atrofia espinhal, mal atribuída pela concepção popular e pela publicidade jornalística à masturbação.

---

2. Um bosque perto de Budapeste, equivalente ao Bois de Boulogne em Paris. (Nota dos tradutores franceses, doravante NTF)

Na base dos sintomas de uma outra jovem histérica (soluços, rigidez, angústia histérica) a análise descobriu cenas de exibicionismo vistas na infância, uma tentativa de agressão sexual sofrida na adolescência e as fantasias correspondentes que suscitavam sua repugnância.

Surpreender-se-ão os leitores que se possa ter semelhantes conversas com uma jovem. Mas Freud já respondeu apresentando aos médicos esta pergunta igualmente justificada: como se atrevem eles a examinar e até a tocar nesses órgãos de que o neurologista não se cansa de falar? Com efeito, da mesma forma que seria estúpido renunciar, por falso pudor, às intervenções ginecológicas em moças, também seria imperdoável deixar sem cuidados médicos, por simples pudor, as doenças do psiquismo. É evidente que a análise deve ser praticada com muito tato; o juramento hipocrático do *nil nocere* o exige tanto do neurologista quanto do ginecólogo. E se uma mão inábil ou criminosa pode prejudicar o paciente, isso tampouco é peculiar à neurologia: a cirurgia oferece igualmente numerosos exemplos. Mas isso não é uma razão suficiente para preescrever a cirurgia ginecológica ou a psicanálise. Uma frase de Goethe caracteriza muito bem essa hipocrisia de certos médicos:"*Du kannst vor keuschen Ohren nicht nennen, was keusche Herzen nicht entbehren können.*"[3]

Poderia acumular exemplos infinitamente. Uma paciente histérica de 40 anos, que sentia por momentos um insuportável amargor na boca, lembra-se no decorrer da análise de que sentira esse mesmo travo amargo no dia em que seu irmão, vítima de doença incurável, tomara seu quinino não pela mão dela, como de hábito, mas de uma outra pessoa, tão desastrada que o comprimido se desfizera e o produto amargo tinha incomodado o doente. A análise revelou mais adiante que, na sua infância, seu pai, que a amava muito, a colocava com muita frequência sobre os joelhos, a apertava nos braços e a beijava, introduzindo sua língua entre os lábios da criança. O gosto amargo simbolizava igualmente a personagem paterna, grande fumante todo impregnado do cheiro do fumo. Neste caso, como em tantos outros, existe "superdeterminação" do sintoma que, por via de conversão, exprime vários complexos.

---

3. Não podes dizer para ouvidos castos o que corações castos não podem suportar.

As *crises histéricas,* as cãibras, produzem-se – como a análise mostrou – quando uma impressão psíquica está tão intensamente vinculada ao complexo recalcado que a consciência não pode proteger-se de sua reprodução e abandona-se a ela inteiramente. O mecanismo é o seguinte: o psiquismo, tal como o corpo, apresenta pontos histerógenos; quando atingidos, provoca-se o estado descrito por Freud como "dominação da consciência pelo inconsciente" (*Überwältigung durch das Unbewusste*). De acordo com as minhas próprias análises, os movimentos, contrações e caretas que redundam na crise de histeria são os símbolos e os sintomas que acompanham as lembranças e as fantasias recalcadas.

Um jovem aprendiz de 15 anos foi-me apresentado por seu pai: suas crises de histeria, que eu mesmo pude observar em várias ocasiões, manifestavam-se por contrações tônicas e clônicas que demoravam alguns minutos; no final das crises, o paciente puxava a língua com violência três ou quatro vezes. A primeira crise produzira-se quando, por brincadeira, jovens aprendizes o tinham amarrado, causando-lhe grande susto. Segundo a teoria atualmente em voga, tratar-se-ia de uma simples histeria traumática; entretanto, a análise revelou que a doença tinha uma origem muito mais profunda. Em primeiro lugar, soube-se que, três meses antes, o rapaz tinha caído numa fossa repleta de água suja e nauseabunda, e que parte do líquido penetrara em sua boca. A evocação dessa lembrança deflagrou uma crise intensa. Uma outra crise violenta precedeu o aparecimento da lembrança de um fato ocorrido aos 13 anos de idade. Quando brincava de cabra-cega com seus companheiros, estes, por zombaria, puseram-lhe nas mãos uma vara suja de excrementos; quando, num gesto instintivo, ele levou a mão ao rosto para retirar a venda, não pôde evitar o contato da boca e do nariz com os excrementos que tinham aderido a seus dedos. Esse acontecimento foi seguido de enurese noturna repetida. Mais tarde, durante a análise, fiquei sabendo que o rapaz, no início da infância, entregara-se – entre outras investigações de ordem sexual – a uma coprofagia recíproca com seus camaradas, e quando a mãe o beijava, ocorria-lhe o pensamento insuportável de que poderia tentar essa experiência também com ela. Essas lembranças, há tanto tempo esquecidas, ressurgiram quando ele contou o episódio em que foi amarrado por seus companheiros e em que, com o relaxamento dos esfíncteres, deixou escapar seus excrementos; o rapaz recalcara essas lembranças, porque se lhe haviam tornado insuportáveis. Houve um período em que eu podia provocar a crise evocando qualquer uma das necessidades naturais. Foi necessário um longo esforço verdadeiramente "pedagógico" a fim de tornar essas lembranças mais toleráveis. Este caso, que eu não tive a possibilidade de tratar mais demoradamente, confirma a concepção de Jung, que considera a análise um tratamento dinâmico que deve habituar o paciente a enfrentar as representações penosas.

Quando a análise pode ser suficientemente demorada, ela revela, em todos os casos de histeria, a presença de lembranças recalcadas de acontecimentos sexuais da infância, e de fantasias reprimidas relacionadas com os mesmos, onde proliferam, à custa das tendências sexuais normais, todas as chamadas perversões. O tratamento analítico tem essencialmente por objetivo entregar à sua destinação primordial as energias desviadas para vias anormais e desperdiçadas na produção e manutenção de sintomas mórbidos. Só depois de se alcançar esse resultado é que se pode recorrer ao arsenal atualmente conhecido do tratamento das neuroses que tenta empregar a libido liberada em atividades físicas e psíquicas, mais especialmente aquelas que correspondem às tendências do indivíduo: os esportes ou, então, um meio excelente para a mulher, as atividades beneficentes.

Com base no que precede, seguiremos mais facilmente Freud na sua explicação da gênese das ideias *obsessivas* e dos atos *obsessivos*, ou seja, da *neurose obsessiva*, que forma o outro grande grupo das psiconeuroses. Nas pessoas que sofrem dessa doença, representações sem nenhum vínculo aparente com o encadeamento normal das ideias impõem-se constantemente à consciência sob o efeito de uma compulsão interior reconhecida como mórbida mas irresistível. Em outros casos, o paciente deve incansavelmente repetir o mesmo gesto ou o mesmo ato, na aparência totalmente desprovido de significação ou de objetivo, cujo caráter patológico é dolorosamente percebido por ele sem que possa impedi-lo. Todas as tentativas para explicar e curar essa afecção fracassaram até agora. Na mais recente edição do seu manual, Oppenheim diz ainda: "O prognóstico da neurose obsessiva é grave ou, pelo menos, duvidoso." E isso não deve causar surpresa, visto que, não dispondo do método psicanalítico de Freud, ignorávamos a gênese da enfermidade e não podíamos entender o verdadeiro significado do sintoma nem descobrir o caminho para a cura. Ora, por meio da análise, tal como foi exposta mais acima, depreendeu-se que a ideia obsessiva é apenas o sintoma de um complexo de representações recalcado, ao qual ela se liga por via de associações, e que também as neuroses obsessivas dissimulam lembranças e fantasias libidinais. A diferença entre a histeria e a neurose obsessiva consiste no seguinte: na histeria, a energia psíquica do complexo recalcado *converte-se* em sintoma orgânico; na neurose obsessiva, pelo contrário, a consciência, para libertar-se do efeito deprimente de uma representação, priva-a do afeto que lhe está vinculado e investe-o numa outra representação, anódina, associada superficialmente com a original. Freud deu o nome de *substituição* a esse mecanismo específico de deslocamento dos afetos. O pensamento obsessivo que vem importunar a consciência de forma incessante nada mais é do que um bode expiatório injustamente perseguido pelo paciente, enquanto o pensamento efetivamente "culpado" desfruta de perfeita tranquilidade no inconsciente. E o equilíbrio psíquico só se restabelece depois de ter sido descoberta, por meio da análise, a representação recalcada. O complexo desvendado apodera-se então da emoção falsamente localizada, com uma avidez que recorda a das misturas não saturadas, e a cura sobrevém. O paciente será provido de uma lembrança desagradável ou do dissabor de uma tomada de consciência, mas estará livre da ideia obsessiva.

Nas mulheres, são muito frequentes as chamadas ideias obsessivas de tentação. Elas são acometidas pela ideia de se jogar pela janela, de enterrar uma faca ou uma tesoura no corpo do filho, etc. A psicanálise de Freud mostrou que, na realidade, essas mulheres estão, com frequência, insatisfeitas em seu relacionamento, e o que elas querem preservar da tentação é justamente sua fidelidade conjugal. Uma paciente de Freud, uma jovem, era constantemente torturada pela ideia de não poder reter a urina quando se encontrava em reuniões sociais. Por isso ela se retirara num completo isolamento. A análise fez aparecer que a representação da incontinência dissimulava a culpa de uma lembrança sexual completamente esquecida, na qual intervinha a sensação da necessidade de urinar.

Um de meus pacientes, excepcionalmente bem dotado, sente-se coagido a uma meditação perpétua sobre a vida, a morte, a maravilhosa organização do corpo humano, o que aniquila de maneira quase total sua alegria de viver e sua capacidade de trabalho. A análise revelou que, na sua infância, tinha ousado manifestar sua curiosidade pelos órgãos genitais da mãe; ainda hoje sofre a punição por isso.

Uma de minhas pacientes sentia uma repugnância inexplicável ao ver ou tocar um livro, até o dia em que a origem de seu mal pôde ser descoberta: aos 8 anos de idade, um rapazinho de 12 anos tinha por duas vezes praticado nela o coito regular; perdera desses episódios toda a recordação até os 16 anos quando, ao ler o livro *Jack, o estripador*, acudiu-lhe a ideia de que, se se casasse, seu marido a mataria porque ela já perdera havia muito a inocência. A paciente conseguiu ainda desembaraçar-se dessa ideia deslocando o medo para os romances e para os livros em geral, o que sua consciência suportava aparentemente melhor do que a lembrança dos acontecimentos sexuais infantis. A consciência, para garantir sua tranquilidade, não se preocupa muito com a lógica.

Um de meus pacientes estava obcecado por uma repugnância imoderada à carne gordurosa e a todos os produtos salgados, mas tudo se reordenou assim que a análise revelou que, em sua infância, um rapaz gordo e corpulento, muito mais velho do que ele, praticara nele um coito *per os*. A carne gordurosa representava o pênis, o gosto salgado, o esperma.

Foi igualmente o estímulo "sal" que, no teste de associação, provocou num aprendiz de tipógrafo de 17 anos uma reação nitidamente perturbada: a análise obteve a explicação pela prática do *cunnilingus* na infância.

Os *gestos e os atos obsessivos* – e trata-se ainda de uma descoberta de Freud – são medidas de proteção da consciência contra as próprias ideias obsessivas. O ato dissimula sempre uma ideia obsessiva que, por sua vez, dissimula um sentimento de culpa. A obsessão de limpeza, de asseio, é portanto uma forma desviada de apagar nódoas morais que suscitaram a ideia obsessiva. As compulsões a contar, a ler todas as tabuletas, ritmar regularmente os passos a caminhar, etc... etc... servem todas para desviar a atenção de pensamentos desagradáveis. Um paciente de Freud sentia-se obrigado a apanhar e meter nos bolsos todos os pedaços de papel. Essa compulsão desenvolvera-se a partir de uma outra ideia obsessiva, o horror a todo e qualquer papel escrito, horror que dissimulava as angústias de uma correspondência amorosa secreta. Um de meus pacientes, pessoa muito esclarecida, era levado por um medo supersticioso a colocar dinheiro, a todo o instante, numa certa caixa de esmolas de igreja. A análise mostrou que a doação monetária devia representar um ato de contrição porque, certa vez, ele tinha desejado a morte do pai. E se a caixa de esmolas se tornara o objeto apropriado para exprimir a contrição era porque, certa vez, em sua infância, o paciente jogara pedras em vez de dinheiro na caixa de esmolas de uma igreja.

Freud ficou estupefato com a elevada proporção de traumas sexuais infantis revelados pela análise das neuroses. Acreditou no início que todas as neuroses eram a consequência de acidentes fortuitos de ordem sexual. Mas quando a análise de indivíduos saudáveis fez aparecer a lembrança de traumas análogos na infância, sem que mais tarde sobreviesse uma psiconeurose, Freud teve de admitir que o verdadeiro agente patogênico não é o trauma em si, mas o recalque das representações que a ele se ligam.

Foi assim que Freud restabeleceu em seus direitos a predisposição individual no que se refere à origem das neuroses, ao passo que, no começo, impressionado pela grande frequência dos traumas, só lhe atribuíra pouca importância. Mas tornou precisa a noção mal definida de tara hereditária ou de predisposição ao postular a de constituição sexual anormal, da qual uma forma se caracteriza pelo recalque exagerado dos complexos sexuais.

Partindo de suas investigações sobre as neuroses, Freud, em sua mais recente obra, refez a história do desenvolvimento sexual do indivíduo. Nesse trabalho, demonstrou que a libido é inseparável da vida e que ela acompanha o indivíduo desde sua concepção até a morte. Na criança, nos anos que precedem a fase educativa, as tendências libidinais desempenham um papel muito maior do que se acreditava até hoje; é nessa idade, no período das perversões infantis, quando a satisfação da libido ainda não está vinculada a um órgão preciso, quando as noções morais ainda não limitam a satisfação dos desejos, que as ocasiões são numerosas para receber impressões que, mais tarde, o indivíduo gostaria de recalcar, mas cujo recalcamento provoca fenômenos mórbidos naqueles que estão para tal predispostos.

Todo esforço de pedagogia sexual que não levar em consideração os fatos que a psicanálise de Freud nos revelou, e ainda revelará, está condenado a ser um discurso moralizador e oco.

*
* *

Neurastenia, angústia, histeria e neurose obsessiva apresentam-se quase sempre em estado combinado; mas onde os sintomas estão confundidos, podemos sempre constatar, se nos dermos o trabalho de procurar, a "combinação etiológica" descrita por Freud. Aquele que, após um longo período masturbatório, interrompe bruscamente suas práticas, apresentará, simultaneamente, parestesias neurastênicas e estados ansiosos. Uma jovem de constituição sexual anormal que se encontra, pela primeira vez, diante das exigências efetivas do amor sentirá uma angústia que a tendência para o recalque fará evoluir para a histeria. A impotência psicossexual que, depois de Freud, deixou de ser um problema terapêutico, apresentou-se como uma combinação de neurose histérica, obsessiva e atual.

Quando se trata de neurose complexa, a análise só pode resolver, evidentemente, os sintomas psiconeuróticos; as fisioneuroses subsistem como um depósito insolúvel e só reagem às regras apropriadas de higiene sexual.

Não posso deixar de assinalar aqui, certamente, que algumas das minhas análises foram fracassos. Mas isso aconteceu quando não levei em consideração as contraindicações enunciadas por Freud, ou quando o meu paciente ou eu mesmo perdemos prematuramente a paciência. Ainda não encontrei um fracasso que pudesse ser atribuído ao método: mesmo através dos malogros, o método analítico foi-me de uma ajuda inestimável para avaliar e compreender o caso e, em particular, para obter dados que a anamnese de rotina jamais me poderia ter fornecido.

Para traçar um quadro completo do que a análise fornece à patologia, cumpre saber que a aplicação científica do método em psiquiatria está igualmente em plena expansão. A excelente monografia de Jung permitiu compreender a sintomatologia da demência precoce a partir de psicologia dos complexos; eu mesmo pude convencer-me, segundo o caminho traçado por Freud, de que o mecanismo da paranoia consiste numa projeção sobre outrem ou, de modo mais geral, sobre o mundo externo, de complexos destinados ao recalque.

Não se deve supor, entretanto, que Freud põe de lado todos os fatores patogênicos que não sejam de caráter sexual. Já mencionei a importância que ele atribui à predisposição hereditária; por outro lado, o medo, os choques psíquicos, os acidentes, podem deflagrar igualmente a neurose em consequência de sua força traumática.

Mas só os fatores sexuais podem ser considerados a causa específica da neurose, porque estão sempre presentes e, com frequência, são os únicos em causa, e também porque modelam os sintomas à sua própria imagem e semelhança. E – *last not least*[4] – a prova terapêutica mostra que o sintoma neurótico desaparece assim que o fator sexual é redescoberto e eliminado, e que a libido, perturbada em sua expressão fisiológica ou desviada por via psíquica, é devolvida à sua destinação.

Espero encontrar uma violenta oposição às teorias de Freud, em especial aquela que trata da evolução da sexualidade. Isso é natural. Pois a própria validade da teoria de Freud estaria posta em dúvida se a censura oposta à sexualidade só se manifestasse nos neuróticos, sem que houvesse dela o menor vestígio nas pessoas saudáveis, particularmente nos médicos saudáveis.

Todos nós saímos da adolescência atulhados de uma multidão de representações sexuais recalcadas, e a reticência em face da discussão aberta da sexualidade é uma defesa contra sua irrupção na consciência. Como já disse, eu próprio recusei-me por muito tempo a aprofundar o problema. Mas posso assegurar-lhes que a observação livre de preconceitos da vida sexual é suficientemente instrutiva para aceitar o sacrifício necessário à vitória sobre a antipatia e a resistência – humanamente compreensíveis – que sentimos em analisar esses problemas. Sem dúvida, compreendo agora a minha repugnância em adotar a teoria de Freud, mas isso não me ressarce dos anos perdidos em que, para enfrentar os enigmas das neuroses, dispunha unicamente do arsenal pouco afiado do passado.

É o neurologista praticante que se exprime por minha boca quando insisto na importância das novas teorias no domínio da neuropatologia e da psiquiatria. Se nos situarmos num ponto de vista mais elevado e mais geral, as possibilidades contidas nessa nova teoria para se chegar a uma compreensão mais profunda do funcionamento do aparelho mental e da economia das forças que o regem são ainda mais consideráveis.

Estou convencido de que a psicologia individual e coletiva, assim como a história das civilizações e a sociologia que nela se fundamenta, extrairão uma força de progresso importante dos conhecimentos que as investigações de Freud nos revelam.

---

4. Em inglês no texto: "por último mas não menos importante". (N. do T.)

III

Interpretação e tratamento psicanalíticos da impotência psicossexual[1]

São raros os argumentos objetivos opostos à interpretação e ao tratamento das psiconeuroses segundo o método de Freud. Um dentre eles é o que diz ter esse tratamento apenas uma ação sintomática. Talvez suprima os sintomas histéricos mas não cura o substrato histérico. Freud responde corretamente que a crítica é muito mais indulgente com os outros modos de tratamento da histeria. Por outro lado, uma análise suficientemente profunda – que Freud compara às escavações arqueológicas – pode provocar no paciente uma modificação tão fundamental da personalidade que talvez não tenhamos mais o direito de considerá-la patológica. As observações de Jung e de Muthmann permitem até concluir que uma análise levada a seu termo reforça as defesas do indivíduo em face de novos traumas psíquicos, quase ao ponto de um indivíduo são não analisado. Sabemos agora que os indivíduos saudáveis conservam durante toda a vida um certo número de complexos de representações inconscientes recalcadas, que podem, por ocasião de um trauma, intervir com toda a sua energia afetiva para aumentar seu efeito patogênico.

Em compensação, a obrigação de fornecer tal prova desaparece quando a nossa tarefa limita-se à redução de *um único sintoma*. Entre elas, uma das mais difíceis continua sendo o tratamento da chamada impotência psíquica.

---

1. Conferência pronunciada na Sociedade Real de Medicina de Budapeste em 7 de novembro de 1908.

É tamanho o número de pessoas atingidas e tão grande é seu infortúnio moral, que nunca deixei de multiplicar as tentativas de tratamentos medicamentosos[2] e sugestivos[3] para remediá-lo. Os dois métodos me valeram alguns êxitos mas nunca resultados verdadeiramente satisfatórios. Sinto-me hoje muito mais feliz por poder apresentar resultados mais positivos, graças ao método psicanalítico de Freud[4]. Antes de qualquer consideração de natureza teórica, quero passar a expor alguns casos, reservando os meus comentários para a conclusão.

Um artesão de 32 anos vem me consultar. Seu comportamento tímido, quase submisso, anuncia de imediato a "neurastenia sexual". Penso primeiramente que ele está oprimido por uma culpa de masturbação e suas consequências. Mas seu mal é muito mais sério; depois que chegou à maioridade, nunca soube o que era satisfação sexual por causa de uma ereção imperfeita e de uma ejaculação precoce. Já consultara vários médicos; um deles, bem conhecido por seus anúncios publicitários na imprensa, apostrofara-o brutalmente: "Você se esgota, é isso o que lhe acontece!" O paciente, que entre 15 e 18 anos tinha efetivamente praticado o onanismo, adquiriu a firme convicção de que a impotência era a consequência merecida e irremediável desse "crime da mocidade".

Essa experiência penosa afastara-o por algum tempo dos médicos; mais tarde, fez nova tentativa com um outro médico que o tratou pelo meio privilegiado da terapêutica sugestiva: a corrente elétrica, prodigalizando-lhe fortes encorajamentos. Mas não obteve nenhum resultado. O paciente ter-se-ia resignado à sua sorte se não tivesse encontrado recentemente uma jovem a seu gosto. Foi o que o decidiu a fazer essa "última tentativa".

O caso é muito banal: a anamnese não continha nenhum elemento significativo. Viu-se que a impotência era acompanhada de um conjunto de sintomas neuróticos, principalmente transtornos de sono, pesadelos, hiperestesia auditiva, parestesias diversas e uma

---

2. Ferenczi, *De la pharmacologie neurologique,* "Gyògyàszat", 1906.
3. Ferenczi, *De la valeur thérapeutique de l'hypnose,* "Gyógyàszat", 1904.
4. As minhas fontes na literatura são: o conjunto das obras de Freud, assim como as seguintes obras de dois médicos vienenses:
 – Dr. Steiner: *Die funktionelle Impotenz des Mannes* [A impotência funcional masculina], Wiener Med. Presse, 1907, 42.ª parte.
 – Dr. Steckel: *Nervöse Angstzustände* [Os estados nervosos de angústia], Viena, Braunmüller, 1908.

hipocondria intensa; tratava-se, portanto, de uma neurose de angústia na acepção de Freud, provocada pela insatisfação sexual e as frequentes excitações frustradas. Pois o paciente, apesar da deficiência de seu mecanismo de coito no momento crítico, fantasiava continuamente, em estado vígil ou de sonolência, situações sexuais que eram acompanhadas de ereções intensas. Foi esse fato que me fez suspeitar de que, além das consequências nervosas da abstinência, o paciente devia sofrer também de psiconeurose, devendo a causa da impotência ser procurada num complexo de representações inconscientes, cuja força de interdição, de inibição, manifestava-se no instante preciso do coito. Esse estado mórbido é muito conhecido sob o nome de "impotência psíquica"; sabíamos que é a inibição resultante do medo o que interrompe a passagem do arco reflexo, aliás intato. Entretanto, era admitido geralmente que esse estado explicava-se pela simples "pusilanimidade", ou pela lembrança de um fracasso sexual, e nossa ação médica limitava-se a tranquilizar, a encorajar, por vezes, com alguns resultados. Conhecendo a psicologia segundo Freud, eu não podia me satisfazer com uma explicação tão superficial; fui levado a supor que a impotência não era determinada pelo "medo" mas por processos mentais inconscientes de conteúdo bem definido, cujas raízes remontavam à primeira infância, provavelmente um desejo sexual infantil que, no decurso do desenvolvimento cultural, tornou-se impossível ou mesmo impensável. A todas as minhas perguntas formuladas nesse sentido, o paciente respondia negativamente. Nada de particular acontecera com ele: nunca fizera nenhuma observação nem tivera experiência alguma de caráter sexual em relação a seus pais, sua família ou seu meio; na sua infância, pouco se ocupava "dessas coisas"; jamais apresentara tendências homossexuais; a ideia de fazer funcionar suas "zonas erógenas" o repugnava (erotismo anal, oral); exibicionismo, sadismo, masoquismo, eram-lhe inteiramente desconhecidos. No máximo, reconheceu, bastante constrangido, uma predileção algo excessiva pelos pés e sapatos femininos, sem poder dar nenhuma informação sobre a origem dessa atração fetichista. Naturalmente, convidei o paciente a contar-me em detalhes como adquiriu seus conhecimentos sexuais, suas fantasias de masturbação, o desenrolar de suas primeiras tentativas sexuais frustradas. Contudo, mesmo essa anamnese aprofundada não revelou nada que pudesse fornecer uma explicação satisfatória de seu estado. Sabemos, porém, desde Freud, que uma anamnese, mesmo supondo-se a maior franqueza e uma excelente memória do paciente, não traduz a verdadeira história do desenvolvimento do indivíduo; a consciência sabe "esquecer" tão bem as lembranças e os pensamentos que se tornaram penosos que somente o laborioso trabalho de análise pode fazê-los surgir do recalcamento e trazê-los para a consciência. Apliquei, portanto, sem hesitação, o método psicanalítico. A análise confirmou rapidamente as minhas suspeitas quanto à psiconeurose. A par dos sintomas já mencionados, o paciente queixava-se de diversas parestesias histéricas; depois, surgiram vários temas obsessivos: a impossibilidade de olhar as pessoas nos olhos, covardia, sentimento de culpa, medo do ridículo, etc.

Essas formações obsessivas são muito características da impotência sexual. A covardia derivada da impotência explica-se pela difusão em toda a personalidade do efeito humilhante dessa insuficiência. Freud diz muito corretamente que a eficácia sexual prefigura toda a personalidade *(Vorbildlichkeit der Sexualität).* O grau de segurança da eficácia sexual orienta a segurança do julgamento e dos atos. Entretanto, o sentimento imotivado de culpa, tão importante em nosso paciente, faz suspeitar da existência de pensamentos de algum modo "verdadeiramente culpados", mas profundamente recalcados. Pouco a pouco, a análise acumulou o material que me permitiu deduzir a natureza dessa "culpa".

No começo, chamou-me a atenção o interesse acentuado que o paciente manifestava em seus sonhos pelas mulheres corpulentas "de quem jamais via o rosto"; com elas, mesmo em sonhos, era-lhe impossível consumar o ato: no último momento, em vez da ejaculação esperada, ele era invadido por uma angústia intensa e acordava em sobressalto, em meio a pensamentos como: "Isso não pode ser!", "Esta situação é impensável!". Após esses sonhos angustiantes, acordava extenuado, moído, coberto de suor, o coração palpitante, e passava um péssimo dia.

O fato de que nesses sonhos jamais vira o rosto da mulher constitui um exemplo típico de deformação onírica *(Traumentstellung),* cuja finalidade é tornar irreconhecível a mulher para quem convergem os pensamentos libidinais. Em contrapartida, o despertar em sobressalto indica uma tomada de consciência incipiente da "impossibilidade dessa situação" com a mulher evocada no sonho. A crise de angústia é a reação afetiva da consciência superior à realização desse desejo.

Um excelente autor húngaro (Ignotus) descobriu, ao que parece, a existência da deformação onírica e da censura onírica, como o testemunha o seguinte fragmento de um poema:

... Os sonhos de um poltrão revelam o homem.
A vida o quebra e o agride tão duramente
Que ele nem em sonhos se atreve a ser feliz.

Àqueles a quem o orgulho médico leva a desprezar a literatura, respondo como o fiz no meu artigo intitulado "O amor na ciência" (Gyògyàszat, 1901): as fontes do nosso conhecimento da psicologia individual não se encontram na literatura médica mas, antes, nas obras literárias e poéticas.

O interdito que impedia a satisfação sexual era tão forte no nosso paciente que, mesmo em suas fantasias sexuais diurnas, no momento de imaginar o ato, refreava-se e desviava seu pensamento para outras coisas. Freud fez-me observar com que frequência os impotentes repetem o sonho típico do exame, o que, aliás, se encontra igualmente nos indivíduos de potência normal; eu mesmo posso confirmar plenamente essa observação. Ocorre que esses sujeitos sonham várias vezes numa mesma semana que se submetem às provas de bacharelato, de licenciatura, etc., mas que não podem ser bem-sucedidos por falta de uma preparação suficiente. Essa incapacidade no sonho resulta do sentimento de incapacidade sexual. Também é provavelmente uma metáfora vulgar para significar o coito, o que explica por que os impotentes a quem tive em tratamento sonhavam frequentemente com armas de fogo enferrujadas, emperradas, que não duram muito, não acertam no alvo, etc.

Uma certa crueldade ativa surgia amiúde nos sonhos do nosso paciente; via-se decepando o dedo de alguém a dentadas, mordendo-o no rosto, etc.; não foi difícil descobrir a origem desta na hostilidade que sentira em sua infância contra um irmão, mais velho vinte anos do que ele, hostilidade plenamente justificada pelo comportamento daquele em relação ao caçula. Essa tendência para a crueldade encontra-se igualmente em estado vígil, mascarada pela pusilanimidade do paciente. Toda vez que se mostrara covarde diante de alguém, geralmente um superior, passava depois longos minutos a fantasiar situações onde daria provas de energia ou de audácia em face dessa mesma pessoa, ou então lhe infligiria diversas punições corporais. É a manifestação de *l'esprit d'escalier*[5], tão frequente nos psiconeuróticos cujas fantasias permanecem, em geral, no estado de eternos devaneios; na próxima ocasião, a velha timidez virá reprimir o insulto prestes a brotar, reter a mão prestes a agredir. A estreita relação psicológica entre covardia, crueldade e impotência sexual é posta em grande evidência por Ibsen no personagem do *bispo Nicolas* da peça *Os pretendentes à Coroa*. Essa pusilanimidade e essa timidez têm sua origem no respeito que outrora compensava a revolta da criança contra os castigos corporais e as reprimendas dos pais e dos irmãos mais velhos.

Dada a relação fisiológica e a estreita associação de ideias que existe entre as funções de ejaculação e de micção, não surpreende que a análise tenha igualmente revelado no paciente uma inibição para a micção. Era incapaz de urinar na presença de outra pessoa. Quando estava sozinho num banheiro público, produzia um jato normal e regular. Mas se entrasse uma outra pessoa, o jato era interrompido, "como se o tivessem cortado". Esse grande pudor que manifestava mesmo em relação a homens me fez concluir que o componente homossexual nesse paciente é superior à média, como na maioria dos neuróticos. Pensei que sua origem podia estar ligada à pessoa de um irmão com quem ele compartilhara a cama durante muitos anos, e com quem tinha concluído uma aliança ofensiva e defensiva contra as provocações do irmão mais velho. Quando falo de "homossexualidade superior à média" é para sublinhar que a observação psicanalítica confirma a teoria da bissexualidade, a saber, que a estrutura primitivamente bissexual do homem não deixa apenas vestígios anatômicos[6] mas também traços psicossexuais que, sob o efeito de circunstâncias exteriores favorecedoras, podem tornar-se dominantes.

Instruído por outras análises de casos semelhantes, eu suspeitava de que a mulher corpulenta do sonho dissimulava alguma pa-

---

5. Em francês no texto húngaro. A expressão "o espírito da escada" alude ao fato de se encontrar tarde demais a resposta que devia ter sido dada no momento oportuno, isto é, antes de descer a escada. (N. do T.)

6. Ferenczi, *Des stades intermédiaires de la sexualité*, "Gyògyàszat", 1909.

rente próxima do paciente: mas ele rejeitou essa suspeita com indignação e anunciou-me triunfalmente que só uma de suas irmãs era corpulenta, precisamente aquela que ele não suportava. Mas aqueles que constataram, como eu, com que frequência uma simpatia penosa para a consciência é dissimulada sob um excesso de rudeza e de mau humor, não se deixarão desarmar por essa informação ("*Ich hasse weil ich nicht lieben kann*"[7], Ibsen).

Pouco depois, o paciente relatou-me uma estranha alucinação hipnagógica que já se produzira anteriormente. No momento de adormecer, teve a impressão de que seus pés (que sentia como se estivessem calçados, quando, na verdade, estavam descalços) se erguiam, ao passo que a cabeça afundava; foi tomado então de angústia, como lhe acontecia tantas vezes em sonhos, e acordou em sobressalto. Já mencionei o seu fetichismo de sapatos e pés; retomei, portanto, a análise aprofundada das associações, ideias e lembranças do paciente sobre esse tema, o que fez surgir lembranças há muito esquecidas e deveras desagradáveis para ele. Essa irmã corpulenta "que ele não suportava", dez anos mais velha do que o paciente, tinha o hábito de mandar o irmão, nessa época de 3-4 anos de idade, abotoar e desabotoar-lhe os sapatos; também era frequente fazê-lo saltar a cavalo em sua perna nua, deflagrando assim uma sensação voluptuosa. (Trata-se, sem nenhuma dúvida, de uma "lembrança encobridora", na acepção de Freud; certamente se passaram ainda outras coisas entre eles.) Quando, mais tarde, ele quis recomeçar, sua irmã, que já tinha 15-16 anos, chamou-o severamente à ordem por esse desejo, qualificado de imoral e inconveniente.

Assim, pude comunicar ao paciente a minha firme convicção de que a base psicológica de sua impotência devia ser procurada em seu desejo recalcado mas vivo de repetir esses atos, desejo que se tornara incompatível com a "moral sexual civilizada".

O paciente só se mostrou meio convencido e manteve-se em sua negativa. Mas, no dia seguinte, veio anunciar-me, muito embaraçado, que, tendo refletido maduramente sobre tudo o que fora dito, lembrara-se de que em sua juventude (dos 15 aos 18 anos) tomara com frequência para objeto de suas fantasias de masturbação a sua experiência infantil com a irmã; os remorsos provocados pela

---

7. "Odeio porque não posso amar."

imoralidade desses pensamentos é que o tinham levado a abandonar esse tema; na mesma ocasião, parara de masturbar-se. Depois, nunca mais voltara a pensar nessas coisas. Encorajei o paciente a prosseguir em suas tentativas de relação sexual durante o período de análise. Pouco depois da interpretação do sonho precedente, chegou com ar radiante e anunciou-me que na véspera, pela primeira vez em sua vida, tivera uma relação rematada por um orgasmo completo e de uma duração satisfatória; com a avidez característica dos neuróticos, repetiu a proeza por mais duas vezes no mesmo dia, cada vez com uma mulher diferente.

Prosseguiu em tratamento ainda por algum tempo e decidi analisar os outros sintomas de sua neurose; mas como seu principal objetivo tinha sido alcançado, o paciente não se sentiu suficientemente motivado para continuar; portanto, dei por concluído o tratamento.

Algumas explicações são necessárias para compreender esse sucesso terapêutico. A importante obra de Freud sobre o desenvolvimento da sexualidade no indivíduo (*Três ensaios sobre a teoria da sexualidade*) ensina-nos que a criança recebe suas primeiras impressões sexuais de seu meio ambiente imediato, e que essas impressões determinam a escolha posterior do objeto sexual. Ocorre, porém, que em decorrência de fatores constitucionais ou de circunstâncias exteriores (criança excessivamente mimada, por exemplo), essa escolha de objeto incestuoso acaba por fixar-se. Entretanto, o sentimento moral nascente do indivíduo defende-se com todas as suas forças e recalca os desejos contrários à moral. No início, o recalcamento funciona perfeitamente, como vimos no caso precedente ("Período da defesa bem-sucedida", Freud); mas, sob o efeito das modificações orgânicas da puberdade, talvez de secreções internas, o desejo pode renascer, de modo que se tornará necessário um novo recalcamento. Em nosso paciente, esse segundo recalcamento é assinalado pela interrupção da masturbação. Mas o recalcamento acarreta igualmente a eclosão da neurose, da qual certos sintomas, entre outros, são a impotência, datando das primeiras tentativas de coito, e a aversão por sua irmã mais velha. O paciente era incapaz de consumar o ato sexual porque toda mulher lhe lembrava – inconscientemente – a irmã; e não podia suportar a irmã porque – sem o saber – via nela não só a sua parente mas também a mulher, e a "antipatia" constituía a melhor das proteções. Entretanto, o controle do inconsciente sobre a personalidade física e psíquica do indivíduo só se mantém até que a análise desvende o conteúdo dos pensamentos que nele se dissimulam. A partir do instante em que a consciência projeta sua luz sobre esses processos, o poder tirânico do complexo inconsciente desmorona: os pensamentos afastados deixam de ser um reservatório de afetos sem possibilidades de ab--reação e integram-se no encadeamento normal das ideias.

No caso estudado, foi assim que, graças à análise, a censura pôde ser contornada; por conseguinte, a energia afetiva do complexo deixou de ser convertida em sintoma orgânico (inibição sexual), mas pôde desintegrar-se sob o efeito da atividade de ideação e, como todos os afetos conscientes, apagar-se ao perder sua significação inadequada.

*
* *

A impotência psicossexual resulta de uma "fixação incestuosa"; longe de ser uma exceção, essa origem é relativamente frequente. Encontro sua confirmação nas análises de Steiner e de Steckel, que chegaram a conclusões idênticas. Eu mesmo posso citar outros casos. Um psiconeurótico em vias de cura (que sofria de ideias obsessivas angustiantes e de compulsões) também apresentava uma impotência sexual em todos os pontos semelhante à do paciente anterior. Esse sintoma desapareceu por completo quando completou 28 anos de idade, após seis meses de análise, assim que foram revelados seus pensamentos incestuosos infantis em relação à mãe. Se eu somar a isso que, entre seus complexos de representações inconscientes, esse paciente alimentava também ideias hostis ao pai, reconheceremos aí uma personificação típica do mito de Édipo, cuja significação geral para a humanidade nos foi igualmente revelada por Freud.

As raízes da impotência psíquica podem remontar aos pensamentos libidinais recalcados da infância; eles não envolvem somente os pais mas também outras pessoas; basta que elas tenham pertencido, de um modo ou de outro, à categoria das pessoas "respeitáveis". Darei o exemplo de um paciente de 45 anos, cujas crises de angor cardíaco (*angora pectoris nervosa*), assim como o estado de insuficiência sexual, encontraram sua explicação em fantasias irrespeitosas em relação a sua defunta ama de leite. A fixação incestuosa (se é lícito exprimi-lo assim a respeito de pessoas que não são do mesmo sangue) resultava do fato de que a própria ama de leite não tinha respeitado, em seu amor pela criança, os limites necessários: até os 10 anos de idade, o rapaz compartilhara do seu leito, e ela aceitara sem protestos sua ternura já fortemente impregnada de erotismo. São casos como esses que me fizeram dizer que "as tentações e os perigos que ameaçam a juventude vêm com frequência de seus próprios pais e educadores". Irei até mais longe: "Não é raro que a criança seja a vítima de iniciativas sexuais disfarçadas por parte de pais mais velhos. Penso não só nos miseráveis habitantes de casebres superlotados, mas também nos meios privilegiados onde se poderia supor que as crianças estão ao abrigo das tentações."[8] O papel trágico desempenhado pela ama de leite na vida do paciente confirmou-se posteriormente; quando o paciente, há alguns anos, manifestou a intenção de casar, a ama de leite, que estava então com mais de 70 anos, suicidou-se de desespero; o paciente estava persuadido de que ela se matara porque tinha ouvido falar muito mal da mulher que ele queria desposar. Esse drama desencadeou as crises de angor cardíaco, que assumem aqui o sentido literal de "dores do coração": uma dor moral convertida. A insuficiência sexual existe desde a puberdade; foi consideravelmente melhorada pela análise; contudo, como o paciente submeteu-se igualmente a um tratamento urológico, quero reter somente o aspecto patogênico deste caso.

*
* *

A par dos casos de inibição psicossexual determinada por complexos inconscientes, Steiner distingue duas outras categorias de impotência masculina, que ele atribui essencialmente ou a uma fraqueza congênita (*Minderwertigkeit*), ou a influências pós-puberdade. O valor dessa classificação é, na minha opinião, mais prático do que teórico.

Um estudo mais profundo dos casos "congênitos" mostra que um grande número dentre eles depende da pseudo-hereditarieda-

---

8. Ferenczi, "Pédagogie sexuelle", *Revue Médicale de Budapest*, 1908.

de. Os filhos de pais anormais estão expostos desde tenra idade a influências psicológicas anormais por parte de seu meio e recebem uma educação falseada; são essas mesmas influências as que, eventualmente, determinarão mais tarde a neurose e a impotência; sem elas, a criança "defeituosa" talvez se tivesse convertido também num homem normal. Freud compara a patogênese das psiconeuroses à da tuberculose. Na tísica, a predisposição desempenha um papel importante, mas o verdadeiro agente patogênico é, de qualquer modo, o bacilo de Koch, e se ele pudesse ser neutralizado, ninguém morreria só de predisposição. As influências sofridas na infância desempenham o mesmo papel nas neuroses que as bactérias nas doenças infecciosas. Cumpre admitir, sem dúvida, que, quando a predisposição é muito acentuada, as influências onipresentes e inevitáveis da vida corrente podem bastar para provocar uma incapacidade funcional; não obstante, deve ser também afirmado que são as influências e não a predisposição que determinam os sintomas da neurose; assim, mesmo nesses casos, a terapêutica analítica tem algumas chances de dar certo. Resta saber, naturalmente, se é vantajoso ou não para a sociedade que indivíduos tão vulneráveis, do ponto de vista psíquico, sejam postos em condições de prolongar a espécie.

Na minha opinião, a impotência psicossexual adquirida após a puberdade só na aparência difere da incluída nos complexos inconscientes. Se um sujeito capaz de efetuar normalmente o ato sexual durante um certo tempo perde essa faculdade sob o efeito de uma causa ansiógena qualquer (medo de uma infecção, de uma doença, excitação sexual demasiado intensa, etc.), pode-se supor que subsistem nele complexos infantis sexuais recalcados. Assim, o efeito excepcionalmente intenso, patológico, do agente patogênico é devido ao afeto ligado a esses complexos e deslocado para a reação atual.

De um ponto de vista prático, Steiner tem razão em isolar esse grupo porque, como ele observa judiciosamente, pode-se tratar esses casos tranquilizando o paciente, aplicando-lhe não importa que terapêutica sugestiva ou então por uma análise bastante superficial (que é muito simplesmente a antiga catarse segundo Breuer e Freud, "a ab-reação"). Entretanto, esses tratamentos não têm o valor profilático de uma psicanálise mais profunda; as análises, segundo Muthmann, Frank e Bezzola, apresentam-se, portanto, como de menor eficácia. Têm a vantagem, porém – como o procedimento por sugestão –, de impor uma carga muito menos pesada tanto ao paciente quanto ao médico.

Foi uma análise superficial desse gênero que curou um jovem paciente meu que se tornara impotente em consequência de uma gonorreia, por medo da infecção, e também um outro de meus pacientes que se tornou impotente depois de ter visto um sangramento menstrual.

Um homem de 36 anos recuperou sua autoconfiança após ter sido encorajado e tranquilizado por sugestão: outrora muito ativo no plano sexual, ficara impotente quando uma união legal o colocou na obrigação de cumprir seu "dever" conjugal. Nesse caso, entretanto, continuei a análise mesmo depois do restabelecimento da função e cheguei à descoberta dos seguintes fatos: o paciente, por volta dos 3 ou 4 anos de idade, tinha masturbado, por instigação de um adulto, os órgãos genitais de uma menina da mesma idade; a menina, ao mesmo tempo, com um pequeno prego de madeira como aqueles de que se servia o pai do paciente, um tanoeiro, para reparar barris furados, tinha-lhe perfurado o prepúcio. Isso lhe causara grande sofrimento; fora necessária uma intervenção cirúrgica para extrair o prego. Ao medo somara-se a humilhação. A aventura chegara aos ouvidos de seus pequenos amigos, que lhe puseram o apelido de "o preguento". Tornou-se taciturno e arredio. Na puberdade, assaltou-o o medo de que a cicatriz lhe tivesse reduzido a potência; mas, após algumas hesitações no começo, logrou um relativo êxito. Entretanto, o medo de não poder satisfazer as exigências sexuais mais assíduas do casamento acabrunhava a tal ponto esse homem já submetido aos efeitos de um complexo infantil, que sobreveio uma inibição total da função.

Este caso é instrutivo sob vários aspectos. Demonstra que se a potência funcional é restabelecida após o desaparecimento das ideias angustiantes atuais, isso não quer dizer que o medo era a única causa da inibição; é mesmo provável que neste caso, como em outros semelhantes, o medo atual só é patogênico porque constitui o alvo de um deslocamento de afeto cuja origem está dissimulada no inconsciente. A análise superficial e os métodos sugestivos debilitaram simplesmente o sintoma na medida em que reduziram a sobrecarga que pesa sobre o aparelho neuropsíquico num nível em que o paciente pode por si mesmo se acomodar a ele. Por outro lado, este caso ilustra como as experiências sexuais infantis, à parte a fixação incestuosa, quando são acompanhadas de uma intensa humilhação, podem estar igualmente na origem de uma inibição psicossexual posterior. Existe um modo de humilhação sexual infantil que merece menção especial, em virtude de sua importância prática: trata-se da humilhação que o meio inflige à criança surpreendida no ato de masturbar-se, e cujo efeito deprimente é ainda acrescido pelas punições corporais e as ameaças de doenças mortais que as acompanham. Mas não se pode censurar aos pais e educadores a aplicação de um método tão indelicado e perigoso para o futuro da criança, quando até uma parte dos médicos o aprova e o inflige a seus próprios filhos. Entretanto, Freud mostrou-nos como a maneira de desabituar a criança do onanismo age de forma determinante sobre o desenvolvimento posterior do caráter – ou de uma neurose. O isolamento psíquico das crianças em face dos problemas sexuais, o rigor excessivo da repressão dos hábitos infantis, o terror e a humilhação, o respeito esmagador e a obediência cega impostos pelos pais e, com frequência, tão pouco justificados, contribuem para realçar uma verdadeira produção artificial de futuros neuropatas e impotentes psicossexuais.

Em conclusão, a minha concepção da impotência masculina funcional é a seguinte:

1.° A impotência psicossexual é um sintoma parcial de uma psiconeurose, de acordo com a tese de Freud, ou seja, que se trata da manifestação simbólica da lembrança de acontecimentos sexuais vividos na primeira infância, depois recalcados no inconsciente, do desejo inconsciente de conseguir a sua repetição, e do conflito psíquico que daí resulta.

2.° No caso de impotência sexual, essas lembranças e desejos relacionam-se com pessoas ou representações de modos de satisfação sexual incompatíveis com a consciência do adulto civilizado. A inibição sexual é, portanto, um interdito oriundo do inconsciente, que, no início, visava apenas um certo modo de satisfação sexual mas que, para impedir com maior segurança o retorno associativo da lembrança e do desejo, estendeu-se a toda a atividade sexual em geral.

3.° Os acontecimentos sexuais dos primeiros anos da infância que determinarão posteriormente a inibição podem ser traumas psicológicos graves: mas quando a predisposição para a neurose é mais acentuada, impressões aparentemente benignas e inevitáveis nas nossas condições de vida podem acarretar as mesmas consequências.

4.º Entre as causas patogênicas determinantes da impotência psicossexual, ocupam um lugar privilegiado a fixação incestuosa e a humilhação sexual infantil.

5.º A ação inibidora do complexo recalcado pode manifestar-se desde a primeira tentativa sexual e tornar-se permanente. Nos casos mais benignos, a inibição só aparece mais tarde, por ocasião de um ato acompanhado de apreensão ou de excitação particularmente intensa. Mesmo nesses casos, uma análise suficientemente profunda mostra que ao lado (ou, mais exatamente, por trás) da causa deprimente atual dissimulam-se, como nos casos graves, lembranças sexuais infantis recalcadas e fantasias inconscientes a elas vinculadas.

6.º A compreensão *integral* dos casos de impotência psicossexual só é possível com a ajuda da psicanálise segundo Freud. Nos casos mais graves, é difícil obter uma melhora por qualquer outro meio; nos casos mais benignos, os métodos sugestivos ou uma análise superficial podem dar igualmente resultados.

7.º A psiconeurose da qual a impotência funcional é um sintoma parcial vê-se geralmente complicada pelos sintomas de uma neurose atual (neurastenia, neurose de angústia).

Naturalmente, todas essas observações e interpretações só são válidas nos casos de impotência de origem exclusivamente psicogênica, e não nos casos de incapacidade fisiológica ou orgânica; entretanto, a associação de estados mórbidos orgânicos e funcionais é, repetimos uma vez mais, um fenômeno frequente.

IV

Psicanálise e pedagogia[1]

O estudo das obras de Freud e as análises pessoalmente efetuadas podem convencer todos nós de que uma educação defeituosa é não só a origem de defeitos de caráter mas também de doenças, e de que a pedagogia atual constitui um verdadeiro caldo de cultura das mais diversas neuroses. Mas a análise dos nossos pacientes leva-nos, queiramos ou não, a rever igualmente a nossa própria personalidade e suas origens; daí extraímos a convicção de que mesmo a educação guiada pelas mais nobres intenções e efetuada nas melhores condições – uma vez que esteja baseada nos princípios errôneos geralmente em vigor – influencia de forma nociva e de múltiplas maneiras o desenvolvimento natural; se continuamos gozando de boa saúde, apesar de tudo, devemo-lo certamente à nossa constituição psíquica mais robusta, mais resistente. Seja como for, mesmo que não tenhamos adoecido, muitos sofrimentos psíquicos inúteis podem ser atribuídos a princípios educativos impróprios; e, sob o efeito dessa mesma ação nociva, a personalidade de alguns entre nós tornou-se mais ou menos inapta para desfrutar sem inibição dos prazeres naturais da vida.

Uma interrogação surge então espontaneamente: qual seria o meio terapêutico e profilático contra esses males? Que ensinamentos práticos a pedagogia pode extrair das observações devidas à investigação psicanalítica?

---

1. Conferência no Congresso dos Psicanalistas em Salzburgo em 1908, "Gyógyàszat", 1908.

Essa questão não constitui um problema de ciência abstrata. A pedagogia está para a psicologia como a disciplina da jardinagem para a botânica. Mas se nos lembrarmos de como Freud, partindo também de um problema prático limitado – de neuropatologia – chegou a uma perspectiva psicológica de uma envergadura absolutamente inesperada, podemo-nos permitir uma excursão pelos gramados do jardim de infância, não sem certa esperança heurística.

Assinalo desde já que considero esse problema insolúvel para um homem só, e ainda mais no âmbito de uma única conferência. Necessitamos, neste caso, da colaboração de todos; da minha parte, limitar-me-ei hoje a ventilar os problemas que se apresentam de imediato e a determinar exatamente a situação atual.

O único regulador do funcionamento psíquico do recém-nascido é sua tendência para evitar a dor, ou seja, as excitações, uma tendência a que se dá o nome de "princípio de desprazer" (*Unlustprinzip*). Mais tarde, esse princípio cai sob o domínio da autodisciplina inculcada pela educação; entretanto, a tendência para evitar a dor continua a manifestar-se também a todo instante no psiquismo do adulto civilizado, ainda que de forma sublimada; o homem esforça-se, apesar de tudo – e em contradição com todos os ensinamentos da moral –, por obter o máximo de satisfação com o mínimo de esforço.

Entretanto, a pedagogia atual contraria frequentemente esse princípio tão sábio e, por assim dizer, evidente. Vou citar imediatamente um de seus mais graves erros, a saber, o recalcamento das emoções e representações. Poderíamos até dizer que a pedagogia cultiva a negação das emoções e das ideias.

É difícil definir o princípio que a rege. É com a mentira que ela mais se aparenta. Mas ao passo que os mentirosos e os hipócritas dissimulam as coisas para os outros ou então apresentam-lhes emoções e ideias inexistentes, a pedagogia atual obriga a criança a mentir para si mesma, a negar o que sabe e o que pensa.

Mas os sentimentos e as ideias assim recalcados, imersos no inconsciente, nem por isso foram suprimidos; no decorrer do processo educativo, eles se multiplicam, se avolumam, aglomeram-se numa espécie de personalidade distinta, enterrada nas profundidades do ser, cujos objetivos, desejos e fantasias estão, em geral, em contradição absoluta com os objetivos e as ideias conscientes.

Poder-se-ia considerar esse sistema perfeitamente satisfatório, visto que propicia uma relativa espontaneidade às ideias certas, socialmente orientadas, mergulhando no inconsciente as tendências grosseiramente egoístas, anti ou associais, que assim perdem sua nocividade. A psicanálise mostra-nos, porém, que esse modo de neutralização das tendências associais não é eficaz nem rentável. Para manter as tendências latentes recalcadas e escondidas no inconsciente, é necessário edificar organizações defensivas poderosas, de funcionamento automático, cuja atividade consome uma quantidade excessiva de energia psíquica. As regras de defesa e intimidação da educação moral baseada no recalque de ideias podem comparar-se às sugestões alucinatórias negativas pós-hipnóticas; pois, assim como podemos obter que o indivíduo hipnotizado, ao despertar, deixe de perceber as impressões ópticas, acústicas ou táteis, ou uma parte delas, também a humanidade é atualmente educada para uma *cegueira introspectiva*. Mas o homem assim educado, tal como o hipnotizado, retira muita energia psíquica da parte consciente de sua personalidade; portanto, mutila consideravelmente a capacidade de funcionamento desta; por um lado, alimenta em seu inconsciente uma outra personalidade, verdadeira parasita, que com o seu egoísmo natural e suas tendências para satisfazer seus desejos a todo custo é como que a sombra, o negativo de todo o belo e o bem de que se vangloria a consciência superior; por outro lado, a consciência só poderá evitar reconhecer e perceber os instintos associais dissimulados se os empurrar para trás de uma muralha de dogmas morais, religiosos e sociais, desperdiçando o melhor de suas forças para manter esses dogmas. Tais muralhas são, por exemplo: o sentimento de dever, a honestidade, o pudor, o respeito às leis e às autoridades, e assim por diante, ou seja, todas as noções morais que nos impelem a levar em consideração os direitos de outrem e a reprimir os nossos desejos de poder e de fruição, ou seja, o nosso egoísmo.

Mas, por outro lado, quais são as desvantagens dessa custosa organização?

Já expus em outro artigo como esse novo método de investigação psicológica individual que é a psicanálise permitiu mostrar que os sintomas das chamadas afecções psiconeuróticas (histeria, neurose obsessiva) são sempre as manifestações, as projeções deslocadas, deformadas, por assim dizer simbólicas, das tendências libidinais involuntárias ou inconscientes, essencialmente da libido sexual. Se considerarmos o número elevado e sempre crescente de pessoas atingidas por essas doenças, parece desejável considerar, nem que seja apenas com um objetivo profilático, a possibilidade de uma reforma pedagógica que permitiria evitar o emprego de um mecanismo psíquico tão frequentemente nocivo: o recalcamento de ideias.

Por outro lado, se a tendência para o recalcamento de ideias e emoções afetasse somente aqueles que estão predispostos para isso, poupando as constituições mais robustas, conviria refletir seriamente para saber se é permissível abalar, em proveito da parte mais débil e, portanto, a menos valiosa da humanidade, a solidez das bases das principais organizações culturais dos seres humanos em seu conjunto.

A experiência prova, contudo, que o recalcamento também influencia de maneira incontestável o curso da vida do chamado homem normal. A solicitude inquieta com a qual a censura vigia as representações de desejos inconscientes não se limita, em geral, a essa tarefa, mas estende-se igualmente às atividades conscientes do psiquismo, tornando a maioria das pessoas inquieta, timorata, incapaz de reflexão pessoal, escrava da autoridade. A adesão desesperada às superstições e às cerimônias religiosas esvaziadas de seu sentido e de seu conteúdo, o temor exagerado da morte e as tendências hipocondríacas da humanidade: o que significa tudo isso senão estados neuróticos do psiquismo popular, sintomas histéricos, formações obsessivas e atos obsessivos no nível da psicologia das massas, determinados por complexos de representações enterrados no inconsciente, exatamente como os sintomas dos doentes propriamente ditos. À anestesia das mulheres histéricas, à impotência dos homens neuróticos, corresponde a curiosa tendência da sociedade para o ascetismo, essencialmente contrário à natureza (abstinência, vegetarianismo, antialcoolismo, etc.). E assim como o psiconeurótico se defende contra o reconhecimento de sua própria perversão inconsciente por meio de reações exageradas, contra os pensamentos considerados impuros por um asseio patológico, contra as representações libidinais que o agitam por uma "honestidade" excessiva, também a máscara de respeitabilidade que os inflexíveis juízes morais da sociedade apresentam dissimula – à sua própria revelia – todos os pensamentos e tendências egoístas que tanto condenam nos outros. O rigor deles poupa-lhes a obrigação de reconhecer esse estado de coisas e, ao mesmo tempo, fornece-lhes uma saída para um de seus desejos inconscientes escondidos: a agressividade.

Isto não é um requisitório; eles pertencem à elite da nossa sociedade atual; é muito simplesmente um exemplo para mostrar que a educação moral edificada sobre o recalcamento produz em todo homem saudável um certo grau de neurose e origina as condições sociais atualmente em vigor, em que a palavra de ordem do patriotismo encobre, de maneira muito evidente, interesses egoístas, em que, sob a bandeira da felicidade social da humanidade, propaga-se o esmagamento tirânico da vontade individual, em que na religião se venera seja um remédio contra o medo e a morte – orientação egoísta – seja um modo lícito da intolerância mútua; quanto ao plano sexual, ninguém quer ouvir falar do que cada um faz. A neurose e o egoísmo hipócrita são, portanto, o resultado de uma educação baseada em dogmas que negligenciam a verdadeira psicologia do homem; e no que se refere a esta última característica, não é o egoísmo que cumpre condenar, sem o qual não se pode conceber na terra nenhum ser vivo, mas a hipocrisia, certamente um dos mais característicos sintomas da histeria do homem civilizado em nossos dias.

Existem aqueles que reconhecem a realidade desses fatos mas que tremem à ideia do que seria da civilização humana se não houvesse mais princípios dogmáticos, sem apelo nem explicação, para zelar pela educação e a própria existência dos homens. Os instintos egoístas libertos de suas cadeias não irão destruir a obra milenar da civilização humana? Poder-se-á substituir o imperativo categórico da moral por outra coisa?

A psicologia ensinou-nos que isso é perfeitamente possível. Se, terminado o tratamento psicanalítico, o doente até aí portador de grave neurose reconheceu claramente suas tendências para a satisfação de desejos contrários às concepções inconscientes do seu psiquismo ou às suas convicções morais conscientes, produz-se a cura dos sintomas. E ela se produz mesmo se, em consequência de obstáculos insuperáveis, o desejo, cuja manifestação simbólica é o sintoma psiconeurótico, não possa vir a ser ulteriormente satisfeito. A análise psicológica não resulta, portanto, no reinado desenfreado de instintos egoístas, inconscientes e eventualmente incompatíveis com os interesses do indivíduo, mas na ruptura com os preconceitos que entravam o autoconhecimento, a compreensão dos motivos até então inconscientes e a possibilidade de um controle dos impulsos que se tornaram conscientes.

"O recalcamento de ideias é substituído pelo julgamento consciente", diz Freud. As condições externas, o modo de vida, praticamente não devem mudar.

O homem que se conhece realmente, além do sentimento exaltante que essa consciência lhe proporciona, torna-se mais modesto. Indulgente para com os defeitos de outrem, está pronto para perdoar; até mesmo, se nos referirmos ao princípio segundo o qual *"tout comprendre c'est tout pardonner"*[2], é somente a compreender que ele aspira – não se sentindo qualificado para perdoar. Disseca os motivos de suas emoções e impede assim que elas cresçam até converter-se em paixões. Contempla com um certo humor sereno os diversos agrupamentos humanos acotovelarem-se em obediência a diferentes palavras de ordem e, em seus atos, não é a "moral" altaneiramente proclamada que o guia, mas uma lúcida eficácia; é o que o incita igualmente a dominar entre os seus desejos aqueles cuja satisfação poderia ofender os direitos de outrem (o que, portanto, pelas reações suscitadas, acabaria sendo perigoso para ele próprio) e a vigiá-los atentamente, sem negar a existência deles.

Se afirmei antes que toda a sociedade atual é neurótica, não é para fazer uma vaga analogia ou uma comparação. Não é uma cláusula de estilo, mas a minha convicção profunda, a de que o remédio para essa doença da sociedade só pode ser a exploração da personalidade verdadeira e completa do indivíduo, em particular do laboratório da vida psíquica inconsciente que hoje deixou de ser totalmente inacessível; e o meio preventivo: uma pedagogia fundada, isto é, a ser fundada na compreensão e na eficácia, e não em dogmas.

---

2. Em francês no texto original: "tudo compreender é tudo perdoar". (N. do T.)

V

A respeito das psiconeuroses[1]

Para tentar responder ao desvanecedor convite que me fez a Sociedade de Medicina de Budapeste de expor diante de seus membros um capítulo da neurologia, dois caminhos se me oferecem.

O primeiro seria abordar sucessivamente todas as neuroses funcionais e descrever, a propósito de cada grupo mórbido, todos os fatos novos que surgiram no decorrer destes últimos anos. Após madura reflexão, renunciei a esse projeto; pois, se eu apenas quisesse citar todas as formações patológicas reunidas hoje sob a denominação geral de "neuroses funcionais", ver-me-ia diante de tamanho caos, de uma tal avalancha de construções verbais greco-latinas – e sobretudo bárbaras –, que receio aumentar somente a confusão que ainda reina atualmente no domínio das neuroses.

Cogitei, portanto, na adoção de um segundo método. Em vez de considerar as coisas de maneira fragmentária, tentarei dar-lhes uma visão de conjunto, após tê-las passado pelo filtro da experiência pessoal.

Um dos autores alemães mais espirituais do século XVIII, Georg Christian Lichtenberg, levantou um dia esta questão paradoxal: por que os pesquisadores científicos jamais pensam em servir-se não só de lentes de aumento, mas também de lentes redutoras? Isso equivale a dizer que seria proveitoso abandonar, de tempos em tempos, a perpétua investigação em profundidade que se perde nos

---

[1]. Extrato do ciclo de conferências pronunciadas em 1909 perante a Sociedade de Medicina de Budapeste.

detalhes, à custa da visão de *conjunto,* para considerar a totalidade dos resultados obtidos, com uma certa distância. Ele exprimiu assim, aproximadamente, a mesma ideia que Herbert Spencer, quando opinou que toda evolução natural passa por uma fase em que a diferenciação deve ceder o passo a uma atividade de integração. Portanto, se examinar todas as neuroses através dessas lentes redutoras, sua multiplicidade deságua muito naturalmente em dois grupos que não podem ser mais simplificados.

Um dos grupos de neuroses situa-se essencialmente no plano somático, mesmo que também afetem a vida mental (pois não existe doença orgânica que seja isenta de efeito psíquico). Em compensação, o outro grande grupo de neuroses (apesar da presença de fenômenos orgânicos) só se explica por fatos exclusivamente dependentes do plano psíquico.

Causará surpresa, sem dúvida, que na época atual do monismo seja possível classificar as doenças numa base tão dualista. Apresso-me, pois, a assinalar que, *teoricamente,* sou adepto dessa concepção filosófica denominada *monismo agnóstico,* que reconhece, como seu nome indica, um princípio único na base de todos os fenômenos existentes; entretanto, devemos acrescentar logo, com modéstia, que nada sabemos nem podemos saber quanto à natureza desse princípio básico. Entendo, porém, que o monismo é apenas um ato de fé filosófica, um ideal para o qual devemos tender, mas que supera de longe os limites atuais do nosso saber, a ponto de pouco mais se poder esperar, de momento, além de extrair dele um *benefício prático.* Pois do que adianta nos iludirmos? Tal como as coisas se apresentam atualmente, certos fenômenos naturais são analisáveis unicamente numa base física, e outros, unicamente psíquica.

Sem dúvida, o paralelismo psicofisiológico incita a pensar que todas as manifestações da vida orgânica, incluindo, portanto, a fisiologia das células ósseas, musculares, conjuntivas, têm sua psicologia própria. Mas é evidente que esse capítulo da psicologia fisiológica ainda se encontra hoje na fase de uma sedutora hipótese.

Mas não é menos errôneo tentar explicar os fenômenos psíquicos a partir de noções de anatomia e de fisiologia, como está em moda hoje em dia; pois, na verdade, ignoramos tudo sobre o aspecto fisiológico da vida mental. Nossos conhecimentos reduzem-se exclusivamente às localizações cerebrais dos órgãos sensoriais e dos centros da coordenação motora. É verdade que Paul Flechsig tentou criar uma frenologia moderna apoiando-se principalmente na cronologia do desenvolvimento embrionário do cérebro, mas todo o seu sistema complexo, as três ou quatro dúzias de centros psíquicos cuja existência ele pressupõe e as fibras de projeção e de associação que neles se inserem, apresenta um caráter tão artificial que é inútil alongarmo-nos mais a seu respeito.

As pesquisas que visavam desvendar as modificações cerebrais anatômicas correspondentes às diferentes doenças mentais também foram infrutíferas; tais pesquisas tinham por objetivo encontrar um vínculo entre as modificações constatadas e os sintomas psíquicos apresentados pelo indivíduo, para em seguida deduzir daí a significação psicológica das diferentes partes do cérebro. Entretanto, o exame do cérebro não mostra modificação nenhuma na mania e na melancolia, nem na paranoia, histeria ou neurose obsessiva; em outras afecções (paralisia geral, alcoolismo, demência senil), é verdade que ocorrem certas modificações, mas sem que seja possível demonstrar a relação exata entre a lesão cerebral e o quadro psicopatológico; por isso podemos afirmar sem receio que sabemos tão pouco, no dia de hoje, sobre o princípio anatomopatológico das psiconeuroses quanto sobre as relações materiais do funcionamento mental em geral.

Ora, se os nossos cientistas admitem, de bom ou de mau grado, sua ignorância quanto ao mecanismo funcional da matéria pensante, eles não podem, ao que parece, resignar-se a admiti-lo no que se refere à *patologia* dessa matéria. Seria tão pouco honesto falar de movimentos moleculares das células cerebrais, em vez de sentimento, pensamento ou vontade, quanto seria hoje mal fundamentado descrever as psicoses e as chamadas psiconeuroses funcionais manipulando termos de anatomopatologia, fisiologia, física e química. Aparentemente, os nossos cientistas consideram que a *docta ignorantia* é mais fácil de suportar que a *indocta ignorantia*, ou seja, que a ignorância vestida de termos eruditos é menos humilhante do que a franca confissão de ignorância.

Mas suponhamos que a evolução da biologia e da técnica permita um dia ao homem perceber em si mesmo o funcionamento das células cerebrais que acompanham suas próprias sensações; a psicologia introspectiva, "dirigida para dentro", nem por isso perderia todo o seu valor.

Em última análise, a percepção só pode determinar as leis que regem os movimentos das partículas de matéria: moléculas, átomos, elétrons; mas os movimentos dos elétrons, átomos e moléculas jamais poderão suscitar em nós a mesma percepção que um som ou uma cor. Jamais poderemos compreender, numa base exclusivamente mecânica, os sentimentos de um ser transtornado por emoções e as modificações produzidas no psiquismo por uma doença mental.

Para bem entender a vida mental normal ou patológica, jamais poderemos dispensar a observação direta das variações afetivas que em nós se produzem; pode-se mesmo afirmar que a ciência da psicologia *introspectiva* tem mais chances de sobrevivência do que a ciência mecanicista. Algumas descobertas imprevistas destas últimas décadas subverteram os fundamentos da física, enquanto a filosofia se mantém solidamente alicerçada nas bases que lhe foram legadas por Descartes, Hume, Kant e Schopenhauer.

Não podia poupar-lhes esta digressão filosófica. A tal propósito, acode-me ao espírito uma outra observação do mesmo Lichtenberg citado; quando lhe apresentaram a pergunta:"Fazer filosofia é uma boa coisa?", respondeu que podiam muito bem ter-lhe perguntado:"Fazer a barba é bom?"Pois ele acha que a filosofia se maneja como a navalha: convém não se ferir com ela. Para não me expor a esse perigo, contento-me em repetir que, no estado atual dos nossos conhecimentos, só a classificação dualista das neuroses pode se justificar.

Incluímos no grupo das neuroses orgânicas ou, como tenho o costume de chamá-las, *fisioneuroses,* a coreia, o mixedema, a doença de Basedow, a neurastenia verdadeira, a neurose de angústia, tal como Freud a define, etc.[2] Todas essas doenças têm por origem certa ou muito provável uma modificação do metabolismo do sistema nervoso. Mas não posso abordar esse grupo no âmbito desta conferência; solicito-lhes que dediquem hoje toda a atenção ao outro grande grupo de doenças nervosas cuja causa patogênica, o princípio e a maior parte dos sintomas são de ordem mental, psíquica.

Há duas psiconeuroses especialmente importantes na prática. Uma é a *histeria,* a outra a *neurose obsessiva,* ou doença dos atos obsessivos e das ideias obsessivas.

---

2. O lugar da epilepsia verdadeira ainda não está determinado.

Cumpre notar desde já que a transição entre as psiconeuroses e a chamada vida mental normal, por uma parte, as psicoses na estrita acepção do termo, por outra, não comporta um limite nítido, de modo que distinguir psicoses e psiconeuroses como nós o fazemos é um eufemismo. No que se refere às ideias obsessivas, já exprimi essa opinião neste mesmo lugar há alguns anos; entretanto, a experiência convenceu-me de que o mesmo ocorre com *todas* as neuroses de ordem psíquica. É certo que as psicoses e as psiconeuroses podem diferençar-se segundo a sua gravidade, o seu prognóstico, ou seja, de um ponto de vista prático. Mas não existe nenhuma diferença fundamental entre o desencadeamento emocional do homem "normal", as crises afetivas do histérico e a fúria do doente mental.

Essa interpretação psicológica das psicoses e das psiconeuroses é muito antiga; entretanto, sob o império das concepções materialistas e mecanicistas, os psicólogos quiseram também recorrer aos métodos de experimentação e de observação que tão bem serviram às ciências naturais exatas, evitando cuidadosamente qualquer confusão com os psicólogos "leigos" que observam os fenômenos mentais simplesmente em si mesmos e nos outros. Assim foi que os médicos e os cientistas naturalistas renunciaram por completo a essa fonte – a mais rica – da ciência psicológica, abandonando sem hesitar esse apaixonante material aos literatos. Como se a ciência não tivesse o direito de interessar, a psicologia científica desviou-se inteiramente dos pequenos e grandes problemas da vida cotidiana. Com uma prodigiosa aplicação, reuniu-se um volume considerável de dados sobre a fisiologia sensorial em particular e sobre as relações temporais das manifestações elementares do funcionamento mental. Mas faltava uma ideia orientadora para essa massa de material científico e os dados psicológicos acumulavam-se sem que aparecesse e se impusesse alguma nova concepção fundamental, depois de Fechner e Wundt. Por isso considero que a atividade científica de Freud representa um ponto de mutação na psicologia, pois ele soube renovar o laço entre a ciência e a psicologia da vida, e tirar partido dos tesouros da psicologia que não tinham sido aproveitados e explorados.

Já tive ocasião de expor perante os meus respeitáveis colegas a gênese das teorias de Freud e o método de análise psicológica que lhe permitiu estabelecê-las. Gostaria de limitar-me hoje aos progressos que o estudo das psiconeuroses deve à psicanálise.

De modo geral, a nova psicologia baseia-se no "princípio de desprazer" que rege os processos mentais e que eu poderia descrever como a tendência egoísta para evitar, tanto quanto possível, as emoções desagradáveis e o desejo de obter com um mínimo de esforço um máximo de satisfações.

Entretanto, o homem não está só no mundo; ele deve integrar-se numa rede de laços sociais complexos que o obriga, desde a mais tenra infância, a renunciar a uma grande parte de seus desejos naturais. A própria educação o levará também a considerar que o sacrifício de si mesmo pelo bem da comunidade é uma bela coisa, boa e digna de suas mais elevadas ambições.

É no domínio dos desejos sexuais que a sociedade atual exige um maior número de sacrifícios. Todos os esforços da educação contribuem para sufocar esses desejos e, de fato, a maioria dos homens adapta-se, aparentemente sem grandes danos, a essa ordem social.

O método de análise psicológica mostrou que essa adaptação faz-se graças a um mecanismo mental que consiste em imergir no inconsciente os desejos irrealizáveis, com todas as lembranças e pensamentos a eles associados. Numa linguagem mais simples: esses desejos, e tudo o que a eles se liga, são "esquecidos". Esse esquecimento não significa, porém, a supressão total dessas tendências e grupos de representações; os complexos recalcados subsistem abaixo do limiar da consciência e podem mesmo, em certas condições, ressurgir ulteriormente. Mas o homem "normal" defende-se com êxito contra a reprodução desses desejos e lembranças, construindo muralhas protetoras em torno dos complexos; o pudor, a vergonha, a repugnância dissimulam-lhe até o fim os desejos que ele vivencia como vergonhosos, desprezíveis e repugnantes.

Isso é o que se passa no homem normal. Mas no indivíduo particularmente predisposto ou cujos complexos recalcados possuem força excepcional, esse mecanismo de recalque é sobrepujado, o que acarreta a produção de sintomas patológicos.

Ouvi frequentemente a objeção: por que a psicanálise atribui um papel tão preponderante na etiologia das psiconeuroses ao recalque *sexual,* precisamente? A resposta é, no entanto, muito simples.

Goethe disse que "a fome e o amor governam o mundo", o que os biólogos exprimem dizendo que o instinto de conservação e o instinto de reprodução são as tendências mais poderosas do ser vivo. Imaginemos agora que a ingestão de alimentos é que fosse considerada uma atividade vergonhosa, que só poderia ser praticada na condição de jamais se falar nela; se o modo de alimentação e seus objetos estivessem submetidos a um ritual tão severo quanto a satisfação sexual em nossa sociedade, a repressão do instinto de conservação é que desempenharia, sem dúvida, o papel principal na etiologia das psiconeuroses.

É possível que a predominância da sexualidade na etiologia das doenças do psiquismo possa ser atribuída mais à nossa organização social do que à natureza específica dessa causa patogênica.

Esses fatos novos ou recém-descobertos, revelados por meio de um método novo, opõem-se, sob muitos aspectos, a todas as hipóteses atuais dos neurologistas, essencialmente baseadas na anatomia e na fisiologia. Mas, como dizia Claude Bernard, quando fatos novos se opõem a teorias antigas, cumpre reter os fatos e abandonar as teorias. A nova teoria, segundo Freud, da origem sexual das psiconeuroses não dá, certamente, a solução final do problema – não existem soluções finais em ciências –, mas tenho a convicção de que não há atualmente melhor teoria para explicar os fatos e elucidar suas relações.

Para classificar as psiconeuroses a partir dessa nova psicologia, uma excelente base nos é fornecida pelo comportamento do indivíduo em relação ao grupo de representações afetivamente investidas e imperfeitamente recalcadas que se chama "complexo".

O homem portador de *neurose obsessiva*, para desembaraçar-se do complexo que se tornou incômodo, desloca os afetos ligados ao complexo para pensamentos mais anódinos, menos penosos, que a partir daí se manifestarão de forma incessante e aparentemente sem razão nenhuma.

O *histérico* vai ainda mais longe; o afeto não é mais admitido na consciência mas é rechaçado para a esfera orgânica. O paciente histérico representa os desejos intoleráveis e a luta que move contra eles mediante símbolos orgânicos, modificações da motricidade ou da sensibilidade. As anestesias histéricas, as dores, as paralisias são, portanto, os símbolos de pensamentos que o "princípio de desprazer" afasta da consciência, desvia para caminhos errados. Numerosos observadores dignos de apreço compararam o histérico a uma criança malcriada; a velha neurologia raramente nos gratificou com uma descrição tão certa da histeria, pois as manifestações caprichosas do histérico dissimulam, efetivamente, a criança que vive em cada um de nós em estado recalcado.

Mas as soluções observadas na histeria ou na neurose obsessiva não são as únicas possíveis; existem ainda outras maneiras de se desembaraçar dos complexos de representações desagradáveis. Por exemplo, o paranoico expulsa muito simplesmente de seu eu as representações que se tornaram insuportáveis por meio da projeção. A filosofia nos ensinou que o eu e o mundo externo, as impressões sensoriais e as emoções, formam em nós um mundo único; é a experiência concreta, o ponto de vista prático de certa forma, que nos leva, no decorrer do desenvolvimento, a diferençar o complexo de representações pertencente ao eu e submetido à sua vontade, e os complexos de representações pertencentes ao mundo externo, que não obedecem à vontade do eu. Mas a fronteira entre as representações do ego e as representações do mundo externo é móvel; assim como, nos limites da normalidade, podemos observar a tendência para deslocar para outrem e para o exterior o que é penoso de suportar em nós mesmos, também o paranoico se alivia repelindo do eu os complexos intoleráveis, elaborando sensações a partir de sentimentos, o mundo externo a partir de uma fração do eu. Em vez de reconhecer seu amor, seu ódio ou ciúme – sentimentos que sua consciência rechaça, a maior parte do tempo, por razões morais –, esses pensamentos de amor e de ódio são-lhe insuflados, de uma forma disfarçada, por seres invisíveis, ou então desenrolam-se diante de seus olhos, simbolicamente, em visões fantásticas, ou ainda lhe aparecem nos traços fisionômicos ou nos gestos de outros. Chamamos *projeção* a esse modo de defesa constatado na paranoia, porquanto não é outra coisa, de fato, senão a projeção das emoções do eu sobre o mundo externo.

O quarto modo de defesa encontra-se na psicologia da *demência precoce*. Segundo Jung e Abraham, as vítimas de demência precoce não são, por certo, indivíduos dementes no sentido de serem incapazes de encadear logicamente suas ideias; mas retiraram de maneira tão total seu *interesse* do mundo externo que este deixou, por assim dizer, de existir para eles. Quando um vislumbre de interesse se manifesta, por vezes, constata-se que o mecanismo lógico está intato. Manifestações intermitentes da inteligência tão bruscas e totais quanto as que observamos na demência precoce seriam inimagináveis numa demência orgânica.

A demência precoce canaliza para o eu todo o interesse e toda a energia afetiva retirada do mundo externo; é o que explica as ideias de grandeza, os hábitos infantis, a revivescência dos modos de satisfação autoeróticos, a irresponsabilidade em face das exigências culturais, a anulação, a rejeição quase total do mundo externo.

Reencontramos esses mesmos quatro modos de defesa contra as representações penosas no âmbito do funcionamento mental normal. Um homem que sente uma grande tristeza, ou que é obrigado a recalcar seus sentimentos de amor ou de ódio, simbolizará seus sentimentos por toda a sua conduta à semelhança do histérico, ou então os deslocará para a representação de não importa que objeto ou pessoa em associação de ideias com o verdadeiro objeto do afeto; a razão, neste caso, não intervém mais do que no deslocamento de afetos do obsessivo. Aquele que teme enfrentar seus próprios sentimentos e os motivos inconfessáveis que o fazem agir não se faz de rogado em buscar o defeito em outrem: qual é a diferença com a projeção paranoica? E o indivíduo enganado pelo mundo inteiro e pelos homens não se converterá num ser egoísta, ensimesmado, que contempla com indiferença a agitação dos outros e cujo interesse se concentra exclusivamente em seu próprio bem-estar, em suas próprias satisfações físicas e psíquicas?

Foi meu intento mostrar, no que precede, como o mecanismo psicológico obedece às mesmas leis fundamentais na vida psíquica normal, nas psiconeuroses e nas psicoses funcionais.

Eis como Brücke definiu o estado de doença: "A doença é a vida em outras condições." A doença também é um modo de viver mas em condições diferentes das da vida sã. Isto pode aplicar-se também às doenças mentais; as psicoses funcionais e as psiconeuroses não mostram nenhuma diferença essencial com a vida mental sã; os processos mentais normais explicam-se por fatos psíquicos, assim como todos os sintomas de doenças mentais funcionais se reduzem necessariamente a modificações da vida psíquica.

Nenhum conhecimento da anatomia do cérebro pôde levar os escritores, que consideram a vida com um olhar ingênuo mas penetrante, a rejeitar a convicção de que os transtornos psíquicos podem, por si sós, provocar enfermidades psíquicas. Os médicos ainda se debruçavam obstinadamente sobre hipóteses estéreis a respeito dos movimentos moleculares das células cerebrais quando Ibsen escrevia seu drama intitulado *A dama do mar*, em que analisou quase perfeitamente a obsessão de sua heroína, cuja origem é um conflito psíquico simbolizado por seu apego absurdo ao mar. Madame Agnès de Jànos Arany, que lava suas roupas brancas no riacho, sofre de demência precoce; seu estereótipo é inteiramente explicado pela tragédia contida na balada, e que se assemelha imensamente a esses dramas de amor que fornecem a chave para os atos estereotipados dos doentes mentais analisados na clínica de Zurique. A obsessão de asseio de Lady Macbeth compreende-se muito mais facilmente depois de sabermos que os neuróticos de hoje simbolizam desse mesmo modo compulsivo as nódoas morais que não podem confessar nem reconhecer.

Não subestimemos os escritores. Eles são os visionários do futuro, a quem as investigações científicas parcelares não tornaram míopes, segundo a frase de Lichtenberg, citado por várias vezes: "Os especialistas ignoram frequentemente o essencial."Com efeito, a ciência do especialista impede-o muitas vezes de observar sem preconceitos.

Zombamos do romancista ingênuo que, embaraçado para encontrar uma solução, tirava-se de apuros precipitando o seu herói na loucura; hoje, temos de admitir humildemente que não era a nossa sábia superioridade que tinha razão, mas o romancista ingênuo; que era ele quem estava com a verdade, muito antes da psicologia científica, ao pretender que o homem, quando não encontra saída para seus conflitos psíquicos, pode refugiar-se na neurose ou na psicose.

Até o presente momento, considerávamos que a noção de tara hereditária solucionava definitivamente o problema da etiologia das doenças mentais funcionais. Mas, tal como no caso da física e da química do cérebro, mostramos demasiada pressa em generalizar o papel da tara hereditária, antes de termos esgotado tudo o que as impressões psíquicas *pós-natais* podiam fornecer. Numerosos dados provam que a tara e a predisposição desempenham efetivamente um papel na gênese das doenças mentais. Mas nada sabemos quanto à natureza dessa predisposição. Parece ser cada vez mais certo que ninguém está totalmente imune a provações psíquicas excessivamente intensas ou prolongadas; a predisposição intervém na medida em que um homem já sobrecarregado pela hereditariedade reagirá a um choque mais débil, ao passo que serão necessários choques mais fortes ou provações mais graves para atingir os mais robustos; entretanto, não se exclui que a predisposição hereditária intervenha igualmente para determinar a neurose em termos qualitativos.

Na chamada tuberculose "hereditária", uma investigação mais minuciosa mostra, com frequência, que se trata menos de uma fraqueza congênita do organismo do que de uma contaminação precoce sofrida em consequência de um ambiente tuberculoso; do mesmo modo, no caso de filhos de pais neuróticos, cumpre levar em conta as influências psicológicas anormais a que as crianças estiveram expostas desde a mais tenra idade.

O mais caro desejo de todo rapaz, de toda moça, é vir a ser como o pai ou a mãe; esse desejo manifesta-se até em suas brincadeiras. O filho pequeno aspira à profissão e à autoridade de seu pai, a menina, quando brinca com sua boneca e seus irmãos menores, imita as funções maternais. Em contrapartida, em virtude da mútua atração dos sexos, é entre pai e filha, mãe e filho, que os laços afetuosos serão mais fortes; não surpreende que as crianças adotem não só as qualidades verdadeiras ou supostas de seus pais, mas também suas imperfeições e seus sintomas neuróticos, conservando-os eventualmente ao longo da vida inteira. Menciono como curiosidade este fato inexplicado que Freud assinala – e minhas próprias observações confirmam – de que os descendentes de pais vítimas de sífilis grave ou de paralisia geral apresentam com frequência neuroses severas.

Compreende-se que, dos dois sexos, as mulheres sejam mais propensas à psiconeurose do que os homens, quando se pensa como é desigual a pressão social exercida sobre a sexualidade dos dois. Desde os primeiros anos da juventude permite-se aos homens coisas com que as mulheres não têm sequer o direito de sonhar. Mesmo no casamento existem duas morais – uma para uso dos maridos, a outra das esposas; e, bem entendido, a sociedade pune a transgressão dos interditos morais muito mais severamente na mulher do que no homem. Os períodos sucessivos da sexualidade feminina, a revolução orgânica da puberdade, a menstruação, a gravidez, o parto e a menopausa pesam muito mais sobre a vida afetiva da mulher, sobretudo por causa da necessidade de um recalcamento mais profundo. Todos esses fatores reunidos aumentam consideravelmente a proporção de psiconeuroses na mulher.

Se passarmos em revista os diversos tipos de neuroses, encontraremos, sem dúvida alguma, uma maioria de mulheres entre os pacientes histéricos, ao passo que, proporcionalmente, os homens se refugiam mais amiúde na neurose obsessiva. No que se refere à paranoia e à demência precoce, não disponho de dados precisos quanto à sua repartição entre os dois sexos; pessoalmente, tenho a impressão de que há mais homens do que mulheres entre os paranoicos, ao passo que a demência precoce busca mais frequentemente suas vítimas no sexo feminino.

Esbocei até este momento as grandes linhas da teoria psicanalítica das psiconeuroses e das psicoses funcionais; e, cientificamente falando, minha tarefa está concluída. Mas o mundo espera do médico muito mais do que a simples compreensão do sentido dos sintomas e de sua origem: espera-se dele a cura dos sintomas.

Isso não é tão evidente quanto possa parecer à primeira vista. Indaga Dietl:"Por que não se pede ao astrônomo para mudar o dia em noite, ao meteorologista para transformar o frio do inverno em calor estival, ao químico para mudar a água em vinho?", e por que se reclama que justamente o médico tenha o poder de intervir no processo complexo das relações de causa e efeito da vida, transformando o estado de doença em estado de saúde no mais complicado dos seres vivos, o homem?

Por sorte, o estudo científico desse problema só foi empreendido numa época em que a terapêutica médica já era velha de alguns milênios e tinha em seu ativo numerosos êxitos. "A medicina é a mais antiga das profissões e a mais jovem das ciências."(Nussbaum) Se a verdade fosse o inverso, se os nossos esforços terapêuticos se baseassem, em lugar de um grosseiro empirismo, na dedução lógica, ainda hoje não seríamos suficientemente temerários para empreender a difícil tarefa de curar. O mesmo pode ser dito a respeito do tratamento das psiconeuroses, em que a prática precedeu igualmente a teoria. O que dissemos hoje mostra bem que ainda estamos no começo do caminho que nos deve conduzir, assim esperamos, a uma noção mais precisa da natureza das neuroses; entretanto, já toda uma biblioteca está recheada de obras referentes ao tratamento de doenças ainda pouco conhecidas. Parece que, mesmo nesse domínio da terapêutica, a chance favorece os bravos, pois não há a menor dúvida de que o tratamento das psiconeuroses pode registrar desde já alguns belos êxitos em seu ativo.

Em seu livro *La logique dans la thérapeutique,* Biegansky propõe como princípio diretor de todo tratamento a seguinte máxima indiscutível, quando não inteiramente nova: para tratar corretamente, é necessário perseguir os sintomas nocivos e favorecer os sintomas úteis. Nada mais podemos fazer, porquanto não dispomos do poder supremo sobre os processos vitais do organismo.

Essa concepção é a teleologia da patologia: baseia-se no princípio da utilidade, a saber, que somente uma parte dos sintomas é nociva, enquanto uma outra parte assinala, pelo contrário, a atividade compensatória de regeneração espontânea da natureza. Seria injustificado, portanto, atacar cegamente todos os sintomas apresentados por uma doença, sem tentar favorecer, na medida das nossas possibilidades, os esforços reparadores da natureza.

Parece provável, *a priori*, que o tratamento das neuroses, até o presente momento puramente empírico, tenha tido bons resultados nos casos onde ele pôde – mesmo involuntariamente – imitar as tendências reparadoras espontâneas da natureza. Pois a significação teleológica dos sintomas existe mesmo nas psiconeuroses; quando o paciente desloca as representações penosas, quando as converte em sintomas orgânicos, as projeta no mundo externo ou foge delas introvertendo-se, é com um objetivo preciso: evitar toda excitação, atingir um estado de equilíbrio psíquico.

Na paranoia e na demência precoce, a fuga em face de excitações é tão perfeitamente realizada que essas duas afecções são inacessíveis à terapêutica com os nossos atuais conhecimentos. A desconfiança do paranoico e a indiferença do demente precoce constituem obstáculos a uma ação psicológica; por isso devemos classificar esses dois estados nas psiconeuroses de prognóstico grave, o grupo das psicoses funcionais, em que o nosso papel se limita ao de observador passivo ou, no máximo, de investigador.

Em contrapartida, na histeria e na neurose obsessiva, resultados terapêuticos bastante bons puderam ser obtidos; entretanto, esses resultados são, em geral, pouco duradouros.

Muitos doentes curam-se quando são afastados de seu meio ambiente e integrados num meio completamente estranho. Mas a recidiva sobrevém quando regressam ao seu antigo meio.

Em muitos pacientes, resultados mais ou menos duradouros são obtidos por uma melhoria apropriada de seu regime alimentar ou de sua condição física. Mas subsiste o perigo de que uma nova deterioração da capacidade de resistência orgânica, ao produzir-se por uma razão qualquer, acarrete um recrudescimento da doença mental que não foi sufocada no nascedouro.

A *consolidação orgânica* e a *mudança de meio* só produzem, portanto, resultados provisórios, e não curas estáveis. Aliás, os resultados obtidos pela mudança de meio ambiente só foram realmente explicados a partir do momento em que a psicanálise nos mostrou que as representações recalcadas dos neuróticos relacionam-se em geral com as pessoas que lhes são mais próximas, e que o médico nada mais faz do que reproduzir a fuga instintiva do paciente ao afastá-lo de um meio onde os complexos de representações patogênicas não podem encontrar apaziguamento.

De todos os recursos da psicoterapia, o pior e o menos eficaz é o chamado *método de restituição da confiança ou de explicação*. Não adianta dizer ao paciente que sua doença "não é orgânica", que não está doente mas tem apenas a impressão de que está; o que conseguimos com isso é aumentar o desespero do paciente, que irá contrair assim o receio suplementar de passar por um simulador, sendo justamente a sua doença a de ser incapaz de querer. Se a audácia de *Münchausen* nos faz sorrir quando pretende ter-se livrado do pântano, com seu cavalo, içando-se pelos próprios cabelos, é despropositado exigir que o neurótico faça outro tanto. A "terapêutica" moralizadora de Dubois merece perfeitamente essa crítica.

Quero abordar apenas sumariamente o problema da *hipnose* e da *sugestão*, e assinalo desde já que esse método pode dar resultados. Entretanto, já Charcot observava que a hipnose, de fato, nada mais é do que a histeria provocada. A psicanálise confirma essa opinião ao constatar que a sugestão, sob hipnose ou em estado vígil, sufoca os sintomas, ou seja, trabalha por recalque, como a própria histeria. No inconsciente do neurótico, cujos sintomas mórbidos sufocamos sob hipnose, o complexo de representações patogênicas continua latente mas aumentado de uma defesa que o impede de manifestar-se. Talvez seja possível obter assim uma cura passageira, mas não definitiva. Pois assim que a força do interdito sugestivo declina – e basta para isso que o paciente se distancie de seu médico – pode-se produzir um recrudescimento dos sintomas. Da minha parte, considero, portanto, na atualidade, a hipnose e a sugestão métodos terapêuticos benignos e sem perigo, mas que não permitem esperar mais do que melhoras mais ou menos transitórias, e cujo emprego é muito restrito pelo simples fato de que apenas uma pequena fração dos indivíduos pode ser hipnotizada, e uma fração só ligeiramente maior mantida sob sugestão duradoura em estado vígil.

Num artigo recente, tento demonstrar, por outro lado, que quando o médico, por comando, intimidação ou sedução, influencia o paciente, quando ele sugere e hipnotiza, está na realidade recorrendo aos sentimentos infantis presentes em estado recalcado em cada um de nós, e preenche o papel do pai ou da mãe.

A *estada em clínica* reúne as vantagens da mudança de meio ambiente e da sugestão. O principal agente terapêutico da permanência em clínica é a personalidade do médico: quer seja amável ou autoritário, atue por sua gentileza ou por sua severidade. As mulheres, em particular, devotam com frequência uma adoração verdadeiramente exaltada à pessoa do médico da clínica, ao ponto de chegar até, para agradar-lhe, a dominar seus caprichos histéricos. Mas quando voltam para suas casas, a magia deixa de funcionar; o paciente logo reproduz seus antigos sintomas, que mais não seja para retornar o mais depressa possível à acolhedora clínica. Atualmente, essa adaptação à vida em clínica produziu uma verdadeira doença nova a que poderíamos chamar o *mal das clínicas*. Muitos pacientes acabam por afastar-se de forma definitiva, sob a influência da clínica, de seus lares e de suas ocupações regulares.

A *terapêutica ativa,* a atividade física e psíquica, constitui um excelente tratamento das psiconeuroses, pois sustenta as tentativas espontâneas do psiquismo para escapar aos conflitos que o torturam. Nos casos benignos, é muito eficaz; lamentavelmente, nos casos mais graves, o paciente não tem a capacidade de dirigir para fins úteis a energia desperdiçada na produção de sintomas psicológicos e orgânicos. Os tratamentos por sugestão podem ter aqui uma certa eficácia; mas logo que se sai do "círculo mágico" da força sugestiva, todas as boas intenções geralmente desaparecem.

Os *tratamentos elétricos,* as *massagens* e os *banhos* constituem apenas, por assim dizer, os agentes de transmissão, os vetores da sugestão; é somente nessa qualidade que merecem ser mencionados na terapêutica das psiconeuroses.

Os *medicamentos antineuróticos* dividem-se em dois grupos. Os narcolépticos (brometo, opiáceos) aturdem provisoriamente o paciente e, por algum tempo, os sintomas diminuem simultaneamente com a vivacidade de espírito. Se o paciente se habitua a eles, ou se para de tomá-los, os sintomas logo reaparecem. Por essa razão, sou muito hostil a esse modo de tratamento das neuroses; lamentavelmente, circunstâncias exteriores obrigam-me, por vezes, a recorrer a eles, contra as minhas convicções. Os chamados medicamentos específicos das psiconeuroses são, em geral, totalmente ineficazes e só atuam pelas representações sugestivas que a eles se associam.

Se passarmos em revista os agentes e os métodos terapêuticos que acabamos de examinar, vemos que só são verdadeiramente eficazes aqueles que imitam a tendência autoterapêutica da natureza, o recalcamento. Mas tal efeito não pode ser duradouro, pois o conflito patogênico não solucionado permanece latente no inconsciente e manifesta-se desde que as condições exteriores se tornem menos favoráveis.

Reservei para o fim uma breve descrição do procedimento terapêutico que não pretende liquidar os conflitos neuróticos pelo deslocamento, o adiamento, o recalque provisório, mas de maneira radical. Esse procedimento é a *psicanálise*; ela se esforça não por fazer esquecer os conflitos, mas por torná-los conscientes, habituando o doente, por uma espécie de reeducação, a suportar corajosamente as representações penosas que contém em si, a fim de não ter que fugir delas na doença, na produção de sintomas mórbidos simbólicos. Esse procedimento terapêutico psicológico, conforme expus mais longamente em outro artigo, está na origem de numerosos êxitos; é verdade que muitos meses podem transcorrer antes do aparecimento de um resultado, mesmo que o médico veja seu paciente todos os dias durante uma hora. As associações de ideias espontâneas, a análise de sintomas e a análise dos fenômenos psíquicos mais próximos do inconsciente – sobretudo dos sonhos – permitem ao paciente familiarizar-se progressivamente com a sua própria vida psíquica até então inconsciente, o seu segundo eu, por assim dizer, que, escapando ao freio da função de censura da consciência, tornou desenfreados, incontroláveis e incompreensíveis seu humor, sua atividade mental e prática, ou seja, que fez dele um neurótico.

O autoconhecimento completo, adquirido pela análise, permite neutralizar os complexos patogênicos, sob o controle permanente da consciência, submetendo-os às leis da razão lúcida.

"Conhecer é dominar"; esta frase, citada tantas vezes a despropósito, só agora adquire seu verdadeiro sentido, quando se entende a existência dos antigos estoicos, o "Γνωθί σεαυτον" para o conhecimento também do inconsciente. Só esse conhecimento completo do eu que a autoanálise metódica nos fornece é que nos permite dominar com lucidez as nossas emoções e paixões, não ser os joguetes impotentes de complexos de representações inconscientes carregados de afetos.

A descoberta de camadas psíquicas até então desconhecidas não só esclareceu o princípio patológico das psiconeuroses, não só abriu para a terapêutica novos e fecundos caminhos, mas oferece ainda perspectivas ricas de esperança para a *profilaxia*. Lê-se agora nos manuais que o indivíduo predisposto para a neurose deve ser preservado da doença. Mas a profilaxia é apenas um engodo. É impossível estabelecer com certeza se uma pessoa está predisposta ou não para a neurose; uma vez reconhecida, não se trata mais de predisposição, mas de doença. Tal prescrição profilática vale tanto quanto o decreto daquele prefeito do interior que ordenou que todos os reservatórios de água sejam cheios três dias antes dos incêndios.

Considero que somente uma transformação da educação e das condições sociais pode permitir uma verdadeira profilaxia das psiconeuroses e impedir, tanto quanto possível, a formação de complexos de representações inconscientes patogênicas; a ordem social deve ser assegurada menos pelos interditos morais do que pela razão.

Todos os fatos, teorias e orientações novas de que lhes falei hoje ainda são objeto de violentas controvérsias; mas, de fato, essas controvérsias incidem exclusivamente sobre as teorias e as orientações, pois os adversários da psicologia segundo Freud contentam-se em proclamar sem descanso o seu caráter inverossímil, mas furtando-se à tarefa de laboriosa verificação dos fatos. Os neurologistas repetem o que se passou com os historiadores e intérpretes da Bíblia quando da exumação dos documentos escritos da antiga Babilônia. As pedras gravadas babilônicas revelaram ao mundo dados que provocaram a necessidade de rever a interpretação histórica e linguística de numerosos capítulos do Antigo Testamento. Hugo Winckler, professor berlinense, encarregou-se desse trabalho mas defrontou-se bruscamente com a violenta oposição de seus colegas que, brandindo uns o lema da "inverossimilhança", invocando outros posições de moral religiosa, tentaram cavar a tumba prematura da nova orientação científica – sublinhe-se, sem se preocuparem jamais, eles próprios, em decifrar a escrita cuneiforme.

A psicanálise ocupa-se em investigar as "antiguidades" dissimuladas no psiquismo, em decifrar os hieróglifos das neuroses; com base nos dados assim obtidos, ela modificou um grande número de posições científicas que tinham até então valor de dogmas. Têm eles o direito de julgar e condenar, aqueles que não estudaram eles próprios os hieróglifos e que baseiam seus argumentos exclusivamente num presumido caráter de "inverossimilhança", ou até mesmo numa antipatia moral?

A oposição da maioria de seus colegas não impediu os investigadores de prosseguirem com as escavações da Assíria e da Judeia, nem de fazerem bom uso dos tesouros exumados; e vejam como é hoje reduzido o número de linguistas e de historiadores clamando anátema.

Os praticantes da nova psicologia tampouco se deixam frear pelos clamores belicosos de seus adversários, e não há a menor dúvida de que os fatos novos e a concepção científica que neles se baseiam tornar-se-ão progressivamente o bem comum de todo o mundo médico.

VI

Interpretação científica dos sonhos[1]

Não é um fenômeno raro na evolução das ciências ver os teóricos dessas áreas empregarem todos os meios de que dispõem, o arsenal completo de seu saber e de sua inteligência, para combater uma máxima da sabedoria popular a que, entretanto, o povo se apega com obstinação não menor; e que a ciência seja finalmente coagida a reconhecer que, em última análise, não é ela mas a sabedoria popular quem tinha razão. Valeria a pena refletir por que a ciência, em vez de progredir regularmente, adota caminhos tão tortuosos, abandonando, depois voltando a aderir à concepção popular singela do universo. Lembro aqui esse curioso fenômeno a propósito das investigações psicológicas referentes a uma singular e estranha manifestação da vida psíquica, *o sonho*, investigações essas que culminaram em fatos que nos obrigam a abandonar nossas opiniões anteriores sobre a natureza do sonho e retornar, em certa medida, à concepção popular.

O povo jamais deixou de acreditar que os sonhos possuem uma significação. Os mais antigos documentos escritos, gravados na pedra que glorifica os reis da Babilônia, os monumentos da mitologia e da história hindus, chinesas, astecas, gregas, latinas, hebraicas e cristãs, tanto quanto as pessoas simples dos nossos dias, atestam que os sonhos *têm* um sentido e que os sonhos podem ser *interpretados*. Durante milênios, a explicação dos sonhos era uma ciência à parte,

---

1. Conferência proferida na Sociedade Real de Medicina de Budapeste em 15 de outubro de 1909.

um culto à parte, em que, com frequência, os sacerdotes e sacerdotisas, por suas interpretações, decidiam da sorte de nações ou provocavam reviravoltas decisivas na história universal. Com efeito, os adeptos dessa ciência antiga, tal como a gente do povo até os dias de hoje, tinham a firme convicção de que o sonho, apesar de seus disfarces e suas alusões obscuras, era decifrável pelo iniciado e significava o futuro, e de que era na forma de visões noturnas que as potências superiores revelavam aos mortais os acontecimentos importantes do futuro. O culto do sonho e a ciência da interpretação dos sonhos deixaram subsistir até os nossos dias a crença, largamente disseminada no povo, numa *chave dos sonhos*, estranha relíquia da astrologia babilônica que certamente difere em muitos pontos de uma região a outra, mas que, por outro lado, coincide em tantos aspectos, mesmo de continente para continente, que se pode considerá-la uma expressão universal da alma popular.

Até agora, entretanto, a maior parte dos investigadores em psicologia e biologia atribui muito pouco valor à significação psicológica do sonho. Alguns veem no sonho um amontoado de alucinações desprovidas de sentido, surgindo fortuitamente no cérebro adormecido. Segundo outros, trata-se de simples reação às excitações externas (objetivas) ou internas (subjetivas), agindo sobre as terminações nervosas sensíveis do corpo; raros são os que admitem a hipótese de que o psiquismo adormecido é capaz de uma complexa e válida atividade, de que o sonho possui um sentido, uma significação talvez simbólica; ora, mesmo esses fracassaram na tentativa de introduzir os sonhos no leito de Procusta de um sistema alegórico artificial qualquer, espécie de edição atualizada de uma moderna chave dos sonhos.

Assim é que, há vários séculos, se postavam frente a frente o campo dos crentes supersticiosos e o dos céticos inveterados, quando o neurologista vienense Freud realizou a descoberta de fatos novos que permitem uma mediação entre as duas concepções; eles fornecem o meio de extrair o núcleo de verdade de superstições milenares e respondem, ao mesmo tempo, às exigências da causalidade científica.

Quero sublinhar desde já que a teoria e a interpretação dos sonhos propostas por Freud só justificam a concepção popular na medida em que esta atribui sentido e significação aos sonhos; Freud acredita num determinismo onírico mediante processos exclusivamente endopsíquicos e não apoia, de maneira nenhuma, a crença daqueles que veem nos sonhos a intervenção de potências superiores ou uma visão do futuro.

Com a ajuda da psicanálise, esse novo instrumento de compreensão e de tratamento das psiconeuroses, Freud foi levado a reconhecer o verdadeiro significado dos sonhos. Esse método parte da hipótese de que os sintomas neuróticos são manifestações simbólicas de complexos de representações afetivamente investidos, esquecidos mas presentes no inconsciente, manifestações que cessam espontaneamente se se consegue, pela associação de ideias, reencontrar e conduzir para a consciência esse complexo de representações recalcado.

Durante a análise, os pacientes contavam às vezes seus sonhos; Freud tentou submeter o conteúdo desses sonhos à análise psicológica; para sua grande surpresa, descobriu aí não só um coadjuvante eficaz do tratamento das neuroses mas também – subproduto inesperado – uma teoria nova e plausível do sonho.

Durante a fabricação de corpos químicos, ocorre que subprodutos, por largo tempo negligenciados, provam mais tarde ser substâncias preciosas cujo valor supera em muito o do produto principal. Assim a teoria dos sonhos, descoberta acessoriamente por Freud, abre para a psicologia normal e patológica perspectivas inesperadas, relegando para segundo plano o próprio ponto de partida, o tratamento das neuroses.

Não me é possível, nos limites de tempo que me foram concedidos, discutir metodicamente e em detalhe a teoria dos sonhos segundo Freud. Apenas posso citar aqui as teses elementares, ilustradas com exemplos, cuja compreensão imediata não encontra obstáculos. Não tenho ilusões, porém, sobre a força de persuasão da minha conferência; a experiência mostrou-me que em psicanálise não se pode convencer, somente convencer-se. Portanto, não me demorarei desmentindo os diversos argumentos opostos à teoria dos sonhos e contentar-me-ei em expor seus pontos essenciais.

Em primeiro lugar, algumas palavras de metodologia.

A análise de um sonho obedece ao mesmo método que a exploração da significação de ideias ou de pensamentos aparentemente absurdos dos pacientes psiconeuróticos. É necessário saber, com efeito, que, à maneira das ideias obsessivas, aparentemente desprovidas de lógica mas envolvendo pensamentos inconscientes dotados de significação, as imagens e os eventos do sonho são apenas, em geral, símbolos deformados de sequências de ideias recalcadas. *O conteúdo onírico consciente dissimula, portanto, um material onírico latente de onde se pode deduzir a existência de pensamentos oníricos perfeitamente lógicos e dotados de significação.* A interpretação de um sonho consiste em relacionar as imagens oníricas conscientes com o material onírico latente e, depois, com os pensamentos oníricos dotados de significação.

O método empregado é o da associação livre. Convidamos o paciente a descrever seu sonho; depois, dividindo o relato em fragmentos menores, pedimos-lhe que diga tudo o que lhe acode ao espírito quando, desviando sua atenção do sonho como um todo, passa a concentrá-la nos pequenos fragmentos, eventualmente uma palavra ou um fato isolado. É importante, claro, que essa associação de ideias seja inteiramente livre, sem outra limitação a não ser essa mesma liberdade de pensar, ou seja, a total exclusão da crítica. Pode-se ensinar a toda pessoa medianamente dotada como expor sem sentir vergonha os pensamentos relacionados com tal ou qual detalhe de um fragmento onírico, quer esses pensamentos sejam inteligentes ou estúpidos, lógicos ou absurdos, agradáveis ou desagradáveis.

Procedemos do mesmo modo com os outros fragmentos do sonho e obtemos assim o "material onírico latente", ou seja, o conjunto de pensamentos e lembranças cujo produto deformado e condensado constitui a representação onírica consciente. Pois é um erro acreditar que a fantasia, liberta ao sabor das associações, não obedece a nenhuma lei. A partir do instante em que a direção consciente soltou as rédeas, entram em jogo as forças condutoras da atividade psíquica inconsciente: são essas mesmas forças e esquemas psíquicos que dominam – como Freud nos mostrou – a produção dos sonhos e a produção das formações propriamente psicopatológicas. Estamos familiarizados, sem dúvida, com a ideia de que os processos físicos não conhecem o acaso: as observações psicanalíticas indicam um determinismo igualmente rigoroso no nível das atividades mentais, mesmo daquelas que parecem autônomas. Está fora de cogitação, portanto, recear que a associação livre, durante o tratamento, conduza a dados sem significação nenhuma – muito pelo contrário! Acontece que, no começo, o próprio analisando acumula, com um ceticismo repleto de ironia, um monte de falas heteróclitas; mas não tarda em constatar com surpresa que a associação, subtraída ao domínio da vontade, orienta-se para a evocação de ideias e de lembranças há muito esquecidas ou recalcadas por serem desagradáveis, mas que, uma vez trazidas à consciência, permitem compreender e explicar o fragmento de sonho. Se procedermos de forma idêntica com todos os outros fragmentos oníricos, constatamos que as sequências de ideias que nascem dos diferentes fragmentos convergem para uma ideia determinada, geralmente muito atual e significativa, o *pensamento onírico* propriamente dito, que, uma vez reconhecido, permite não só compreender e explicar os diferentes fragmentos do sonho mas também o sonho em seu conjunto. E, enfim, se comparamos o pensamento onírico que se encontra na origem do sonho com o simples relato do próprio sonho, verificamos que *o sonho não é outra coisa senão a realização de um desejo recalcado*. Esta frase resume uma das teses fundamentais da teoria dos sonhos segundo Freud.

O sonho realizando os desejos que a dura realidade deixou insatisfeitos: esta concepção é apoiada pelos provérbios de todos os povos, pelas metáforas e metonímias que são lugares-comuns da expressão verbal. O húngaro, quando deseja ardentemente uma coisa impossível, diz que não ousa sequer sonhá-la; e este divertido adágio, embora ponha em cena o mundo animal, alude, porém, de maneira incontestável, ao homem: o porco sonha com a bolota de carvalho, o ganso com o milho. De fato, uma parte dos sonhos, a maioria em crianças pequenas que ainda não puderam assimilar a autocensura inibidora imposta pela civilização, é simplesmente a realização de desejos. A criança sonha com um prato de cerejas, um brinquedo ardentemente desejado, a terna afeição da mãe, ou ainda uma briga vitoriosa com o filho do vizinho; ou então sonha que as férias substituem um período letivo, que a liberdade substitui uma rigorosa disciplina; talvez sonhe ainda, com certa frequência, que já é "grande", que possui todo o poder de seus pais, do qual, na realidade, só pode sofrer os efeitos.

Como acabo de dizer, certos sonhos de adultos são também a representação direta de uma realização do desejo. Sonhamos que um projeto sistematicamente contrariado obteve êxito, que somos aprovados num exame difícil, que nossos pais já falecidos estão vivos de novo, que somos ricos, poderosos, geniais, oradores prestigiosos; que a mulher cobiçada em vão finalmente nos pertence, etc., de modo geral, justamente aquilo a que a realidade nos obriga a renunciar, ou aquilo que desejamos em vão. A realização de desejos encontra-se nos devaneios diurnos que se apossam de nós quando caminhamos na rua ou no decorrer de alguma ocupação monótona e pouco absorvente. Freud (pois também foi ele quem primeiro elaborou esse antigo tema) observa que os devaneios diurnos da mulher tratam, antes de tudo, de êxitos femininos e de conquistas; os do homem, de ambições satisfeitas ou de vitórias sexuais. Podemos ainda mencionar a frequência de devaneios diurnos em que escapamos de um perigo ou nos vingamos de forma exemplar de um inimigo.

Essas fantasias oníricas diurnas ou noturnas que são a representação direta de uma realização de desejo têm um caráter tão evidente que nenhuma explicação suplementar se faz necessária.

Entretanto, o que é novo e surpreendente na teoria dos sonhos segundo Freud, e para muitos inacreditável, é que *todos* os sonhos, mesmo os sonhos indiferentes ou desagradáveis, possam reportar-se a esse tipo fundamental e, após análise, aparecer como a realização camuflada de um desejo.

Tudo leva a crer que a análise de um sonho pelo método da associação livre representa praticamente o mesmo trabalho, executado em sentido inverso, que o trabalho psíquico noturno que transforma um pensamento onírico em representação onírica, ou ainda as representações desagradáveis, as sensações de insatisfação suscetíveis de perturbar o sono, em desejos satisfeitos. Freud chama a essa atividade do psiquismo a *elaboração onírica* e considera que, com toda a probabilidade, ela se realiza todas as noites em todos os indivíduos, mesmo naqueles que não se lembram na manhã seguinte de ter sonhado. Com efeito, as observações recentes, ao invés da opinião geral, parecem mostrar que a elaboração onírica não só não perturba o sono, mas, pelo contrário, protege-o na medida em que impede os pensamentos dolorosos ou desagradáveis de chegar como tais à nossa consciência e perturbar o sono; esse trabalho psíquico específico modifica num sentido favorável tudo o que é angustiante e apresenta todos os desejos que surgem como plenamente realizados.

Chamamos *deformação onírica* à parte da elaboração onírica que tem por tarefa disfarçar a realização de desejos, e *censura* ao fator psíquico que impede a realização de desejos de chegar à nossa consciência nas representações oníricas de forma não disfarçada. É a mesma censura moral que, nas psiconeuroses, reprime os complexos de representações inadmissíveis, só lhes permitindo manifestar-se sob a forma de ações sintomáticas ou de pensamentos simbólicos, exatamente como os jornais que, em períodos de ditadura, só podem exprimir suas opiniões políticas por alegorias e alusões escondidas.

Durante o dia, essa censura está muito vigilante e rechaça imediatamente todo pensamento incompatível com os bons costumes ou com o ideal que temos de nós mesmos. Ao inverso dos funcionários do serviço de censura, muito mais propensos – todos nos lembramos – a se servirem do lápis vermelho de noite do que de dia, a censura que age no psiquismo humano é muito menos severa durante a noite; ela deixa que o limiar da consciência seja transposto por um bom número de representações que rejeitaria com indignação em estado vígil, fiando-se no estado de paralisia da motricidade voluntária durante o sono. Pois nosso eu inconsciente está repleto de desejos recalcados desde a infância, que se aproveitam do relaxamento noturno do mecanismo de controle para manifestar-se. Não é por acaso que as tendências sexuais – as mais rigorosamente censuradas – e em especial as formas mais desprezadas dessas tendências desempenham um papel tão importante.

Pois não se deve crer que seja por algum prazer especial que os psicanalistas se interessam tanto pelos problemas sexuais; não é culpa nossa se a sexualidade surge a todo instante, seja qual for o ângulo pelo qual abordemos os fenômenos da vida mental. Se a psicanálise é pornografia, então a vida mental inconsciente do homem é um pornograma. Não vamos superestimar a sexualidade ao ponto em que o faziam certos povos antigos, cujo costume ditava que, ao prestar um juramento, colocassem a mão, em penhor de sua boa-fé, sobre os seus órgãos considerados os mais preciosos, ou seja, os testículos (daí a palavra latina *testis*, que significa simultaneamente "testemunha" e "testículo"). Mas aprovamos Havelock Ellis quando não admite que se acuse a sexualidade, fonte da vida do mais perfeito dos homens, de abjeta e desprezível, ou mesmo de apenas vergonhosa.

Durante o sono, a censura oposta à sexualidade enfraquece consideravelmente, e é assim que os nossos sonhos contêm com frequência acontecimentos de ordem sexual que no estado vígil não reconheceríamos de bom grado como a realização de um desejo. Darei como exemplo um sonho contado durante a sessão de análise por uma das minhas jovens pacientes, extremamente pudica na vida: via-se envolta num peplo antigo, fechado à frente por um alfinete de segurança; de súbito, o alfinete cai, a túnica se abre e ela se vê oferecida, em toda a sua nudez, à admiração dos homens agrupados ao redor dela[2]. Uma outra paciente, também muito recatada, viveu esse sonho de exibição de um modo diferente. Via-se atada a uma coluna, enrolada num lençol da cabeça aos pés, de maneira a dissimular suas formas até os olhos; em torno dela, homens de aspecto exótico, turcos ou árabes, discutiam seu preço. A cena – com exceção do lençol – lembra muito o que deve acontecer no Oriente quando da compra de uma serva de harém ou de uma escrava. A análise descobriu efetivamente que a paciente, hoje tão pudica, gostava muito, em sua adolescência, de imaginar o erotismo cintilante do Oriente lendo os contos das *Mil e uma noites*. Seu sonho realizava esse desejo com um certo atraso, e nem mesmo integralmente, pois outrora não era envolta num lençol mas, ao contrário, sem véus, que ela imaginava a cena do mercado de escravas. Hoje, a censura oposta à nudez é tão severa, mesmo em sonho, que a paciente só autoriza esse desejo através de um procedimento frequente da deformação onírica, a saber, a inversão do desejo verdadeiro. Quanto a uma terceira paciente, tudo o que ela se permitia em sonho era caminhar descalça ou só com as meias entre as pessoas, ao passo que sua análise tinha revelado que, em sua infância, a paciente gostava tanto de andar nua pela casa que a família lhe pusera, por gracejo, o apelido de "Nackte Panczi" (Panczi-toda-nua). Esses sonhos de exibição são tão frequentes que Freud classifica-os entre os sonhos-tipos. De fato, eles significam muito simplesmente o desejo inconsciente de reencontrar o estado paradisíaco da infância.

---

[2]. Dos sonhos usados para exemplo, apenas citarei aqui os fragmentos que oferecem interesse didático. A análise detalhada de *um único sonho* – se o relatasse na íntegra – encheria várias páginas. Quem se interessar por esses detalhes lerá com proveito *Die Traumdeutung* [*A interpretação dos sonhos*] de Freud. Encontrará igualmente numa outra obra de Freud, *Bruchstück einer Hysterien-Analyse* [*Fragmento da análise de um caso de histeria*], a análise de um sonho relatada em todos os detalhes.

Um outro meio frequente a que a deformação onírica recorre para driblar a censura consiste em impedir o desejo propriamente dito de se manifestar tal qual, só autorizando o seu aparecimento na forma de alusão. Por exemplo, seria impossível compreender por que uma paciente sonhava tantas vezes estar nos braços de um jovem chamado *Frater* que lhe era totalmente indiferente, se não tivéssemos podido apurar que, em sua infância, ela tinha adotado seu *irmão* por ideal, e que, na época da coragem inocente que não conhece ainda barreiras entre pessoas do mesmo sangue, a curiosidade mútua do casal fraterno manifestara-se, por mais de uma vez, sob uma forma que hoje causaria horror a ambos – pelo menos conscientemente.

Esse horror exprime-se, por vezes, no próprio sonho; nesse caso, as representações oníricas são acompanhadas de sentimentos de ansiedade, de angústia, que podem atingir um grau de intensidade tal que despertam o sonhante. Parece paradoxal, mas é verdade que mesmo esses sonhos torturantes e atrozes contêm a realização de desejos; desejos, é certo, que não reconhecemos como nossos mas que estão constantemente presentes em nosso inconsciente. As mulheres sexualmente insatisfeitas, mas virtuosas, sonham amiúde com arrombadores, agressões, animais selvagens que as espezinham; mas um detalhe ínfimo do sonho – se submetido à análise – permite frequentemente descobrir que essa agressão ou essa violação, de que elas são vítimas, é apenas o símbolo do ataque sexual de que a agressividade constitui um componente característico e necessário. Uma de minhas pacientes, histérica, sonhou inúmeras vezes que era colhida e espezinhada por um touro porque ela trajava um vestido vermelho; satisfazia com esse sonho não só o seu desejo atual de possuir esse vestido mas também os desejos sexuais, cujo pensamento recalcado estava em relação estreita com sua neurose. O aterrador animal que figurava no sonho e que na consciência comum simbolizava a força bruta era uma alusão a um homem cujo aspecto exterior lhe recordava o do touro.

Levando em conta o papel importante do elemento infantil na formação dos sonhos, se aceitarmos a tese de Freud de que não só a pequena infância não está isenta de pulsões libidinais mas também de que essas pulsões infantis ainda não foram limitadas pela educação; se admitirmos o caráter "perverso polimorfo" dos desejos infantis, a significação infantil das zonas anal, oral, uretral e eréteis, o voyeurismo e o exibicionismo infantis, os caracteres sádico e masoquista da criança, não qualificaremos de absurda a tese de Freud que quer que os sonhos – ainda os mais horríveis, os mais cruéis, os mais vergonhosos e os mais repugnantes – representam a realização de desejos: desejos da criança inculta que vive em nós, recalcada no inconsciente.

Há sonhos de conteúdo extremamente penoso que, muito curiosamente, não perturbam o nosso repouso noturno; de forma que de manhã, ao despertar, ficamos surpresos por ver como pudemos viver semelhante evento com tanta indiferença. Um dia, um paciente de Freud foi contar-lhe, num tom de culpa, que sonhara na noite anterior com o enterro de seu jovem irmão ternamente amado, sem sentir a menor tristeza. Um detalhe aparentemente insignificante do sonho, uma entrada para um concerto, forneceu a chave do problema. Esse paciente propunha-se ir no dia seguinte a um concerto onde alimentava a esperança de encontrar uma jovem que fora sua noiva, a quem ainda amava, e que encontrara pela última vez no enterro de um de seus irmãos mais novos. O sonho, para precipitar o encontro, sacrificava igualmente o outro irmão; mas a censura sabia, segundo parece, que o desejo não visava a morte da criança mas um objetivo muito mais inocente; por isso a ideia do enterro não se fazia acompanhar de uma reação correspondente do humor. É o caso de todos os sonhos que, em aparente contradição com o princípio fundamental da teoria do sonho de Freud, não satisfazem desejos mas privam-nos, ao contrário, de um objeto amado. Se procurarmos os pensamentos oníricos latentes sob o conteúdo onírico manifesto, verifica-se que "a não satisfação de um desejo significa sempre a satisfação de um outro desejo".

Considerando o material onírico livremente associado ao conteúdo onírico consciente, é impressionante constatar que ele é essencialmente fornecido pelos acontecimentos da véspera e por lembranças infantis muito antigas. O sonho, após a análise, apresenta-se em geral como *sobredeterminado,* ou seja, como a realização de vários desejos, uns atuais, os outros infantis.

Como exemplo, citarei o sonho de uma paciente que sofre de necessidades neuróticas de micção. "Um piso brilhante e molhado; água estagnada de um pântano; duas cadeiras apoiadas contra a parede; olhando nessa direção, vejo que faltam os pés dianteiros das cadeiras, como quando se quer pregar uma peça a alguém e se lhe oferece uma cadeira quebrada para que ele caia. Uma das minhas amigas também está lá, com seu noivo." O piso brilhante e molhado recorda-lhe que na véspera o seu irmão mais velho, encolerizado, tinha quebrado um cântaro que jogara por terra; a água espalhara-se e o piso tinha o mesmo aspecto que no sonho. Mas o piso brilhante e molhado evocava também uma recordação memorável da infância: esse mesmo irmão fizera-a rir tanto um dia que ela não conseguira reter a urina. Continuando a análise do sonho, a paciente informou-me de que praticara por muito tempo a masturbação e, como ocorre com frequência nas garotinhas, o momento culminante do orgasmo é acompanhado da vontade de urinar. Essa parte do material onírico, valiosa também do ponto de vista da neurose de micção, simboliza a realização do desejo infantil que, no entanto, em virtude de uma censura rigorosa, só podia manifestar-se por alusão. As duas cadeiras de pés quebrados, apoiadas contra a parede, representavam, como se verificou na análise, a encenação da expressão "Sentar-se entre duas cadeiras". A paciente já por duas vezes tinha sido pedida em casamento mas o apego que devotava à família fora um obstáculo inconsciente ao seu consentimento. E se o seu eu consciente se resignara – segundo ela – à ideia de celibato, parece que em seu foro íntimo não era sem uma dose de ciúme que ela considerava a sua amiga e o noivo desta, que na véspera do sonho a tinham visitado. Entre as numerosas ideias suscitadas pelo sonho escolhi, evidentemente, as mais fecundas, que confirmam ao mesmo tempo que o sonho é, de fato, a realização de desejos.

Aplicando as teses de Freud, eis como poderíamos conceber a estrutura desse sonho: a elaboração onírica conseguiu associar os dois eventos da véspera – o cântaro quebrado e a visita dos noivos – aos complexos de representações afetivamente investidos, recalcados desde a infância mas sempre suscetíveis de emprestar sua força afetiva a uma reação psíquica atual. Segundo Freud, o sonho assemelha-se a uma sociedade onde os complexos recalcados fornecem o capital, ou seja, a energia afetiva, enquanto as reminiscências e os desejos atuais, conscientes, desempenham o papel do sócio ativo.

Uma terceira fonte de sonhos é fornecida pelas estimulações nervosas sensitivas e sensoriais que atingem o organismo durante o sono. Pode-se tratar de excitações cutâneas: pressão do cobertor ou de uma prega do lençol, resfriamento da pele; de estimulações acústicas ou ópticas durante o sono; de sensações orgânicas: fome, sede, saciedade, distúrbio gástrico, etc. Numerosos psicólogos e fisiologistas atribuem excessiva importância a essas estimulações; satisfazem-se com a explicação de que o sonho nada mais é do que uma simples conjugação de reações psicofisiológicas provocadas por essas impressões sensoriais. Freud contrapõe-lhes, com toda a razão, que o sonho não integra estimulações sensoriais tais quais, mas somente após uma deformação específica; quanto aos motivos, aos meios e à energia necessária para a deformação, não é mais a estimulação externa, mas fontes de energia endopsíquicas que os fornecem. As estimulações sensitivas que se produzem durante o sono apenas fornecem uma ocasião para que as tendências endopsíquicas se manifestem. Mesmo os sonhos provocados por excitações físicas, uma vez analisados, apresentam-se como a realização de desejos, manifestos ou latentes. Uma pessoa muito alterada sonha que bebe grandes quantidades de água; o faminto se sacia; o doente que tem uma bolsa de gelo sobre a cabeça joga-a para o lado porque sonhou estar curado da doença; a pulsação dolorosa de um furúnculo perineal converte-se em sonho, por eufemismo, num delicioso passeio a cavalo; e é esse processo que permite à pessoa adormecida não ser acordada pela sede, a fome, o peso da bolsa de gelo ou o furúnculo doloroso, o psiquismo transformando, graças à sua própria energia, a excitação em realização de desejos. O sonho cumpre assim uma de suas principais funções: assegurar a tranquilidade do sono. Os sonhos horríveis, conhecidos sob o nome de pesadelos, que podem ser desencadeados por uma indigestão, um distúrbio da respiração ou da circulação, ou uma autointoxicação, explicam-se da mesma forma: as sensações físicas penosas são utilizadas para a realização de desejos profundamente recalcados, que dificilmente poderiam enfrentar a censura cultural e ética e só podem ser representados quando acompanhados de sentimentos de pavor e de repugnância.

A análise de um sonho – conforme já disse – corresponde aproximadamente ao mesmo trabalho, mas em ordem inversa, que o trabalho de elaboração do sonho executado pelo psiquismo. Se compararmos o sonho manifesto, quase sempre muito breve, com o imenso material que surge no decorrer de sua análise, e se acrescentarmos que, apesar dessa diferença, todos os detalhes do conteúdo onírico latente estão representados no sonho manifesto de um modo ou de outro, devemos aprovar Freud quando considera que a tarefa mais árdua da elaboração onírica é a *condensação das representações*.

Proponho-me ilustrar esse fato com um exemplo. Um colega vítima de impotência psicossexual comunicou-me o seguinte sonho, formado de duas partes. A primeira parte limitava-se ao fato de que, em lugar do *Pesti Hirlap*[3], do qual é assinante, recebeu o *Neue Freie Presse*[4], jornal que um de seus amigos assina. Na segunda parte figurava uma mulher morena que queria decididamente casar com ele. Apurou-se que, na realidade, o sonho forneceu-lhe não um jornal estrangeiro mas, encoberta por essa alusão, uma estrangeira que, de fato, frequentava a casa de um de seus amigos e que já havia algum tempo atraía sua atenção, pois pensava que ela poderia despertar sua sexualidade fortemente inibida. No decorrer das associações seguintes, viu-se que sua amante de longa data, em quem ele depositara as mesmas esperanças, representada no sonho – pois que ela é húngara – pelo *Pesti Hirlap*, decepcionou suas expectativas; que cogitava seriamente em substituir essa relação estável por relações sexuais mais *livres*, que não envolvessem nenhum compromisso. Conhecendo a extraordinária riqueza do simbolismo sexual, veremos sem surpresa o paciente empregar em seu sonho a expressão *"Presse"* (prensa de imprimir) numa acepção sexual. A segunda parte do sonho, como que para confirmar a nossa interpretação, lembra que o paciente pensou muitas vezes, com inquietação, que uma relação permanente como essa em que está envolvido poderia facilmente conduzi-lo a um casamento abaixo de sua condição social. Quando se sabe – como Freud o demonstrou numa monografia – que os temas e procedimentos do chiste são quase idênticos aos do sonho, pode-se admitir, sem que se veja nisso um fácil jogo de palavras, que na representação *Neue Freie Presse* o paciente logrou condensar todos os pensamentos e todos os desejos visando a cura de seu estado, bem como os supostos meios de obtenção dessa cura: a atração do *novo*[5] e maior liberdade.

O trabalho de condensação do sonho recorre com frequência às *misturas de pessoas, coisas e palavras*. Essas monstruosidades da fantasia onírica contribuíram muito para que se considere até os nos-

---

3. Título de um diário húngaro que significa *Correio de Budapeste*.
4. Título de um diário alemão que significa *Nova Imprensa Livre*.
5. A palavra *ujsàg* [nova, notícia] significa igualmente "jornal" em húngaro.

sos dias o sonho como uma produção do espírito totalmente absurda e desprovida de significado. Entretanto, a psicanálise ensinou-nos que a junção de duas formas ou de duas representações no sonho corresponde a um produto mais tosco da mesma atividade de condensação que se realizou em outras partes, eventualmente menos espetaculares, do conteúdo onírico consciente. A regra da interpretação de sonhos, quando se trata dessas formas compostas, consiste em investigar o material onírico primeiro separadamente para cada uma das partes constituintes, e depois descobrir os pontos comuns, a identidade ou a analogia que puderam servir de base ao produto compósito.

Um exemplo instrutivo de formação composta é fornecido pelo sonho de uma de minhas pacientes, no qual figurava um ser estranho, metade um médico seu conhecido, metade cavalo, o todo enfiado numa camisa de dormir. As ideias livremente associadas ao conceito "cavalo" levaram-nos à infância da paciente; durante muito tempo, ela sofrera uma intensa fobia de cavalos; seu horror provinha, de forma particular, da vergonha que sentia diante das manifestações muito evidentes da sexualidade e das necessidades corporais desses animais; depois, lembrou-se de que, quando ainda era muito pequena, sua ama de leite a levava com frequência a um haras militar, onde podia observar essas coisas à vontade, livre de todos os preconceitos. A camisa de dormir lembrava-lhe seu pai, que ela tinha visto muitas vezes – pois dormia no quarto de seus pais – não só nessa indumentária sumária mas também na prática de atos que a criança não tem geralmente ocasião de surpreender. (Se, no entanto, isso ocorre com uma relativa frequência – como as nossas análises o mostram – é porque os pais subestimam a inteligência das crianças de 3-4 anos e sua capacidade de observação.) O terceiro elemento da mistura, o médico, fez-me suspeitar – corretamente – de que a paciente nutria a respeito desse personagem uma curiosidade da mesma natureza, ou seja, deslocava inconscientemente a sua curiosidade para ele.

Pode ocorrer que os dois personagens da combinação não figurem nesta em proporções iguais: só um gesto, um movimento característico de um se encontra aplicado no outro. Num dos meus sonhos, por exemplo, eu me via acariciando a minha própria testa com a mão direita, o mesmo gesto de meu bom mestre, o professor Freud, quando medita sobre um problema difícil. Não foi preciso muito tempo para eu compreender que essa mistura de mestre e aluno, em pleno trabalho, só podia ter-me sido ditada no sonho pela inveja e ambição, por meio do repouso da censura intelectual. No estado vígil, não posso deixar de sorrir da temeridade dessa identificação, a qual recorda vivamente esta citação muito conhecida: "*Wie er sich räuspet und wie er spuckt, das habt Ihr ihm weidlich abgeguckt.*"[6]

Para ilustrar a mistura de palavras, citarei o sonho de um paciente cuja língua materna é o alemão, e em que figura um personagem de nome *Metzler* ou *Wetzler*[7]. Ora, o paciente não conhece ninguém que tenha esse nome. Em compensação, esteve muito preocupado na véspera com um indivíduo chamado Messer, que sente um grande prazer em provocá-lo[8]. *Messer* significa, em português, faca[9] e a faca recorda-lhe que, ainda garotinho, sentiu muitas vezes medo quando seu avô afiava uma faca [*Messer wetzen*] e o ameaçava de castração, ameaça essa que não ficou sem efeito sobre o seu ulterior desenvolvimento psicossexual. O nome de Metzler-Wetzler nada mais é, portanto, do que a condensação das palavras *Messer, hetzen* e *wetzen.*

Existe uma estreita relação entre o trabalho de condensação do sonho e uma outra tendência da atividade onírica a que Freud chama *deslocamento* [*Traumverschiebung*]. Essa parte do trabalho onírico consiste essencialmente em deslocar a intensidade psíquica dos pensamentos oníricos lógicos dissimulados sob o sonho do pensamento realmente importante para um detalhe insignificante; assim, a representação significativa só consegue alcançar o conteúdo onírico consciente sob uma forma vaga e alusiva, ao passo que no sonho o interesse máximo é retido por detalhes mais insignificantes. O trabalho de deslocamento e o trabalho de condensação encontram-se em estreita relação: o sonho, para privar de sua intensidade um pensamento que poderia perturbar o sonho ou violar as leis da censura ética, esforça-se, por assim dizer, por *abafá-lo* e liga uma multidão de lembranças a um detalhe insignificante a fim de des-

---

6. Em alemão no texto. "Sua maneira de tossicar, de cuspir, isso você o copiou sem pudor." (NTF)
7. *Metzeln* = degolar; *Metzger* = açougueiro; *wetzen* = afiar.
8. Implicar = *hetzen* em alemão.
9. No original, é a tradução húngara, naturalmente, que é dada para o vocábulo alemão *Messer.*

viar a atenção – pela condensação da intensidade psíquica das lembranças – do pensamento realmente importante.

Eis um sonho muito breve que tive ocasião de analisar: a sonhante torcia o pescoço de um cachorrinho branco que latia. Estava muito espantada, "ela, que não faria mal nem a uma mosca", por ter podido realizar em sonho um ato cruel, e não se lembrava de ter feito alguma vez semelhante coisa. Em compensação, ela admite que, apaixonada pela arte culinária, por mais de uma vez tinha cortado o pescoço de galinhas, codornas e outras aves domésticas; isso a fez lembrar que o pescoço do cachorrinho no sonho tinha sido torcido exatamente como tinha o hábito de torcer o dos pombos, para que a execução não lhes cause sofrimento. As associações seguintes alcançaram histórias e imagens de enforcamento humano, em particular pelo fato de o carrasco, quando aperta o nó em redor do pescoço do condenado, torcer-lhe ao mesmo tempo a cabeça para apressar a morte. Em resposta à minha pergunta: quem ela mais detestava atualmente, a paciente indicou um de seus parentes e foi inesgotável na enumeração dos defeitos dessa pessoa e de todas as coisas que tem feito para subverter a paz do lar, até então perfeita, após ter-se introduzido na família simulando uma doçura de pomba. Recentemente, tiveram uma discussão muito violenta; em conclusão, a paciente expulsou a pessoa em questão nestes termos: "Vá embora, não posso tolerar um cão raivoso dentro de minha casa."

A partir desse instante, podia-se compreender quem era esse cachorrinho branco a quem ela torceu o pescoço no sonho, tanto mais que se trata, de fato, de uma pessoa de baixa estatura e de pele extraordinariamente branca. Mas, ao mesmo tempo, essa breve análise permite-nos observar o sonho em sua atividade de deslocamento e de deformação. A comparação pouco lisonjeira pronunciada no decorrer da cena tempestuosa serviu no sonho para substituir, quando da execução, o adversário detestado que nem sequer figura nele por um cachorrinho branco, tal como na Bíblia, quando o anjo apresenta um cordeiro ao cutelo de Abraão, que se preparava para sacrificar seu próprio filho. As imagens de execução de animais depositadas na memória da sonhante tinham-se acumulado até cobrir com sua intensidade psíquica condensada a representação do verdadeiro objeto de ódio e deslocar, assim, a cena da representação onírica consciente para o mundo animal. A ligação necessária ao deslocamento era provavelmente fornecida pelas representações oníricas e as fantasias referentes ao enforcamento humano.

Este exemplo me fornece a oportunidade de enunciar, uma vez mais, a tese fundamental da teoria dos sonhos de Freud: o conteúdo onírico consciente que subsiste quando o sonhante acorda, pondo de lado as exceções já mencionadas, não reproduz os pensamentos oníricos tais quais, mas deles dá uma imagem deformada, deslocada e condensada; esses pensamentos só podem ser reconstituídos com a ajuda da análise.

O trabalho onírico é consideravelmente complicado pela impossibilidade de recorrer aos conceitos que são os elementos da estrutura do pensamento abstrato; o sonho só pode exprimir as ideias por meio de alucinações visuais, auditivas e sensoriais em geral, de *dramatização*, de encenação. Freud é espirituoso ao caracterizar o trabalho de concretização, de dramatização do sonho quando assinala que no sonho até um editorial político se exprimiria em imagens. E isso com a ajuda de analogias tão superficiais e de uma simbólica tão excessiva, que superam de longe tudo o que os nossos simbolistas produziram nesse domínio. O sonho explora com predileção e habilidade o duplo sentido das palavras, a significação direta ou figurada das expressões, a fim de tornar "onirizáveis", ouso dizer, as ideias, as noções abstratas, dramatizando-as. Expressões curiosas, citações, provérbios e parábolas, fragmentos de poemas, que se acumulam na memória de cada um, fornecem sempre ao sonho excelentes materiais para a encenação de um pensamento. Em vez de recorrer a longas explicações, prefiro dar alguns exemplos.

Um de meus pacientes teve o seguinte sonho: "Passeio num grande parque, num caminho muito extenso de que não vejo o fim, mas digo para mim mesmo: *caminharei o que for preciso, mas irei até o fim.*" O parque do sonho assemelhava-se – salvo no tocante às suas dimensões – ao jardim de uma de suas tias onde, na sua infância, tinha frequentemente passado belíssimas férias. Essa tia lembra-lhe que ele dormia em geral no mesmo quarto que ela, salvo quando o tio lá estava; tinha então que mudar para o quarto vizinho. A criança, que nessa época possuía apenas um conhecimento muito rudimentar da sexualidade, tentara por várias vezes saber o que se passava no quarto dos tios, espiando pelo buraco da fechadura ou colando o ouvido à porta, mas em vão. Caminhar numa estrada sem fim simbolizava neste caso o desejo de *ir até o fim* de alguma coisa, desejo que, por outro lado, achava-se atualizado por um acontecimento da véspera.

Uma das minhas pacientes sonha com um corredor de internato num pensionato de meninas. Ela vê seu armário de menina; quer abri-lo mas não encontra a chave, de modo que se vê obrigada a arrombá-lo; mas quando, finalmente, o armário é aberto, percebe que *não existe nada dentro dele*. Na análise, o sonho apresenta-se como a reprodução de uma fantasia de masturbação, lembrança de internato e, como ocorre com tanta frequência, o órgão genital feminino é aí figurado por um armário; quanto à visão final do sonho, o armário onde nada existe, o seu único papel é servir-lhe de desculpa, tranquilizá-la, como se ela se dissesse: mas está vazio, não tem nada dentro dele (subentenda-se: nada de culpado [NTF]).

Uma paciente, cuja neurose se desencadeou a partir da morte de seu primo, que casou jovem e, na opinião da paciente, mal, sonha incessantemente com o defunto; vê-o na sepultura mas a *cabeça* dele está *virada* de modo estranho, ou então presa a um ramo; ou então está de pé numa colina, vestido como uma criança, e deve saltar. Tudo isto é um requisitório simbólico contra a esposa do defunto e, sobretudo, seu sogro: eles *lhe viraram a cabeça*, forçaram-no, muito jovem, a *precipitar-se* no casamento e nem mesmo o respeitavam, pois certo dia, por alusão à pobreza dele, o trataram de infeliz *caído de um ramo*[10].

Com grande frequência, *cair das alturas* simboliza a decadência moral ou material; nas moças, a posição *sentada* traduz que foram deixadas para tias; nos homens, um enorme cesto[11] pode ser o símbolo onírico da tão temida recusa; o sonho representa muitas vezes o *corpo humano* por uma *casa* ou um *quarto*, onde a entrada, as janelas e as portas desempenham o papel dos orifícios naturais. Alguns de meus pacientes, sofrendo de impotência e que designam o coito por um termo trivial muito comum, têm frequentemente sonhos de fuzilaria, de pistolas emperradas, enferrujadas, etc.

Parece sedutora a ideia de reunir as interpretações simbólicas e estabelecer uma chave moderna dos sonhos, pela qual poderíamos

---

10. Expressão húngara que significa não possuir o indivíduo mais bens do que se tivesse sido escolhido no ramo de uma árvore. (NTF)

11. Em húngaro, "receber um cesto" significa uma recusa, quando de um pedido de casamento. (NTF)

encontrar imediatamente a explicação de cada detalhe de um sonho. Mas isso não é possível. Pois se existem sonhos típicos que na maioria dos casos têm um sentido determinado, o significado dos símbolos oníricos varia, segundo as pessoas e, para cada um, segundo os dias. A única solução – se queremos conhecer o sentido completo do sonho com todos os seus determinantes – é a laboriosa análise dos sonhos; para isso, a perspicácia e a imaginação não bastam: a plena colaboração do sonhante é indispensável. Talvez seja ainda mais difícil em sonho representar as relações entre os pensamentos oníricos do que exprimir as ideias abstratas. Foi, sem dúvida, ao cabo de uma longa e árdua investigação que Freud descobriu as particularidades da estrutura formal do sonho que permitem pressentir, quando não explicar, as correlações lógicas. A maneira mais simples de traduzir as relações entre as ideias é a simultaneidade das representações oníricas que as simbolizam, sua localização num mesmo lugar, ou mesmo a sua condensação numa só formação. Em contrapartida, para exprimir relações de causa e efeito, as alternativas, as hipóteses, o único meio de que o sonho dispõe consiste em colocar as partes correspondentes *umas após outras*. Quando uma imagem sofre uma transformação, cumpre supor que os pensamentos oníricos correspondentes tratam de uma causa e de seu efeito; mas essa mesma relação pode exprimir-se por duas imagens oníricas absolutamente isoladas, uma das quais representa a causa e a outra o efeito. Até mesmo a expressão da simples negação encontra importantes obstáculos, quer o pensamento em questão seja tomado num sentido positivo ou negativo; considerando-se a complexidade da nossa organização psíquica, não surpreende que a afirmação e a negação se encontrem muitas vezes lado a lado ou, mais exatamente, sobrepostas nos pensamentos oníricos. Para exprimir o desprazer ou a ironia, o sonho dá uma representação invertida ou manifestamente contrária à realidade. O sentimento de inibição, tão frequente no sonho, exprime um conflito no nível da vontade: o confronto entre duas tendências.

Apesar do desaparecimento das relações lógicas, o sonho oferece amiúde uma aparência perfeitamente inteligível e coerente: isso se explica ora pela introdução no sonho noturno de fantasias diurnas, de devaneios, de passagens provenientes de leituras, de fragmentos de conversas repetidos sem modificação, ora pela tendência racionalizadora do psiquismo, cuja ação prossegue mesmo em sonho, e que tenta transformar uma sucessão desconexa de imagens e de cenas num todo coerente. Esse trabalho do sonho, a que Freud chamou *elaboração secundária*, consiste na introdução de conjunções e outras adições menores que transformam o conteúdo onírico fragmentado na origem num conjunto aparentemente coerente.

Uma vez o conteúdo onírico cuidadosamente condensado, deslocado, deformado, dramatizado e privado de suas relações lógicas, pode-se imaginar a que ponto é árdua a tarefa de análise de um sonho. O conteúdo onírico consciente apresenta-se então como uma sequência de hieróglifos ou um enigma muito difícil de decifrar; por isso é certo que a análise dos sonhos complicados pressupõe não só o conhecimento das leis de interpretação de sonhos mas também um sentido inato para os enigmas.

Coisa curiosa, esse edifício penosamente erigido desmorona em geral, ao despertar, como um castelo de cartas. Durante o sono, o psiquismo é como uma câmara hermeticamente fechada onde não penetram luz nem som, mas onde, por essa mesma razão, o menor ruído, o zumbido de uma mosca, se faz ouvir. O despertar, pelo contrário, é como abrir as janelas pela manhã. Desde que os ruídos e a confusão da vida cotidiana penetrem em nosso psiquismo através dos órgãos sensoriais, a censura também acorda de sua letargia e sua primeira preocupação é estigmatizar o sonho como uma tolice e um absurdo, colocá-lo, por assim dizer, sob tutela[12].

Além da desvalorização, a censura dispõe de uma outra medida disciplinar para domar o conteúdo onírico revolucionário (pois todo sonho dissimula pensamentos que transgridem um ou outro parágrafo das leis do Estado ou da sociedade); trata-se, muito simplesmente, do confisco tão completo quanto possível da representação onírica. Ao confisco psíquico dá-se comumente o nome de esquecimento, e ouve-se dizer: "Tive um sonho esta noite mas o esqueci, e diabos me levem se posso recordar-me das primeiras palavras dele; esta manhã, no entanto, quando acordei, ainda lembrava." Outras vezes, pode-se lembrar simplesmente que o sonho era belo, agradável, penoso, desagradável, confuso, interessante ou ab-

---

12. Esse esforço da censura é responsável, sem dúvida, pela tendência humana para considerar os sonhos como absurdos e tolices. O provérbio húngaro condena de imediato toda teoria de interpretação dos sonhos nos seguintes termos: "Louco é quem conta seus sonhos, e mais louco ainda quem os escuta."

INTERPRETAÇÃO CIENTÍFICA DOS SONHOS 83

surdo. Na formulação desses julgamentos insere-se com frequência um detalhe do conteúdo onírico cuja análise psicológica pode levar à rememoração posterior do sonho. É muitas vezes no decorrer da análise que um fragmento esquecido ou, melhor dizendo, recalcado do sonho retorna à memória; na maioria das vezes esses detalhes tardios conduzem ao núcleo do pensamento onírico.

Os estudos de Freud sobre o sonho resultam numa hipótese interessante, a saber: o homem sonha sempre durante o sono, mesmo quando não se lembra de nada ao despertar. É curioso observar que os indivíduos em tratamento psicanalítico, encorajados a prestar maior atenção a seus sonhos e a anotá-los ao despertar, têm todos os dias um sonho para contar, mesmo quando afirmam ter raras vezes sonhado até então. Em compensação, quando a análise atinge uma camada particularmente sensível do psiquismo e, por isso, fortemente defendida, os sonhos parecem desaparecer de todo ou então são esquecidos assim que se desperta.

Uma objeção evidente é que essas observações e análises de sonhos envolvem essencialmente indivíduos neuróticos, portanto anormais, não podendo as conclusões, por conseguinte, ser estendidas aos indivíduos sãos; mas essa objeção pode ser afastada; com efeito, a diferença entre a saúde mental e a neurose é apenas quantitativa e, por outro lado, as análises dos meus próprios sonhos ou de sonhos de outros indivíduos normais obtiveram resultados rigorosamente idênticos. Tive, porém, de afastar os meus próprios sonhos, que analiso sistematicamente, para não entregar uma parcela excessiva do meu universo intelectual e emocional. Freud, em sua obra, consentiu nesse sacrifício; não obstante, suas comunicações são limitadas pela discrição de rigor. Foi por essa razão que escolhi meus exemplos entre os meus pacientes, tendo o cuidado de proteger seu anonimato. Assinalo, contudo, que, para *exercitar-se* na interpretação de sonhos, a autoanálise é, de longe, preferível à dissecação dos sonhos de outrem.

Esforcei-me, no que precede, por esboçar a psicogênese e a significação dos sonhos do chamado indivíduo normal, com base nas teorias de Freud; a escolha dos exemplos que ilustram a minha exposição obrigou-me, por vezes, a estender-me também ao significado patológico do sonho. Pudemos ver – conforme eu disse em outra oportunidade – como a análise de sonhos facilita o tratamento psicanalítico das neuroses. A censura, entorpecida durante o sono, permite a passagem dos complexos e alusões aos complexos do inconsciente para o conteúdo onírico, complexos estes que a intensidade da resistência teria afastado da associação livre em estado vígil. Assim, partindo das imagens oníricas, chegaremos mais depressa e mais diretamente aos complexos de representações escondidos que desempenham um papel patogênico na neurose, podendo a tomada de consciência representar um passo em direção à cura. Além disso, os sonhos também possuem incontestável valor diagnóstico ou, pelo menos, tê-lo-ão quando se chegar a um conhecimento sistemático da psicologia e da patologia do sonho. Desde já, numerosos fatos concorrem para confirmar que a neurose de angústia, a histeria de angústia e a neurose obsessiva fazem-se acompanhar de representações oníricas características; o universo onírico que caracteriza a demência precoce e a paranoia apresenta-se com uma clareza cada vez maior depois que um número crescente de investigadores passou a interessar-se pela psicologia desses estados. Os sonhos dos alcoólatras e dos epilépticos, povoados de animais, de combates contra a água e o fogo, são hoje objeto de um estudo sistemático; a análise desses sonhos permitirá conhecer melhor as implicações psíquicas desses estados patológicos.

Mas o interesse de uma solução para esses problemas parciais e práticos é suplantado pelo extraordinário êxito de Freud, que observou em pleno trabalho, ao vivo, uma formação psíquica no limite dos mecanismos mentais fisiológicos e patológicos, permitindo assim o sonho uma melhor compreensão dos mecanismos das outras formações patológicas psiquiátricas que se manifestam em estado vígil.

Sem dúvida, foram as investigações sobre as psiconeuroses que permitiram a Freud estudar o sonho; mas os resultados desse estudo proporcionam um benefício substancial à patologia.

Não poderia ser de outro modo. Pois o estado de vigília normal, o sonho, a neurose e a psicose nada mais são do que diferentes aspectos do mesmo material psíquico, e todo progresso num domínio só podia favorecer os nossos conhecimentos nos outros.

Quem esperava encontrar nesta nova teoria do sonho um meio de prever o futuro, dará provavelmente as costas, decepcionado. Mas os que se contentam com um benefício secundário de ordem prática, e elucidação de mistérios que se acreditava insondáveis, a ampliação inesperada do campo dos conhecimentos psicológicos, aqueles cujo julgamento autônomo não está obnubilado pelas convicções adquiridas, serão talvez incitados por esta conferência a empreender um estudo sério e profundo da obra capital de Freud sobra a interpretação de sonhos[13].

---

13. Sigmund Freud, *Die Traumdeutung*, 2.ª ed., Deuticke, Viena, 1909.

VII

Transferência e introjeção

I. A INTROJEÇÃO NA NEUROSE

"A aptidão dos neuróticos para produzir sintomas não é interrompida, em absoluto, pelo tratamento analítico; ela se exerce pela criação de grupos de ideias de um tipo particular, em sua maioria inconscientes, que se pode designar pelo nome de *transferências* [*Übertragungen*]."

"O que são essas transferências? São reedições, reproduções de tendências e de fantasias que a progressão da análise desperta e deve tornar conscientes, e que se caracterizam pela substituição de pessoas outrora importantes pela pessoa do médico."

É nestes termos que Freud, em sua magistral história de um caso de histeria, expôs uma de suas mais importantes descobertas[1].

Todos aqueles que, desde então, seguindo o caminho traçado por Freud, tentaram penetrar pela análise o universo psíquico dos neuróticos, tiveram que admitir a correção dessa observação. As principais dificuldades da análise provêm precisamente dessa particularidade dos neuróticos, "a de transferir seus sentimentos reforçados por afetos inconscientes para a pessoa do médico, furtando-se assim ao conhecimento de seu próprio inconsciente"[2].

---

1. Freud, *Sammlung kleiner Schriften zur Neurosenlehre*, 1.º volume, Deuticke, Viena, 1906.
2. Ferenczi, *Über Aktual- und Psychoneurosen*, [Das neuroses atuais e das psiconeuroses] "Wiener Klinische Rundschau", 1908.

Mas à medida que nos familiarizamos cada vez mais com o psiquismo do neurótico, constatamos que essa tendência para a transferência por parte dos psiconeuróticos não se manifesta apenas no âmbito de uma psicanálise, nem unicamente em relação ao médico; muito mais do que isso, *a transferência apresenta-se como um mecanismo psíquico característico da neurose em geral, que se manifesta em todas as circunstâncias da vida e abrange a maior parte das manifestações mórbidas.*

A experiência adquirida nos mostra o desperdício aparentemente gratuito dos afetos nos neuróticos, o exagero de seu ódio, de seu amor ou de sua compaixão, que resultam das transferências; suas fantasias inconscientes ligam acontecimentos e pessoas do momento a eventos psíquicos há muito esquecidos, provocando assim o deslocamento da energia afetiva dos complexos de representações inconscientes para as ideias atuais, *exagerando* sua intensidade afetiva. O "comportamento excessivo" dos histéricos é muito conhecido e suscita os sarcasmos e o desprezo; mas, depois de Freud, sabemos que esses sarcasmos deveriam ser endereçados a nós, médicos, porque não reconhecemos a representação simbólica própria da histeria, parecendo analfabetos em face da rica linguagem da histeria, ora qualificando-a de simulação, ora pretendendo derrotá-la por meio de denominações fisiológicas tão grandiloquentes quanto obscuras.

Segundo Freud, é a exploração *psicológica* dos sintomas e das características da histeria que elucida de maneira notável a vida psíquica dos neuróticos. Apurou-se que a tendência dos neuróticos para a *imitação*, o *contágio psíquico* tão frequente nos histéricos, não são simples "automatismos", mas explicam-se por *reivindicações* e *desejos* inconscientes, rejeitados pela consciência e inconfessáveis. O paciente apropria-se dos sintomas e do caráter de uma pessoa, com a qual *se identifica* inconscientemente "com base numa explicação causal idêntica"[3].

Essa mesma identificação histérica explica a sensibilidade bem conhecida dos neuróticos, sua faculdade de se comover intensamente com o que acontece aos outros, de se colocar no lugar deles. Suas manifestações impulsivas de generosidade e de caridade são

---

3. Freud, *Die Traumdeutung*, 2.ª ed., Deuticke, Viena, p. 107 (*La Science des Rêves*, PUF).

reações desses movimentos afetivos inconscientes, portanto, atos egoístas que obedecem, em última análise, ao princípio de evitação do desprazer[4].

Se os neuróticos pululam nos movimentos de tendência humanitária ou reformista, entre os propagadores da abstinência (vegetarianos, antialcoólicos, abolicionistas), nas organizações e seitas religiosas, nas conspirações pró ou contra a ordem política, religiosa ou moral, isso se explica pelo deslocamento, nos neuróticos, das tendências egoístas (agressivas e eróticas) recalcadas, censuradas, do inconsciente para um plano onde elas podem ser vividas sem culpa.

Entretanto, mesmo a simples vida burguesa cotidiana oferece aos neuróticos oportunidades constantes de deslocamento para um terreno mais lícito das tendências que sua consciência recusa. É um exemplo disso a identificação inconsciente das funções de *nutrição* e de *secreção* com funções genitais (coito, parto), tão frequente nos neuróticos. A relação entre os polos opostos do corpo estabelece-se desde a primeira infância, quando a ausência de toda informação esclarecedora pelos adultos sobre os processos de reprodução leva a criança, cujas capacidades de observação e de raciocínio já são muito vivas, a elaborar suas próprias teorias, identificando ingenuamente a absorção alimentar com a fecundação e a eliminação com o parto[5].

É essa identificação infantil que explica a concentração de tantos sintomas histéricos na boca e no esôfago: a repugnância alimentar histérica, o vômito histérico, o horror a ser beijado, a sensação de uma bola na garganta [*globus hystericus*] e numerosos distúrbios neuróticos da micção e da defecação. A gulodice dos histéricos, sua tendência para absorver produtos indigestos ou difíceis de digerir, inclusive nocivos (giz, papel, cabelos, venenos), a atração pelo "fruto proibido" (frutas verdes, alimentos insalubres), a antipatia pelos alimentos preparados em suas casas e o apetite pelos pratos vistos na mesa de outrem, o agrado ou a repugnância excessivos por alimentos de uma certa forma, composição, cor ou consistência

---

4. Mais tarde, o termo "princípio de prazer" é que seria escolhido para exprimir essa noção. Preferimos conservar aqui o termo empregado por Ferenczi em 1909. (NTF)

5. Freud, *Infantile Sexualtheorien* [Teorias infantis da sexualidade], Sammlung kleiner Schriften zur Neurosenlehre, II ed., Deuticke, Viena.

(idiossincrasia) resultam – as minhas análises o confirmam – do deslocamento das tendências eróticas recalcadas (genitais ou coprofílicas), traduzindo uma insatisfação sexual. Os apetites diversos e insólitos das mulheres grávidas, que também podem ser constatados fora da gravidez, no momento das regras, podem explicar-se pela repressão de uma libido exacerbada pelo processo biológico, ou seja, por um estado histérico transitório. O. Gross e Steckel atribuíram a mesma origem à *cleptomania* histérica.

Estou plenamente consciente de, nos exemplos precedentes, ter empregado de forma indistinta as expressões *deslocamento* e *transferência*. Mas a transferência é apenas um caso particular da tendência geral dos neuróticos para o deslocamento. Para escapar de certos complexos penosos, portanto recalcados, são impelidos, pelas explicações causais e as analogias mais superficiais, a testemunhar sentimentos exagerados (amor, repulsa, atração, ódio) por pessoas e coisas do mundo externo.

As condições de tratamento psicanalítico são muito propícias ao estabelecimento de tal transferência. Os afetos até então recalcados despertam progressivamente na consciência, deparam "em estado nascente" com a pessoa do médico e tentam relacionar com este suas valências químicas não saturadas. Para continuar com esta analogia química, podemos comparar a psicanálise, na medida em que a transferência aí desempenha um papel, a uma espécie de *catálise*. A pessoa do médico atua aí como um catalisador que atrai provisoriamente os afetos liberados pela decomposição; mas cumpre saber que numa análise corretamente conduzida essa combinação mantém-se instável, e uma análise bem administrada deve encaminhar rapidamente o interesse do paciente para as fontes primitivas escondidas, criando uma combinação estável com os complexos até então inconscientes.

A transferência pode ser desencadeada nos neuróticos pelos motivos mais exíguos e mais insignificantes; eis alguns exemplos característicos.

Uma paciente histérica, que recalcava e negava com veemência a sua sexualidade, traiu pela primeira vez sua transferência para o médico num sonho; eu efetuo (na minha qualidade de médico) uma operação no nariz da paciente, que usa um penteado "à Cléo de Mérode". Quem já tiver analisado sonhos admitirá sem outras provas que eu ocupava no sonho, como provavelmente também nas fantasias diurnas inconscientes da paciente, o lugar de um otorrino que certa vez lhe fizera avanços sexuais; o penteado da célebre mundana é uma alusão bastante clara.

Quando o médico do paciente aparece nos sonhos, o analista desvenda sinais certos de transferência; Steckel fornece bons exemplos disso em sua obra sobre a histeria de angústia. Mas este caso tem outros aspectos típicos. Com frequência, os pacientes aproveitam-se das circunstâncias para reencontrar sensações sexuais experimentadas durante exames médicos anteriores e depois recalcadas: fantasias inconscientes de tirar a roupa, de auscultação, palpação, operações essas em que o médico de outrora é substituído, sempre inconscientemente, pela pessoa do terapeuta atual. Para suscitar essa transferência, basta que o próprio analista seja também médico. O papel místico que desempenha nas fantasias sexuais infantis o médico que conhece todas as coisas proibidas, vê e toca no que está escondido, é em si um determinante natural das fantasias histéricas e da transferência. A análise mostra que a associação do médico à sexualidade forma-se desde a infância, de modo geral quando, através da brincadeira de médico, as crianças satisfazem sua curiosidade sexual.

Levando em conta a importância crucial do "complexo de Édipo" recalcado (amor e ódio pelos pais) em todas as neuroses, não causará surpresa que o comportamento naturalmente compreensivo, benevolente, por assim dizer "paternal" do psicanalista seja capaz de engendrar simpatias conscientes e fantasias eróticas inconscientes cujos primeiros objetos foram os pais. O médico é sempre e exclusivamente um desses "espectros" (Freud) que fazem ressuscitar no paciente as figuras desaparecidas de sua infância.

Em contrapartida, *uma única* palavra um pouco menos amistosa, *um* comentário a propósito da pontualidade ou de qualquer outra obrigação do paciente basta para desencadear toda a raiva, o ódio, a oposição, a cólera recalcados, outrora alimentados a respeito das pessoas onipotentes que lhe impunham o respeito, pregavam a moral, ou seja, os pais, os adultos da família, os educadores.

Reconhecer a transferência das emoções positivas e negativas é capital na análise. No início do tratamento, os neuróticos professam em geral, com uma perfeita boa-fé, sua incapacidade para amar ou odiar. Muitos deles se recusam a reconhecer os conhecimentos mais elementares no domínio da sexualidade. Uma paciente de 20 anos e uma outra de 31 anos, de inteligência normal, queriam conservar a todo custo sua crença na fábula da cegonha para explicar o nascimento dos bebês, até que a análise, por intermédio da transferência para o médico, despertou nelas suas lembranças infantis; naturalmente, ambas negaram toda e qualquer emoção que tivesse uma relação com a sexualidade. Outros pacientes caracterizam-se por uma excessiva compaixão, um exagerado refinamento estético, o horror à brutalidade, traços esses cujo inverno se dissimula em seu inconsciente. O que há de mais adequado para abalar a fé errônea e nociva que tais pacientes têm em sua própria sensibilidade e angélica bondade do que a descoberta de valores inversos feita ao vivo, no momento da transferência? A partir dos complexos assim desvendados, o trabalho analítico poderá prosseguir na direção das camadas psíquicas mais profundas.

Semelhanças físicas irrisórias – cor dos cabelos, gestos, maneiras de segurar a caneta, nome idêntico ou só vagamente parecido com o de uma pessoa outrora importante para o paciente – bastam para engendrar a transferência.

O "ridículo" aparente de uma transferência estabelecida com base em semelhanças tão ínfimas lembra-me que Freud assinalou como o fator deflagrador do prazer numa certa categoria do chiste "a representação pelo detalhe" (*Darstellung durch ein Kleinstes*), ou seja, pelo elemento próprio para sustentar a transferência dos afetos inconscientes[6]. É igualmente por meio desses minúsculos detalhes que o *sonho* evoca os objetos, as pessoas e os acontecimentos; tudo leva a crer, portanto, que o procedimento poético de "a parte pelo todo" tenha igualmente curso na linguagem do inconsciente.

O sexo do médico fornece à transferência um caminho profusamente explorado. É frequente os pacientes apoiarem-se na qualidade de homem do médico para projetarem nele suas fantasias heterossexuais; isso é o bastante para permitir o despertar de complexos recalcados em relação com a noção de virilidade. Mas a pulsão parcial homossexual que se dissimula em todo ser humano[7] faz com que os homens também se esforcem por transferir para o médico seu interesse, sua amizade ou, eventualmente, o inverso. Por outro

---

6. Freud, *Der Witz und seine Beziehung zum Unbewussten* [*O chiste e sua relação com o inconsciente*], Deuticke, Viena.

7. Pulsão parcial: *Partialtrieb*.

lado, basta que os pacientes percebam no médico "algo de feminino" para que as mulheres desviem para a pessoa dele seus interesses homossexuais, os homens seus interesses heterossexuais, ou sua aversão a essas tendências.

Tenho tido repetidas provas de que o enfraquecimento da censura moral no consultório do médico faz-se igualmente acompanhar de uma atenuação do *sentimento de responsabilidade* do sujeito. A certeza de que o médico é responsável por tudo o que se passa nele favorece o aparecimento de devaneios diurnos, primeiro inconscientes, depois conscientes, tendo por tema frequente a agressão sexual cometida pelo médico contra a pessoa do paciente e acarretando um castigo exemplar: o médico é levado à barra dos tribunais, artigos infamantes são publicados na imprensa, o marido ou o pai o matam em duelo, etc. Tais são os disfarces moralistas a que os desejos recalcados recorrem para manifestar-se. Uma paciente revelou que o seu sentimento de responsabilidade era atenuado pela ideia de que "um médico pode fazer tudo"; isso significava para ela a possibilidade de escapar às eventuais consequências de uma relação, ou seja, um aborto criminoso.

Numa análise, os pacientes são solicitados a comunicar ao médico esses projetos e pensamentos condenados pela moral, tal como qualquer outro pensamento. Pelo contrário, no tratamento não analítico das neuroses, o médico ignora a transferência que se estabelece; por isso não surpreende que as fantasias reprimidas se ampliem a ponto de se tornarem verdadeiras alucinações, e que o tratamento da histeria termine, por vezes, com um escândalo público ou perante os tribunais.

O fato de que o médico tenha simultaneamente vários pacientes em análise permite a estes "viverem" sem culpa os sentimentos de ciúme, de ódio, de inveja e de violência enterrados em seu inconsciente. Naturalmente, à medida que a análise progride, o paciente vai dissociar suas emoções desproporcionadas dos motivos atuais, para projetá-las em personagens muito mais significativos. Mais de um paciente, satisfeito por sentir-se generoso e desinteressado, teve que reconhecer no decurso da análise que a avareza, o egoísmo, o desejo de lucros ilícitos, não estavam tão longe de seu coração quanto gostaria de imaginar. "Os homens enganam-se e enganam os outros nos assuntos de dinheiro e nos assuntos sexuais", diz Freud. A análise obriga a falar abertamente de uns e de outros.

Uma visão de conjunto desses diferentes modos de "transferência para o médico" reforça a minha convicção de que *essa é apenas uma das manifestações – muito importante, sem dúvida – da tendência geral dos neuróticos para a transferência*. O impulso, a tendência, a aspiração dos neuróticos nesse sentido – que o alemão designa com felicidade por *Sucht* ou *Süchtigkeit* – é uma de suas características fundamentais que explica a maior parte dos sintomas de conversão e de substituição. Toda neurose é uma fuga diante dos complexos inconscientes; todos os neuróticos se refugiam na doença para escapar de um prazer que se converteu em desprazer, em outras palavras, retiram sua libido de um complexo de representações que se tornou incompatível com a consciência do *ego* civilizado. Se essa retirada de libido não é total, é o *interesse consciente* pelo objeto de amor ou de ódio que desaparece e o que era interessante até então torna-se aparentemente "indiferente". No caso de retirada libidinal mais profunda, a censura psíquica nem mesmo autoriza o interesse mínimo necessário à representação, à fixação da atenção introvertida, de modo que o complexo fica inacessível à consciência – o que marca o fim do processo de *recalcamento*.

Entretanto, o psiquismo tolera mal esses afetos "livremente flutuantes" desinvestidos do complexo. Freud demonstrou que na neurose de angústia é a retirada da excitação sexual *física* da esfera psíquica que transforma a excitação em angústia. Nas psiconeuroses, presumimos um processo análogo; é a *retirada de libido psíquica de certos complexos de representações o que provoca a ansiedade permanente*, que o paciente esforça-se por apaziguar.

Ele pode efetivamente converter em sintoma orgânico uma parte da "quantidade de excitação" (histeria) ou então deslocá-la para uma ideia de caráter compulsivo (neurose obsessiva), ou seja, neutralizar assim a excitação de forma parcial. Entretanto, parece que essa neutralização nunca é perfeita e que subsiste sempre uma quantidade variável de excitação livremente flutuante, centrífuga diríamos nós ("complexífuga"), que procura então neutralizar-se nos objetos do mundo externo. É a essa quantidade de excitação "residual" que se imputará a disposição dos neuróticos para a transferência; e nas neuroses sem sintoma permanente de conversão é essa libido insatisfeita, em busca de um objeto, que explica o conjunto do quadro patológico.

Para melhor entender o caráter fundamental do psiquismo dos neuróticos, comparemos seu comportamento com o dos *dementes precoces e paranoicos. O demente retira totalmente seu interesse do mundo externo,* torna-se infantil e autoerótico (Jung[8], Abraham[9]). *O paranoico* tenta fazer o mesmo sem o conseguir inteiramente. É incapaz de retirar seu interesse do mundo externo; por isso contenta-se em rechaçar esse interesse do seu "ego", *em projetar no mundo externo esses desejos e essas tendências* (Freud), e acredita reconhecer em outrem todo o amor, todo o ódio, que nega existir em si mesmo. Em vez de admitir que ama ou que odeia, alberga o sentimento de que todo o mundo se preocupa exclusivamente com ele, para perseguir ou amá-lo. Observamos na neurose um processo diametralmente oposto. Pois enquanto o paranoico projeta no exterior as emoções que se tornaram penosas, o *neurótico procura incluir em sua esfera de interesses uma parte tão grande quanto possível do mundo externo,* para fazê-lo objeto de fantasias conscientes ou inconscientes. Esse processo, que se traduz no exterior pela *Süchtigkeit*[10] dos neuróticos, é considerado um *processo de diluição,* mediante o qual o neurótico procura atenuar a tonalidade penosa dessas aspirações "livremente flutuantes", insatisfeitas e impossíveis de satisfazer. Proponho que se chame *introjeção* a esse processo inverso da projeção.

O neurótico está em perpétua busca de objetos de identificação, de transferência; isso significa que atrai tudo o que pode para a sua esfera de interesses, "introjeta-os". O paranoico entrega-se a uma busca de objetos análoga, mas é para "colar" neles – como vulgarmente se diz – a libido que o incomoda. É essa a origem do caráter oposto do neurótico e do paranoico. O neurótico interessa-se por tudo, distribui seu amor e seu ódio pelo mundo inteiro; o paranoico ensimesma-se, é desconfiado, sente-se espiado e perseguido, odiado ou amado pelo mundo todo. *O "ego" do neurótico é patologicamente dilatado, ao passo que o paranoico sofre, por assim dizer, uma contração do "ego".*

---

8. Jung, *Zur Psychologie des Dementia Praecox* [Contribuições para a psicologia da demência precoce], C. Morhold, Leipzig, 1907.

9. Abraham, *Die psychosexuellen Differenzen der Hysterie und der Dementia praecox* [As diferenças psicossexuais entre a histeria e a demência precoce], Zentralblatt für Nervenheilkunde und Psychiatrie, 1908.

10. Ferenczi recorre aqui ao termo alemão para exprimir a noção que definiu mais acima pelos termos "impulso", "tendência" e "aspiração". (NTF)

A história do desenvolvimento individual do ego – ou ontogênese –, vista através da experiência psicanalítica, nos convencerá de que a projeção paranoica e a introjeção neurótica constituem apenas exagerações de processos mentais cujos elementos se encontram em todo homem "normal".

Pode-se pensar que o recém-nascido experimenta todas as coisas de maneira *monista*, quer se trate de um estímulo externo ou de um processo psíquico. Só mais tarde a criança aprenderá a conhecer a "malícia das coisas", aquelas que são inacessíveis à introspecção, rebeldes à vontade, ao passo que outras ficam à sua disposição e submetidas à sua vontade. O monismo converte-se em dualismo. Quando a criança exclui os "objetos" da massa de suas percepções, até então unitárias, para formar com eles o *mundo externo* e, pela primeira vez, opõe-lhes o "ego" que lhe pertence mais diretamente; quando distingue, pela primeira vez, o *percebido* objetivo (*Empfindung*) do vivenciado subjetivo (*Gefühl*), está efetuando, na realidade, a sua primeira operação projetiva, a "projeção primitiva". E se, mais tarde, deseja desembaraçar-se dos afetos desagradáveis no modo paranoico, não tem necessidade de um método profundamente novo; assim como objetivou outrora uma parte de sua sensorialidade, expulsará agora uma parte maior do ego para o mundo externo, transformando ainda mais afetos subjetivos em sensações objetivas.

Entretanto, uma parte maior ou menor do mundo externo não se deixa expulsar tão facilmente do ego, mas persiste em impor-se, como que por desafio: ama-me ou odeia-me, "combate-me ou sê meu amigo!"[11] E o ego cede a esse desafio, reabsorve uma parte do mundo externo e a incluirá em seu interesse: assim se constitui a primeira introjeção, a "introjeção primitiva". O primeiro amor, o primeiro ódio, realizam-se graças à transferência: uma parte das sensações de prazer ou de desprazer, autoeróticas na origem, desloca-se para os *objetos* que as suscitaram. No início, a criança só gosta da *saciedade*, porque ela aplaca a fome que a tortura – depois acaba gostando também da mãe, esse objeto que lhe proporciona a saciedade. O primeiro *amor objetal*, o primeiro *ódio objetal* constituem, portanto, a raiz, o modelo de toda transferência posterior, que não é, por conseguinte, uma característica da neurose, mas a exageração de um processo mental normal.

---

11. Wagner, *O crepúsculo dos deuses*, Ato I.

As descobertas de Freud no domínio da psicopatologia da vida cotidiana, até então praticamente virgem, demonstraram que os nossos *atos falhos*, esquecimentos chamados "distrações", ações desajeitadas, *lapsus linguae* e *lapsus calami*, só se explicam pela hipótese da manutenção em atividade no adulto em estado vígil dos processos de deslocamento dos afetos[12]. Já expus em outro lugar[13] o papel considerável, até dominante, que esses processos desempenham no *sonho*; mas Freud também demonstrou como a visão política e religiosa que os homens alimentam em relação ao universo, as superstições tão generalizadas, até a metafísica dos filósofos, são *metapsicologia* pura: uma projeção de sensações e de sentimentos no mundo externo. A mitologia, na qual o antropomorfismo desempenha um papel tão grande, apresenta-se na análise como uma combinação dos processos de introjeção e de projeção. A obra espiritual de Kleinpaul sobre a origem e evolução da linguagem[14], mencionada por Abraham[15], mostra amplamente em que grau de perfeição o homem representa o conjunto do mundo, sonoro e insonoro, pelos processos do "ego", explorando toda a gama de projeções e introjeções. A maneira como a linguagem humana identifica uma série de sons e ruídos orgânicos com tal ou qual objeto, sob o pretexto de analogia acústica mais superficial, da "explicação causal" mais mínima, recorda vivamente o mecanismo precário da transferência neurótica.

A história da vida psíquica individual, a formação da linguagem, os atos falhos da vida cotidiana, a mitologia, examinados sob esse ângulo, podem reforçar a nossa convicção de que o neurótico percorre os mesmos caminhos do indivíduo normal quando tenta atenuar seus afetos flutuantes pela extensão de sua esfera de interesses, pela introjeção, portanto, quando *espalha suas emoções por todo tipo de objetos que pouco lhe interessam, para deixar no inconsciente suas emoções vinculadas a certos objetos que lhe interessam demais.*

---

12. Freud, *Zur Psychopathologie des Alltaglebens* [Psicopatologia da vida cotidiana], Karger, Berlim, 1910.

13. Ferenczi, *La psychanalyse*. Dick M., Budapeste, 1910.

14. Kleinpaul, *Das Leben der Schprache* [A vida da linguagem], W. Friedrich, Leipzig, 1910. [Na tradução alemã, Ferenczi cita uma outra obra do mesmo autor, *Das Stromgebiet der Schprache*. (NTF)]

15. Abraham, *Traum und Mythos* [Sonho e mito], Deuticke, Viena, 1908. (Tradução francesa em *Oeuvres complètes*, Tomo I, Payot, Paris.)

Com frequência, a análise consegue até restabelecer a cronologia dessa ampliação da esfera dos interesses negativos ou positivos. Uma de minhas pacientes, ao ler um romance, lembrara-se de acontecimentos sexuais infantis; seguiu-se uma fobia de romances, fobia essa logo estendida a todos os livros e, mais tarde, a todo papel impresso. Foi a luta contra a sua tendência para a masturbação que provocou em um de meus pacientes uma fobia das privadas, locais onde costumava se entregar à sua paixão; mais tarde, essa fobia ampliou-se, convertendo-se em claustrofobia: pavor dos lugares fechados em geral. Pude demonstrar que muitos casos de impotência de origem psíquica estavam condicionados por um temeroso respeito em relação às mulheres, correspondente à resistência outrora oposta à escolha de objeto incestuoso (mãe ou irmã), depois à extensão desse modo de defesa a todas as mulheres. O prazer apaixonado que um certo pintor sentia na contemplação das coisas e, por conseguinte, a escolha de sua carreira deviam ressarci-lo de todas as interdições visuais de sua infância.

Os testes de associação de Jung[16] forneceram-me a prova experimental da tendência para a introjeção. Segundo Jung, a principal característica do modo de reação dos neuróticos é o número elevado de "reações de complexo"; o neurótico "interpreta a palavra indutora no sentido de seus próprios complexos". De modo geral, o indivíduo normal responde rapidamente à palavra indutora com uma palavra induzida indiferente, associada por razões de sentido ou de sonoridade. No neurótico, os afetos flutuantes apoderam-se da palavra indutora a fim de transferir para ela uma parte de sua energia, contentando-se com a associação mais indireta. Completarei as conclusões de Jung acrescentando que *não é a palavra indutora que "deflagra" a reação perturbada pelos complexos nos neuróticos, mas são os afetos ávidos de descarga que vão ao encontro da palavra indutora*. Para recorrer à nossa expressão recém-criada, diremos que o *neurótico introjeta até as palavras indutoras experimentais*.

Poderiam objetar-me que a extensão da esfera de interesses, a identificação do "ego" com numerosas pessoas ou mesmo com a humanidade inteira, a receptividade às estimulações externas, são qualidades compartilhadas também pelos indivíduos normais, in-

---

16. Jung, *Diagnostische Assoziations-Studien* [Estudo diagnóstico das associações], J. A. Barth, Leipzig, 1906.

clusive seres de elite, e que a introjeção não pode, portanto, ser considerada um processo psíquico característico dos neuróticos.

Responderemos que, segundo a doutrina psicanalítica, não existe diferença fundamental entre a "normalidade" e a neurose. Sabemos, graças a Freud, que as "neuroses não possuem conteúdo psíquico característico, específico e exclusivo". E, de acordo com a fórmula de Jung, a doença dos neuróticos é provocada pelos mesmos complexos com que todos nos defrontamos. Acrescente-se que a diferença situa-se essencialmente no plano quantitativo, prático. O homem saudável só se identifica ou transfere com base em "explicações causais" mais bem fundamentadas; ele não desperdiça suas energias afetivas de modo tão inconsiderado quanto o neurótico.

Existe ainda uma outra diferença. As introjeções são em geral conscientes no indivíduo normal, enquanto o neurótico recalca a maior parte delas; liberta-as em fantasias *inconscientes* e só as revela ao iniciado, indiretamente, de forma simbólica. Com bastante frequência, essas transferências exprimem-se em "formações reativas": a transferência nascida no inconsciente chega à consciência com uma carga emocional aumentada, sob um sinal *invertido*.

A ausência total na literatura anterior a Freud das noções de transferência para o médico, de introjeção e de projeção, não basta para provar que esses fenômenos não existiam; como diz o provérbio francês, *"le refus de connaître n'empêche pas d'exister"*[17]. Dirijo-me também aos críticos que rejeitam de cara a psicanálise como um método indigno de verificação, mas que aceitam, pressurosos, e utilizam contra nós a confissão de nossas dificuldades. Uma das objeções é que a análise é perigosa porque cria uma transferência para o médico. E não é por acaso, sem dúvida, que os nossos críticos insistem sempre na transferência erótica, desprezando sistematicamente a transferência dos sentimentos de medo, ódio, cólera e outros afetos negativos (que desempenham, contudo, um papel tão importante na análise).

Entretanto, se a transferência é perigosa, todos os especialistas em doenças nervosas, incluindo os detratores de Freud, deverão renunciar a tratar os neuróticos, pois estou cada vez mais convencido de que a transferência desempenha um papel capital, provavelmen-

---

17. Em francês no original húngaro: "A recusa em conhecer alguma coisa não impede que essa coisa exista." (N. do T.)

te exclusivo, mesmo no tratamento não analítico e até não psicoterapêutico das neuroses. Mas nesses métodos terapêuticos – Freud, uma vez mais, foi o primeiro a assinalá-lo – somente os afetos positivos em relação ao médico têm o direito de se exprimir, porque os pacientes, diante do aparecimento dos primeiros afetos hostis, esquivam-se ao tratamento com o médico "antipático"; quanto aos afetos positivos (eróticos), eles são ignorados pelo médico, ou reconhecidos de forma errônea (muitas vezes considera-os decorrentes de seu irresistível charme pessoal); atribui o resultado obtido aos métodos físicos empregados ou, então, contenta-se com o termo "sugestão" para explicar tudo (termo vazio de sentido se a análise não for levada mais a fundo).

Porém, é precisamente na *sugestão* e na *hipnose* que a transferência desempenha o maior papel[18]; proponho-me tratar mais detalhadamente esse tema num estudo à parte. Depois que tive conhecimento desse mecanismo, compreendi essa paciente histérica que, no final do tratamento por sugestão, me pediu a minha fotografia para que, olhando-a, as minhas palavras lhe acudissem de novo ao espírito, prolongando assim o efeito terapêutico; mas suspeito muito de que, na realidade, ela queria simplesmente uma lembrança daquele que soube propiciar alguns momentos agradáveis a seu espírito atormentado por conflitos, mediante falas suaves e amistosas, leves toques "rituais" na testa e a possibilidade de fantasiar com toda a quietude na penumbra de um consultório. Uma outra paciente, que sofria de uma obsessão de asseio, confessou sem rodeios que, para agradar a seu médico, que considerava simpático, pôde vencer por mais de uma vez sua compulsão.

Esses casos não são exceções, mas a regra; explicam as "curas" milagrosas devidas não só à sugestão ou à hipnose, mas também à eletroterapia, à mecanoterapia ou à hidroterapia e às massagens.

Sem dúvida, condições de vida racionais podem favorecer uma boa alimentação e, em certa medida, melhorar o humor, jugulando assim a sintomatologia neurótica; mas subsistirá como principal fator terapêutico desses tratamentos a transferência consciente ou in-

---

18. O termo "transferência" criado por Freud deve ser conservado para designar as introjeções que se manifestam no decorrer da análise e que visam a pessoa do médico, em virtude de sua excepcional importância prática. O termo "introjeção" convém a todos os outros casos que implicam o mesmo mecanismo.

consciente, a satisfação camuflada de "instintos parciais" libidinais igualmente intervenientes (como as sacudidas em mecanoterapia, a fricção da pele na hidroterapia ou as massagens).

Freud concentra essas observações numa fórmula mais geral: *seja qual for o tratamento que aplicamos ao neurótico, este unicamente será cuidado por transferências*. Aquilo a que chamamos introjeções, conversões, substituições e outros sintomas patológicos, nada mais são, na opinião de Freud (que subscrevo inteiramente), do que tentativas feitas pelo paciente para curar-se a si mesmo. O paciente desliga o afeto de uma parte dos seus complexos de representações que, por isso, tornam-se inconscientes. O afeto flutuante, que ameaça a quietude da alma, será neutralizado, ou seja, atenuado, curado pelo paciente, por um lado, graças a processos orgânicos, motores ou sensitivo-sensoriais, e por outro, por meio de ideias "supervalorizadas" ou obsessivas, enfim, mediante introjeções. E o paciente recorre aos mesmos meios, em face do médico que quer cuidar dele. Procura inconscientemente transferir seus afetos para a pessoa do médico que o trata e, se o consegue, resultará disso uma melhoria, uma atenuação pelo menos temporária do seu estado.

Poder-se-ia objetar-me que são os hipnotizadores e os fisioterapeutas que têm razão, já que não tratam pela análise mas pela transferência, adotando, sem que se apercebam disso, o mesmo caminho utilizado nas tentativas autoterapêuticas do psiquismo doente. Segundo essa concepção, os procedimentos transferenciais poderiam reivindicar o nome de "terapias naturais", ao passo que a psicanálise seria uma espécie de método artificial imposto à natureza. Esse argumento não é inteiramente destituído de valor. Mas não esqueçamos que o neurótico que trata seus conflitos pela produção de sintomas recorre a uma terapêutica bem definida pela expressão "*medicina pejor morbo*". O recalcamento e o deslocamento por meio dessas "custosas formações substitutivas" são apenas uma tentativa autoterapêutica *fracassada*, e seria um grave erro querer, a todo preço, imitar a natureza mesmo onde ela fracassa, por inadaptação ao objetivo final.

Quanto à análise, ela individualiza aquilo para que a natureza não tem cura. A psicanálise quer devolver a aptidão para viver e para agir mesmo aos indivíduos que sucumbiriam com o processo sumário de recalcamento da natureza, pouco preocupada com a sorte dos mais fracos; mas a discussão desse ponto de vista incumbe aos sociólogos, não aos médicos. Falando como médico, o problema consiste em saber se o melhor método é o que aumenta ou só parcialmente neutraliza a energia afetiva dos complexos recalcados, levando assim a uma melhora passageira, ou então aquele que leva o doente a superar suas resistências graças à análise, encarar sua própria personalidade psíquica, o que lhe confere uma independência total em relação ao seu médico.

A maioria dos psiquiatras atuais e numerosos cientistas de alta respeitabilidade, diga-se de passagem, ainda se obstinam em opor à psicanálise uma recusa radical, e em vez de seguirem o fio de Ariadne dos ensinamentos de Freud, perdem-se no dédalo da patologia e da terapia nervosas. Entretanto, quando se recusam a admitir o valor dessas teorias e, em especial, o mecanismo de transferência, colocam-se na impossibilidade de explicar seus próprios resultados obtidos pelos tratamentos não analíticos.

Essa é a única maneira de explicar o fato de alguns dentre eles recorrerem – conforme disse antes – à própria transferência para aí buscar as armas contra a psicanálise; a transferência é, assim, o pilar de seus próprios métodos terapêuticos. Entretanto, os outros métodos de tratamento consistem em *cultivar* e em *reforçar* a transferência, ao passo que a análise desmascara o mais rapidamente possível essas relações fictícias, reconduzindo-as à sua verdadeira fonte, o que acarreta a sua dissolução.

Aos que nos recriminam por querer explicar tudo "de um único ponto de vista", responderemos que eles mesmos permanecem inconscientemente fixados numa concepção do mundo ao mesmo tempo ascética e neurótica, que há cerca de dois mil anos impede que se reconheça a importância primordial do instinto de reprodução e da libido na vida psíquica tanto normal quanto patológica.

II. PAPEL DA TRANSFERÊNCIA NA HIPNOSE E NA SUGESTÃO

A escola neurológica parisiense de Charcot investigava os principais fatores determinantes dos fenômenos hipnóticos no nível das excitações periféricas ou centrais que atuam sobre o sistema nervoso: por exemplo, fixação do olhar numa imagem, afagar suavemente o couro cabeludo. Em contrapartida, a escola de Bernheim, de

Nancy, considera que essas excitações desempenham tão somente um papel de veículo, de meio propício à "inspiração" das representações, por exemplo, a do sono. Ao ser introduzida, a representação do sono provocaria um "estado de dissociação cerebral" que tornaria o sujeito particularmente acessível a outras sugestões. Esse estado de dissociação seria o próprio princípio da hipnose.

A concepção de Nancy representa, sem dúvida, um grande progresso em relação à de Paris. É a primeira tentativa de explicação puramente psicológica dos fenômenos da hipnose e da sugestão, que afasta todas as formulações fisiológicas injustificadas. Entretanto, essa explicação não nos parece inteiramente satisfatória.

Desde o começo, era inverossímil supor que a fixação de um objeto luminoso pudesse provocar na vida mental as modificações profundas que constatamos na hipnose e na sugestão; mas é igualmente improvável que uma representação inspirada em estado vígil, a ideia de dormir, possa produzir essas modificações sem a intervenção indispensável de forças psíquicas muito mais importantes.

Tudo fala a favor da ideia de que na hipnose e na sugestão não é o hipnotizador ou o sugestionador quem desempenha o papel principal, mas aquele que, até então, aparecia como o *objeto* desses processos. Basta a existência da *autossugestão* e da *auto-hipnose* e, sobretudo, o fato de que os fenômenos de sugestão só podem produzir-se em condições determinadas e variáveis segundo os indivíduos, para demonstrar com certeza que a intervenção do experimentador desempenha apenas um papel secundário na cadeia causal desses fenômenos.

Entretanto, as condições da elaboração intrapsíquica da influência sugestiva continuam obscuras.

Somente a investigação psicanalítica dos neuróticos pelo método de Freud pôde levar-nos a um conhecimento mais aprofundado dos processos psíquicos que se desenrolam na hipnose e na sugestão. A psicanálise permitiu estabelecer que o hipnotizador efetua um esforço inútil quando tenta provocar o "estado de dissociação"; em primeiro lugar, porque não dispõe do meio para isso, em seguida porque, sobretudo, as diversas camadas do psiquismo ("localizações", "mecanismos", segundo Freud) já estão dissociadas no indivíduo desperto. Além da constatação desse estado de fato, a psicanálise forneceu dados inesperados sobre o conteúdo dos complexos de representações e sobre a orientação dos afetos que constituem a camada inconsciente do psiquismo mobilizada durante a hipnose e a sugestão. Verificou-se que é no "inconsciente", na acepção freudiana, que se acumulam todos os instintos recalcados no decorrer do desenvolvimento cultural individual, e que seus afetos insatisfeitos e ávidos de excitação encontram-se sempre na expectativa de uma "transferência" para pessoas e objetos do mundo externo, a fim de "introjetá-los".

Se considerarmos o estado psíquico do sujeito que queremos sugestionar, sob esse ângulo, deveremos rever radicalmente as nossas posições atuais. Segundo essa nova concepção, são as forças psíquicas inconscientes do médium que representam o elemento ativo, ao passo que o papel do hipnotizador, que se julgava ser onipotente, reduz-se ao do objeto que o médium aparentemente impotente utiliza ou rejeita, segundo as necessidades do momento.

Dentre os complexos fixados no decorrer da infância e que conservam uma importância capital durante a vida inteira, os principais são os complexos de representações ligados às pessoas dos pais: os "complexos parentais". A constatação de Freud de que todas as neuroses do adulto se fundamentam nesses complexos pode ser confirmada por todos os que se ocupam dessas questões. As minhas investigações sobre as causas da impotência psicossexual levaram-me à conclusão de que esses estados podem reduzir-se, pelo menos em grande número de casos, à "fixação incestuosa" da libido, ou seja, uma fixação inconsciente mas extremamente intensa dos desejos sexuais nas pessoas mais próximas, sobretudo os pais[19]. Os trabalhos de C. G. Jung[20] e K. Abraham[21] enriqueceram consideravelmente os meus conhecimentos sobre os efeitos tardios da influência parental. Jung demonstrou que as psiconeuroses nascem, em geral, do conflito entre as influências parentais que se tornaram inconscientes e os esforços de independência. Por seu lado, Abraham tornou evidente que essas mesmas influências podem levar a

---

19. Ferenczi, *Psychanalyse*, Budapeste, 1910, 3.ª ed., 1918. [*Interpretação e tratamento psicanalítico da impotência psicossexual*, neste mesmo volume. (N. do T.)]

20. Jung, *Bedeutung des Vaters für das Schicksal des Einzelnen* [Influência do pai sobre o destino do filho único], *Jahrbuch für Psychoanal. u. Psychopath. Forschunzen*, volume I.

21. K. Abraham, *Stellung der Verwandtenehen in der Psychologie der Neurosen* [Papel do grau de parentesco na psicologia das neuroses], *Jahrbuch für Psychoanal. u. Psychopath. Forschung*, volume I.

uma recusa intensa e prolongada do casamento ou a uma propensão para casar com parentes próximos. J. Sadger[22] também deu uma contribuição preciosa para o conhecimento dessas influências.

De um ponto de vista psicanalítico, as diferenças entre os processos mentais normais e neuróticos são incontestáveis e exclusivamente de ordem quantitativa, e os conhecimentos fornecidos pelo estudo da vida mental dos neuróticos são válidos, *mutatis mutandis*, para a dos indivíduos normais. É previsível, portanto, que as sugestões "inspiradas" por um indivíduo a um outro mobilizem os mesmos complexos que agem nas neuroses.

Freud foi o primeiro a assinalar que, no decorrer de uma psicanálise, acontece surgir uma viva resistência no analisando, que parece bloquear de maneira total o avanço do trabalho analítico; a análise só é reatada quando o analisando adquiriu consciência da verdadeira natureza dessa resistência: uma reação a sentimentos inconscientes de simpatia, destinados a outros, mas que momentaneamente se fixaram na pessoa do analista. Também ocorre o paciente dar mostras de um entusiasmo próximo da adoração por seu médico, o que, como tudo o mais, deverá ser analisado. Verifica-se então que o médico serviu de substituto para reviver afetos sexuais que, na realidade, relacionam-se com personagens muito mais importantes para o paciente. Com frequência, o curso da análise é perturbado por um ódio, um medo, uma angústia imotivados, que se manifestam no paciente e são dirigidos para o médico. Uma vez mais, esses afetos não se destinam à pessoa do médico mas, inconscientemente, a pessoas atualmente muito distanciadas do pensamento do paciente. Quando este chega, com a nossa ajuda, a evocar a imagem ou a lembrança de personagens envolvidas nesses afetos positivos e negativos, descobrimos essencialmente as pessoas que desempenham ou desempenharam um papel importante na vida atual ou no passado recente do paciente (por exemplo, cônjuge ou namorado). Depois vêm os afetos não liquidados da adolescência (amigos, professores, heróis venerados) e, por fim, após uma vitória sobre resistências muito fortes, chegamos aos pensamentos recalcados de conteúdo sexual, agressivo e angustiante em relação à fa-

---

22. J. Sadger, *Psychiatrisch-neurologisches in psychoanalytischer Beleuchtung* [Problemas psiquiátricos e neurológicos à luz da psicanálise], *Zentralblatt für das Gesamtgebet der Med. und ihrer Hilfswissenschaften*, 1908, n.ᵒˢ 7 e 8.

mília mais próxima e, principalmente, aos pais. Parece, no fim das contas, que a criança ávida de amor mas inquieta, receosa, persiste no adulto, e que todo o amor, ódio ou medo posteriores são apenas transferências ou, como diz Freud, reedições de movimentos afetivos que surgiram na primeira infância (antes dos quatro anos) e foram depois recalcados no inconsciente.

Após essa exploração do desenvolvimento psíquico individual não é audacioso demais supor que essa onipotência maravilhosa que exercemos em nosso papel de hipnotizador sobre todas as energias psíquicas e nervosas do médium nada mais é do que uma manifestação da vida instintiva infantil recalcada desse último. Em todo caso, essa explicação parece-me mais satisfatória do que a possibilidade de provocar uma "dissociação" no psiquismo de outrem pelo efeito de nossas sugestões; essa faculdade mística seria desproporcional ao papel de observador a que estamos reduzidos em face dos processos biológicos.

Uma objeção sem grande valor poderia nos ser feita: conhece--se de longa data a influência favorecedora que a simpatia e o respeito exercem sobre a sugestionabilidade. Esse ponto não podia passar despercebido, por certo, aos olhos de experimentadores e observadores conscienciosos. Entretanto, eles ignoram dois fatos de que somente a psicanálise pôde convencer-me. Em primeiro lugar, que esses afetos, o respeito e a simpatia, predominantemente inconscientes, desempenham *o papel principal* na produção da influência sugestiva; em seguida, que *esses afetos são, em última análise, as manifestações de instintos libidinais, em sua maioria transferidos do complexo de representações da relação pais-filho(a) para a relação médico-paciente.* Em outras palavras, sabia-se bem que a simpatia ou a antipatia entre o hipnotizador e o paciente influenciavam consideravelmente o resultado da experiência, mas ignorava-se que esses chamados sentimentos de "simpatia" ou de "antipatia" são combinações psíquicas complexas que a psicanálise, precisamente, pode reduzir aos seus componentes. A análise permite isolar os elementos de base que são as aspirações primárias libidinais de satisfação de desejos em que os fenômenos complexos da sugestionabilidade têm sua origem.

Na camada mais profunda do psiquismo, assim como no começo do desenvolvimento mental, reina o princípio de desprazer[23],

---

23. Ferenczi, em 1911, fala de "princípio de desprazer" onde, em nossos dias, falaríamos do "princípio de prazer". (NTF)

o desejo de satisfação motora imediata da libido. É a camada (o estágio) "autoerótico". O adulto não tem mais acesso direto, por via de reprodução, a essa camada de seu psiquismo; nós mesmos só podemos deduzir sua existência a partir dos sintomas. O que pode ser imediatamente evocado pertence em geral à camada (ao estágio) do *amor objetal,* e os primeiros objetos de amor são os pais.

Portanto, tudo leva a pensar que *todo sentimento de "simpatia" se refere a uma "posição sexual" inconsciente* e, quando duas pessoas se encontram, sejam elas do mesmo sexo ou de sexos opostos, o inconsciente tentará sempre uma transferência. ("O inconsciente ignora a negação, o 'não'!"; "o inconsciente só sabe desejar", diz Freud.) E se o inconsciente consegue fazer com que a transferência seja aceita pelo consciente – abertamente sob forma sexual (erótica) ou então sublimada, disfarçada (respeito, gratidão, amizade, apreciação estética) – resulta daí um sentimento de simpatia. Se a censura que vigia no limiar da consciência responde negativamente às tendências sempre positivas do inconsciente, são possíveis todos os graus de antipatia, até a aversão e a repulsa.

O fato de que os sentimentos de antipatia e de repulsa compõem-se de gozo, sofrimento, prazer e desprazer, é bem ilustrado pelo caso de uma de minhas pacientes de inteligência superior, que sofria de um delírio de ciúme paranoico. Apurou-se que a fonte de sua doença era a homossexualidade infantil transferida outrora de sua mãe para as suas babás, depois para as suas amigas, e que foi muito ativa. As decepções do casamento fizeram refluir a libido para a via infantil; mas, nesse meio-tempo, esse modo de satisfação da sexualidade tornara-se intolerável para a paciente, e por isso projetou essas tendências em seu marido, muito amado até então, acusando-o de infidelidade. Mas, fato extraordinário, ela só suspeitava de menininhas de 12-13 anos ou de mulheres velhas e feias, em geral empregadas domésticas repugnantes. Quando podia admitir seu amor sob uma forma sublimada (amizade, prazer estético) – como no caso de mulheres jovens e belas, e de seu meio –, ela manifestava uma viva simpatia e não experimentava nenhum ciúme. É provavelmente por motivos psicológicos semelhantes que a mistura de gostos açucarados e amargos nos parece enjoativa; a idiossincrasia para alimentos ou bebidas de uma certa cor ou de uma certa consistência é uma reação provocada por desejos recalcados, geralmente ligados à coprofilia e à urofilia. *Quando a vista de objetos "repugnantes" desencadeia a vontade de cuspir ou de vomitar, isso é apenas uma reação ao desejo inconsciente de meter esses objetos na boca.* Recorde-se de que a criança pequena leva à boca todos os objetos sem discernimento. Uma ilustração clássica em apoio do fato de que a "posição sexual" manifesta-se em relação a todo o mundo é fornecida pelo caso de Dora, a paciente de Freud, que ele descreve em seu artigo "Fragmentos de uma análise de histeria". Essa análise – não terminada – mostrou que nenhum membro de seu meio permaneceu indiferente à sexualidade de Dora. O casal K., amigos da família (tanto o marido como a mulher), a governanta, o irmão, o pai: todos excitavam sua libido sexual. Ao mesmo tempo, como é frequente nos neuróticos, no domínio do consciente ela era preponderantemente fria, reservada e ignorava por completo que suas amizades apaixonadas, suas simpatias e antipatias, pudessem dissimular desejos sexuais.

Seria um erro pensar que Dora é uma exceção. O "caso Dora" é típico. Sua análise oferece uma imagem fiel do psiquismo humano em geral; o estudo suficientemente aprofundado do psiquismo normal ou neurótico nos revela – pondo de lado as diferenças quantitativas – fenômenos idênticos aos constatados em Dora.

A possibilidade de ser hipnotizado ou sugestionado depende, portanto, da capacidade de transferência, ou seja, exprimindo-nos claramente, da capacidade do médium de adotar em relação ao hipnotizador uma posição sexual, ainda que seja inconsciente; ora, a raiz mais profunda da transferência, como de todo amor objetal, provém dos complexos parentais[24].

Essa concepção é confirmada pelo estudo prático das condições da hipnose ou da sugestão. É notável comprovar até que ponto a percentagem de êxitos varia segundo os autores. Alguns falam de 50%, outros de 80-90%.

Os hipnotizadores experientes pretendem que a prática da hipnose exige certas características externas e internas. Na verdade, somente externas, visto que o próprio caráter só se revela por certos gestos, pela maneira de exprimir-se e pelo conteúdo do discurso, o que um ator de talento pode realizar sem nenhuma implicação pessoal.

---

24. Estando convencido de que Bernheim tem razão quando pretende que a hipnose é apenas uma forma de sugestão (sono sugerido), não atribuo importância muito grande a uma distinção precisa entre essas duas noções, e no presente trabalho utilizo frequentemente o mesmo termo para as duas.

A hipnose é amplamente facilitada pela aparência imponente do hipnotizador. É quase sempre imaginado com uma longa barba, de preferência negra (Svengali); esse acessório viril pode ser substituído por estatura elevada, sobrancelhas espessas, olhar penetrante, uma mímica severa mas que inspira confiança. Também se admite geralmente que a apresentação segura do hipnotizador, a reputação de seus êxitos anteriores e a consideração que rodeia sua qualidade de cientista famoso aumentam de forma notável as probabilidades de êxito. A superioridade de nível hierárquico ou da posição social facilita igualmente a hipnose; durante o meu serviço militar, fui testemunha de uma cena em que um soldado adormecia ao receber a ordem do seu oficial nesse sentido. Essa cena teve o efeito de um verdadeiro *coup de foudre*[25]. Minhas primeiras experiências de hipnose, efetuadas quando ainda era estudante, nos empregados da livraria do meu pai, foram todas bem-sucedidas, sem exceção; não posso dizer o mesmo dos meus resultados posteriores; é verdade que eu já não tinha aquela confiança absoluta em mim mesmo que só a ignorância pode conceder.

Na hipnose, é preciso saber comandar com tal segurança que a ideia de resistência não possa sequer acudir ao espírito do médium. Uma forma extrema desse tipo de hipnose é a chamada "hipnose de susto" (*Überrumplungs-Hypnose*), provocada por gritos, ameaças e, se necessário, um tom severo, caretas, brandir o punho. Esse terror – como outrora a visão da cabeça da Medusa – pode acarretar no indivíduo predisposto uma reação imediata de paralisia ou de catalepsia.

Mas também existe um outro método muito diferente para adormecer um sujeito, cujos acessórios são: a penumbra de um quarto, o silêncio, a suave persuasão amistosa por meio de palavras monótonas e melodiosas (confere-se-lhes em geral uma grande importância) e, finalmente, carícias nos cabelos, testa e mãos.

De modo geral, dispomos, portanto, de dois métodos para hipnotizar um indivíduo, para submetê-lo à sugestão, ou seja, forçá-lo a uma obediência incondicional, uma confiança cega: a intimidação e a ternura. Os hipnotizadores profissionais que empregavam o método muito antes que a ciência o reconhecesse, e que são os seus verdadeiros inventores, escolheram instintivamente, segundo parece, e nos mínimos detalhes, os mesmos modos de intimidação

---

25. Em francês no original: "amor súbito e irresistível". (N. da R. T.)

e de suavidade para adormecer o sujeito e forçá-lo à obediência que vêm dando, há milênios, provas de eficácia na relação entre pais e filhos.

O hipnotizador de físico imponente que provoca o estado de hipnose por intimidação e agressão assemelha-se muito, por certo, à imagem que a criança faz do pai onipotente, esse pai que todo filho pequeno ambiciona obedecer e imitar, esse pai em quem deseja acreditar[26]. E a mão doce e acariciadora, as palavras meigas, monótonas, apaziguadoras, não são a repetição do que tão frequentemente se passou junto ao berço da criança, entre ela e sua mãe ou ama, que a embalava ao som de cantigas ou histórias? E o que não faria uma criança para agradar à mãe dela?

Não atribuo grande importância a uma distinção rigorosa entre *hipnose paterna e materna,* porque ocorre muitas vezes que pai e mãe trocam de papéis. Quero somente mostrar como a situação produzida pela hipnose é adequada para evocar, consciente ou inconscientemente, a infância no espírito do médium, e para despertar nele essas lembranças ligadas à época da obediência infantil, tão vivas em todo ser humano.

Os procedimentos de adormecimento por excitações ditas exteriores – apresentação de um objeto luminoso diante dos olhos ou o tique-taque de um relógio junto à orelha – são justamente os primeiros que serviram outrora para fixar a atenção do bebê; essas excitações exteriores são, pois, também particularmente apropriadas para evocar lembranças e afetos infantis.

Mesmo aqueles a quem a psicanálise inquieta ou desagrada admitem hoje que os hábitos e rituais que subsistiram da infância desempenham um papel mesmo no processo de adormecimento espontâneo, normal, e que o "meter-se na cama" põe em jogo fatores infantis autossugestivos que teriam, de algum modo, se tornado inconscientes. Todas estas considerações nos levam à seguinte proposição: *a primeira condição de êxito de uma hipnose é que o médium encontre no hipnotizador um mestre, ou seja, que o hipnotizador saiba*

---

26. Os personagens de gigantes que reaparecem constantemente nos mitos, contos e lendas, bem como o interesse geral por essas monstruosidades, têm igualmente raízes infantis: é um sintoma do eterno complexo paterno. Esse grande apreço pelos gigantes reencontra-se em Nietzsche na forma sublimada de "Pathos der Distanz".

despertar nele os mesmos afetos de amor ou de temor, a mesma fé cega em sua infalibilidade que a criança sentia por seus pais.

Para evitar qualquer mal-entendido, devemos sublinhar que a sugestionabilidade, ou seja, a receptividade à "inspiração", a tendência para a confiança cega e a obediência parecem estar em relação com as propriedades psíquicas semelhantes da infância, num modo que não é somente genético: consideramos que a hipnose e a sugestão despertam verdadeiramente "a criança que dormita no inconsciente do adulto" (Freud). A existência em nós desse outro – a criança – não se manifesta apenas na hipnose mas também nos nossos sonhos, os quais, como Freud nos ensinou, sempre se apoiam em parte em recordações da infância. Mas também podemos surpreender certas tendências e funcionamentos infantis do nosso psiquismo em estado vígil nos lapsos, atos falhos[27] e todas as formas do chiste[28]. No mais profundo do nosso ser continuamos crianças e assim ficaremos toda a nossa vida. *Grattez l'adulte et vous y trouverez l'enfant*[29].

Se adotarmos essas noções, seremos levados a rever inteiramente as nossas concepções sobre o esquecimento. A psicanálise conduz-nos de forma progressiva à certeza de que "o esquecimento", na vida mental, o desaparecimento sem vestígios, é tão impossível quanto o desaparecimento de energia ou de matéria no mundo material. Parece, inclusive, que a inércia dos fenômenos psíquicos é considerável e que as impressões psíquicas podem ser despertadas após um "esquecimento" de várias décadas na forma de complexos de relações inalteráveis, ou podem ser reconstruídas a partir de seus elementos constitutivos.

Um acaso favorável colocou-me em condições de analisar pacientes a quem tratara outrora pela hipnose; isso me permite confirmar que a submissão incondicional a uma vontade estranha só pode explicar-se pela transferência inconsciente para o médico de afetos infantis mas intensamente erotizados (amor, respeito).

---

27. Freud, *Die Psychopathologie des Alltaglebens*, 3.ª ed., Deuticke, Viena, 1911.
28. Freud, *Der Witz und seine Beziehung zum Unbewussten*, Deuticke, Viena, 1909.
29. Em francês no original húngaro: "Raspem o adulto e por baixo dele encontrarão a criança." (N. do T.)

I – Há cinco anos, hipnotizei com êxito uma paciente que contraíra uma histeria de angústia quando tomou conhecimento da infidelidade de seu noivo. Há cerca de seis meses, após a morte de um sobrinho a quem muito queria, ela teve uma recaída e veio ver-me. Iniciamos uma psicanálise. Logo se manifestaram indícios característicos de transferência e, quando os assinalei à paciente, ela completou as minhas observações confessando que, desde o tratamento hipnótico, vinha sendo assaltada com frequência por fantasias eróticas conscientes envolvendo a pessoa do médico, e que tinha obedecido às minhas sugestões por "amor".

Portanto, a análise pôs em evidência a transferência (ver Freud) que permitira o êxito da hipnose. Na época do tratamento hipnótico, a cura foi provavelmente provocada pela compensação oferecida ao relacionamento infeliz que deflagrou a doença pela minha atitude amistosa, minha compaixão e minhas palavras tranquilizadoras. Mas a análise também mostrou que a inclinação da paciente pelo amante infiel era apenas um substituto do apego à sua irmã mais velha, afastada da família por seu casamento, irmã a quem ela estava ligada por uma estreita amizade e uma longa prática de masturbação comum. Mas seu maior desgosto tinha sido a separação precoce de uma mãe que a mimava e a idolatrava; todas as suas tentativas amorosas posteriores apresentavam-se como substitutos desse primeiro apego infantil, fortemente impregnado de erotismo. Após a interrupção do tratamento hipnótico, deslocara sua libido, de uma forma sublimada mas, como se apurou na análise, indiscutivelmente erótica, para um jovem sobrinho de 8 anos, cuja morte súbita provocou a recidiva dos sintomas histéricos. A obediência manifestada durante o tratamento hipnótico era, portanto, uma consequência da transferência; o objeto de amor inicial e nunca inteiramente substituído da minha paciente era, sem dúvida alguma, sua mãe.

II – Um funcionário público de 28 anos veio ver-me há alguns anos; sofria de grave histeria de angústia. Eu já me dedicava então à psicanálise mas, por razões de circunstâncias, optei por um tratamento hipnótico e obtive pela simples persuasão ("hipnose maternal") uma melhoria considerável mas passageira do seu estado psíquico. Uma recidiva das representações angustiantes incitou o meu paciente a vir me ver de novo e, por conseguinte, repeti periodicamente a hipnose, com resultados sempre tão bons quanto passageiros. Quando decidi empreender uma análise, deparei-me com as piores dificuldades na transferência, presumivelmente exacerbada pela hipnose; sua resolução interveio quando se patenteou que o paciente, na base de analogias superficiais, identificava-me com sua "boa mãe". Na sua infância, era muito agarrado à mãe, suas carícias eram-lhe indispensáveis, e reconheceu igualmente que as relações sexuais de seus pais despertavam curiosidade intensa no garotinho que era. Tinha ciúmes do pai, imaginava-se no papel dele, etc. Depois a análise progrediu sem dificuldades durante um certo tempo. Mas no dia em que respondi a um comentário com certa impaciência e com uma recusa, foi tomado de violenta angústia e o curso da análise viu-se perturbado de novo. Após ter discutido esse incidente que o abalara fortemente, o paciente mergulhou na evocação de acontecimentos análogos e – depois de mencionar algumas amizades levemente tingidas de homossexualidade e de masoquismo, e, em seguida, cenas penosas envolvendo professores e outros superiores – foi o complexo paternal que surgiu em primeiro plano. Via seu pai com "as feições terrivelmente deformadas, o rosto contraído de cólera" e tremia como uma folha. Um caudal de lembranças jorrou ao mesmo tempo, mostrando até que ponto o paciente amava, apesar de tudo, seu pai, como se orgulhava da sua estatura elevada e da sua força.

Isto é apenas um fragmento de uma análise longa e difícil, mas que mostra claramente que o fator atuante durante o tratamento hipnótico nada mais era do que o complexo materno, ainda inconsciente. Neste caso, eu talvez obtivesse resultados idênticos empregando o outro método de sugestão: a intimidação e o respeito, ou seja, o recurso ao complexo paterno inconsciente.

III – O terceiro caso é o de um alfaiate de 26 anos; veio consultar-me em consequência de crises epileptiformes, que reputei de natureza histérica. Seu aspecto tímido, submisso, modesto, era um convite à sugestão e, efetivamente, obedeceu a todas as minhas ordens como uma criança dócil: apresentou anestesias, paralisias e contraturas à vontade. Entretanto, não pude deixar de empreender, pelo menos, uma análise incompleta. Ela me revelou que o paciente tinha sido sonâmbulo durante vários anos, levantava-se de noite, instalava-se diante de sua máquina de costura e ficava cosendo um tecido imaginário até que o despertassem. Essa sede de trabalho datava de sua aprendizagem na loja de um patrão muito severo que o espancava com frequência e cujas exigências excessivas o rapaz queria satisfazer a todo custo; naturalmente, o personagem do patrão nada mais era do que a "lembrança encobridora" do pai temido mas respeitado. As crises atuais do paciente começam pela mesma sede de atividade; ele escuta uma voz interior que lhe ordena: "Levanta-te!" Então senta-se, despe a camisa de dormir e faz o gesto de coser, movimento que evolui para uma crise convulsiva generalizada. Depois, não se lembra mais desses fenômenos motores, dos quais só tem conhecimento pelos relatos de sua mulher. Outrora, era com o grito de "levanta-te!" que seu pai tinha o hábito de acordá-lo todas as manhãs e parece que o infeliz continua obedecendo às ordens que seu pai lhe dava na infância e depois o seu patrão durante seu aprendizado. "Pode-se observar assim o efeito retroativo de ordens ou de ameaças recebidas durante a infância e que se manifesta muitos anos mais tarde", diz Freud[30], que dá a esse fenômeno o nome de "obediência retroativa".

Devo concluir daí que essa "retroatividade" das neuroses tem muitos pontos em comum com a obediência automática pós-hipnótica às ordens dadas. Nos dois casos, são realizados atos sem que o sujeito possa dar uma explicação satisfatória quanto aos motivos destes, visto que na neurose ele obedece a uma ordem esquecida há muito tempo e na hipnose a uma "inspiração" atingida de amnésia.

Tudo considerado, o fato de as crianças obedecerem a seus pais de bom grado e mesmo com prazer não é uma coisa evidente. Poder-se-ia esperar que elas considerassem as exigências de seus pais visando orientar seu comportamento e atos como uma coerção exterior, portanto uma fonte de desprazer. Com efeito, é esse o caso nos primeiros anos de vida, quando a criança só conhece satisfações autoeróticas. Mas o aparecimento do amor objetal modifica a situação por completo. Os objetos de amor são introjetados: são mentalmente integrados ao ego. A criança ama seus pais, ou seja, identifica-se com eles, sobretudo com o do mesmo sexo – o rapaz com o pai, a menina com a mãe –, vendo-se assim em todas as situações em que se encontra aquele dos pais que tiver sido objeto de identificação. Nessas condições, a obediência deixa de ser um des-

---

30. Jahrbuch für Psychoanalyse, 1909, I.

prazer; o rapaz sente inclusive satisfação diante das manifestações da onipotência paterna, dado que em suas fantasias apodera-se dessa potência e, portanto, está obedecendo somente a si mesmo quando se dobra à vontade paterna. Naturalmente, essa obediência espontânea tem um limite que varia segundo os indivíduos e, quando esse limite é transposto pelas exigências dos pais, quando a pílula amarga da coerção não está envolta na doçura do amor, a criança retira prematuramente sua libido dos pais, o que pode levar a uma perturbação brutal do desenvolvimento psíquico.

Merejkovsky, em seu belo livro *Pedro, o Grande e Alexis*, deu-nos uma descrição bem caracterizada e colorida dessa relação. O pai tirânico e cruel, que despreza todo sentimento, defronta-se com o filho de uma docilidade incondicional que, paralisado por um complexo paterno em que se misturam o amor e o ódio, é incapaz de opor-se ao tirano. O poeta-historiador faz aparecer frequentemente a imagem do pai nos sonhos do príncipe. "O príncipe vê-se criança, no berço, seu pai de pé junto dele. Estende para o pai seus braços com ternura, sorrindo-lhe em seu sono, e grita: 'Papai, meu papai querido!' Depois salta-lhe ao pescoço. Pedro abraça seu filho contra o peito, um abraço tão forte que o machuca; aperta-o, beija suas faces, o pescoço, seus membros nus, seu corpo escaldante e entorpecido sob a camisa de dormir..." Mais tarde, na adolescência, o czar aplicou métodos educativos muito duros a seu filho; sua pedagogia resume-se nesta frase historicamente autêntica: "Não dê poder nenhum a teu filho na sua infância; quebre-lhe as costelas enquanto ele cresce; os golpes não o matarão mas lhe darão força." E, apesar de tudo, uma alegria íntima iluminava o rosto do czarevitch quando "via a figura familiar, assustadora e querida ao mesmo tempo, de faces cheias, quase nédias, o bigode aparado de guias em ponta... o sorriso nos belos lábios, de uma finura quase feminina; ele contemplava os grandes olhos sombrios, puros, cujo olhar podia ser tão assustador e tão doce, e com o qual sonhava outrora como o jovem amante sonha com os olhos de sua amada; captava seu perfume familiar, essa mistura de odores de tabaco forte, de álcool e de caserna, que reinava no escritório de seu pai; notava o contato do queixo mal barbeado com a covinha do meio, o que fazia um contraste quase cômico naquele rosto taciturno".

Essa descrição do pai tem um caráter típico em psicanálise. O poeta quer-nos fazer compreender a relação entre pai e filho, expli-

car como é possível que o czarevitch tenha abandonado a segurança de seu refúgio italiano mediante uma simples carta de seu pai, e que se entregasse ao cruel czar que o chicoteou até a morte com suas próprias mãos. O autor opina, muito corretamente, que a sugestionabilidade do príncipe foi motivada por seu complexo paterno sobremaneira marcado. Mas Merejkovsky parece ter igualmente pressentido o mecanismo de transferência quando escreve: "Todo o amor que o czarevitch não podia dedicar a seu pai, ele transferiu para seu pai espiritual, seu confessor Jacob Ignatiev. Foi uma amizade ciosa, terna e apaixonada, como entre amantes."
Via de regra, essa supervalorização dos pais e a tendência para a obediência cega desaparecem na adolescência. Mas a necessidade de submissão persiste. Entretanto, o papel do pai é reassumido pelos professores, os superiores e outros personagens importantes. A lealdade extrema, tão difundida, a soberanos e governantes é igualmente uma transferência. No caso de Alexis, o complexo paterno não pôde dissipar-se porque Pedro era, efetivamente, esse soberano temível e poderoso que toda criança pequena vê em seu pai.

Quando o pai personifica ao mesmo tempo a potência paterna e o prestígio de um homem influente, a fixação infantil pode tornar-se irredutível. Observei esse fato em duas pacientes que tinham sido alunas de seu próprio pai. A transferência apaixonada de uma, o negativismo neurótico da outra tornaram a análise quase impossível. A docilidade ilimitada de uma das pacientes, tanto quanto a arrogância obstinada da outra, eram determinadas pelo mesmo complexo, a condensação do complexo paterno e do complexo de autoridade.

Esses casos significativos e as observações precedentes confirmam a opinião de Freud quando afirma que *a credulidade e a docilidade hipnóticas encontram sua raiz no componente masoquista do instinto sexual* (*Três ensaios sobre a teoria da sexualidade*). Mas o masoquismo é o prazer de obedecer que as crianças aprendem de seus pais.

No caso do alfaiate tímido e submisso, vimos que as ordens dos pais podiam continuar agindo no modo de sugestão pós-hipnótica muito depois da infância. Mas também pude observar, no caso do funcionário de 28 anos portador de uma neurose de angústia, o análogo neurótico da chamada "sugestão a prazo". Sua doença foi deflagrada por motivos aparentemente insignificantes e foi impressionante ver com que rapidez o paciente se familiarizou com a ideia de solicitar sua aposentadoria ainda tão jovem. Depois, a análise revelou que ele se iniciara na função pública dez anos antes de adoecer, contra seu desejo, porque se considerava uma vocação artística. Cedera aos desejos insistentes do pai e decidira fazer valer seus direitos à aposentadoria o mais depressa possível, pretextando a doença. Sua tendência para simular doenças provinha da infância: obtinha assim mais ternura da mãe e um pouco de indulgência do pai severo. Mas, no decorrer desses dez anos, tinha esquecido completamente sua resolução inicial. Sua situação material melhorara. Por certo a antipatia pelo trabalho burocrático não diminuíra; por outro lado, continuava atraído pelas atividades artísticas e realizara algumas tentativas nesse sentido, não sem um certo êxito; contudo, a pusilanimidade adquirida impediu-o de sequer sonhar em renunciar a uma parte de seus rendimentos, o que ocorreria inevitavelmente no momento em que se aposentasse. O projeto, aparentemente, dormitara em seu inconsciente durante esses dez anos; depois, ao expirar o prazo, tinha agido como fator deflagrador da neurose, por uma espécie de autossugestão. (Esse papel importante dos "prazos" na vida do paciente é apenas uma manifestação das fantasias inconscientes em relação aos períodos menstruais e à gravidez da mãe, e representações de sua própria situação intrauterina e de nascimento[31].)

Este caso, como os outros, confirma a frase de Jung: "A força mágica que liga a criança a seus pais é, tanto nela quanto neles, a sexualidade."

Essa analogia extrema, desvendada pela análise, entre o mecanismo das neuroses e dos fenômenos provocados pela hipnose obri-

---

31. Uma fantasia de nascimento inconsciente é a explicação última das seguintes linhas escritas em seu diário, durante uma crise de angústia, e que merecem que se lhes atribua um sentido simbólico: "A hipocondria envolve o meu espírito como uma leve neblina ou, melhor, uma teia de aranha ou lentilhas-d'água sobre um charco. Tenho a sensação de que devo passar a cabeça através disso para poder respirar. Gostaria de rasgar, sim, arrancar essa teia de aranha. Mas não posso, não posso! A teia está presa em alguma parte e seria preciso arrancar as estacas que a sustentam. Se não o conseguir, serei obrigado a abrir caminho pouco a pouco através da teia para poder respirar. Não se vive para estar assim encerrado, para sufocar longe da luz..." Estes sentimentos e pensamentos eram apenas a representação simbólica das fantasias inconscientes relacionadas com a vida intrauterina e com o processo do nascimento.

ga-nos a rever as concepções de Charcot sobre a hipnose que são geralmente admitidas nos meios médicos. Considera Charcot que a hipnose é uma "histeria artificial". Segundo alguns críticos, essa é uma posição absurda, visto que cerca de 90% dos indivíduos normais são hipnotizáveis e uma tal extensão do conceito de histeria parece-lhes inadmissível. Mas a psicanálise mostrou que os indivíduos considerados normais defrontam com os mesmos complexos que provocam a doença nos neuróticos; portanto, existe em todo homem uma certa disposição histérica que poderá manifestar-se em condições desfavoráveis como, por exemplo, um excesso de tensão psíquica. Em todo caso, o fato de grande número de sujeitos normais serem suscetíveis à hipnotização não constitui desmentido suficiente às teses de Charcot. Uma vez descartado esse julgamento preconcebido, comparemos os sintomas das psiconeuroses com os fenômenos produzidos pela hipnose e pela sugestão: é evidente que o hipnotizador não provoca nada a mais ou diferente do que é espontaneamente produzido pela neurose: os mesmos fenômenos psíquicos, paralisias e excitações. Se acrescentarmos que tanto na hipnose quanto na neurose esses fenômenos são determinados por complexos de representações inconscientes e que em ambos os casos o papel principal cabe aos complexos infantis e sexuais, essencialmente em relação aos pais, a nossa impressão quanto à analogia extrema entre a hipnose e a neurose transforma-se em certeza de sua identidade. As investigações futuras deverão elucidar se essa identidade vai até os mínimos detalhes; os nossos conhecimentos atuais autorizam-nos a pensar que esse fato será provado.

Somos encorajados nessa expectativa pela existência indiscutível da *auto-hipnose* e da *autossugestão*. São aqueles estados em que as representações inconscientes provocam todos os sintomas neuropsíquicos da hipnose e da sugestão, sem nenhuma intervenção exterior. Talvez não seja demasiado audacioso supor a existência de uma grande analogia entre o mecanismo psíquico da autossugestão e os sintomas das psiconeuroses, que são igualmente uma produção das representações inconscientes. Mas temos o direito de supor o mesmo parentesco entre as neuroses e a sugestão vinda do exterior, pois sustentamos *ser impossível "hipnotizar" ou "sugerir" no sentido de introduzir no psiquismo uma representação estranha ao ego; só se pode conceber processos que deflagram mecanismos autossugestivos inconscientes:* quanto à atividade do hipnotizador, ela pode comparar-se ao modo de ação das *causas deflagradoras* nas psiconeuroses. É indiscutível que as analogias flagrantes entre os dois estados fazem-se acompanhar, por vezes, de diferenças; uma das tarefas futuras seria justamente a de colocar em evidência essas diferenças. Gostaria somente de mostrar aqui que a grande percentagem de indivíduos normais hipnotizáveis provaria – levando em conta os ensinamentos da análise – uma certa tendência geral para as neuroses, e não uma diferença fundamental entre hipnose e neurose.

Sem dúvida, estas explicações suscitam um certo mal-estar por seu caráter incomum e estranho; acrescente-se ainda a hipótese paradoxal de que a *resistência* oposta à hipnose ou à sugestão constitui uma reação aos mesmos complexos psicológicos que em outros casos permitem a transferência positiva, a hipnose e a sugestão. Entretanto, Freud já tinha descoberto esses fatos e fizera sua demonstração, ilustrada com exemplos em sua primeira obra sobre a técnica psicanalítica. Sustenta Freud, e eu o confirmo em todos os pontos, que uma pessoa que *não pode* ser hipnotizada é uma pessoa que, inconscientemente, *não quer* ser hipnotizada. Se é impossível ou muito difícil hipnotizar uma grande parte dos neuróticos, isso se explica com frequência pelo fato de que, no fundo, eles não querem se curar. Acomodaram-se em sua doença porque esta lhes oferece – mesmo que isso seja por desvios complicados e custosos – satisfações libidinais livres de culpa e, por vezes, ainda outras vantagens. "O sintoma histérico está a serviço da satisfação sexual" – é a "função primária" da histeria; além disso, obtém igualmente pequenas vantagens imediatas: é a "função secundária", segundo Freud.

Uma outra resistência tem sua origem na relação entre o hipnotizador e o médium: a antipatia pelo médico. Vimos antes que esse obstáculo provém, na maioria dos casos, de complexos infantis inconscientes.

Temos todas as razões para supor que o conjunto das resistências encontradas em análise manifesta-se igualmente nas experiências de hipnose e de sugestão. Pois também há *simpatias* que são intoleráveis. Certas hipnoses fracassam porque o paciente receia prender-se demais à pessoa do médico e assim perder sua independência, ou mesmo cair numa dependência sexual perante ele.

Penso que a ausência completa de inibição da transferência em uns e a fuga a toda influência externa nos outros reduz-se sempre, em última análise, ao complexo parental e, em particular, ao modo de desligamento da libido das pessoas dos pais[32].

IV – Recentemente, uma mulher de 33 anos, esposa de um proprietário de terras, veio consultar-me; o seu caso ilustra bem as resistências expostas antes. Sofria de crises de histeria; às vezes, à noite, acordava o marido com seus gemidos; fazia ruídos como se quisesse engolir alguma coisa que lhe tivesse ficado retida na garganta. Enfim, a paciente era tomada de sufocações e depois de náuseas, que a despertavam. Ela era o oposto de um bom médium, uma dessas pessoas contrariantes que estava constantemente à espreita de contradições nas palavras do médico, avaliando as menores nuanças no tom como elas eram proferidas e comportando-se, em geral, com arrogância e oposição. Instruído pela experiência, não fiz nenhuma tentativa de hipnose ou de sugestão mas empreendi logo uma análise. Descrever as voltas que tive de dar a fim de obter a resolução do complexo de sintomas distanciar-me-ia muito de meus propósitos. Limito-me aqui a explicar o comportamento arrogante da paciente a meu respeito, em especial nos primeiros tempos da análise, comportamento que ela apresentava também com o marido, com quem se recusava a falar durante dias a fio por motivos fúteis; era esse comportamento que servia de obstáculo à hipnose.

Sua doença começara em decorrência de uma reunião social. Sentira-se ofendida pela atitude de uma senhora mais velha que a censurara por ocupar à mesa um lugar de honra que não lhe cabia de direito. A suscetibilidade e a reação excessiva da paciente adquiriram sentido no decorrer da análise. Apurou-se que, quando era bem jovem, tinha ocupado efetivamente, após a morte da mãe, o lugar de honra à mesa, com uma legitimidade contestável. O pai ficara sozinho com muitos filhos; após o sepultamento, uma cena muito comovente teve lugar entre o pai e a filha. O pai prometeu não procurar outra mulher e a filha declarou solenemente que só casaria daí a dez anos, substituindo a mãe para cuidar dos infelizes órfãos. Mas as coisas correram de forma diferente. Nem bem trans-

---

32. Parece que o grau de fixação infantil e a aptidão para a transferência constituem valores recíprocos. Todo psicanalista pode confirmar as observações de Jung a esse respeito; mas, pessoalmente, penso que isso é igualmente válido para a forma de transferência a que chamamos sugestão.

correra um ano completo e o pai começou a multiplicar as alusões ao casamento de sua filha; ela compreendeu rapidamente o que o pai tinha em mente e recusou com arrogância todos os pretendentes. Pouco depois, o pai casou com uma mulher mais jovem do que a paciente e eclodiu um violento conflito entre a madrasta e a filha desalojada de suas posições. Nesse conflito, o pai tomou abertamente partido contra a filha e um dia chegou mesmo a humilhá-la diante de sua esposa, a ponto de agredi-la. Como única arma, a filha dispunha apenas de sua arrogância – e usou-a em profusão.

Até aqui, estamos diante de uma simples, embora comovente, história de pai infiel e madrasta perversa; mas não tardou muito a irrupção do campo infantil e sexual. Sob o efeito de um começo de transferência, o médico passou a figurar cada vez mais nos sonhos da paciente, e isso sob a forma estranha e pouco lisonjeira de uma imagem onírica composta – qual o centauro da mitologia – do médico e... de um cavalo. As associações sobre o cavalo levaram a análise para um terreno deveras desagradável; a paciente recordou que, na sua infância, sua ama de leite a levava frequentemente a um quartel onde ela ia ver um sargento que trabalhava no haras; aí teve a oportunidade de observar muitas vezes os cavalos e as éguas conduzidas ao garanhão. A paciente reconheceu ter manifestado excepcional curiosidade pelas dimensões dos órgãos genitais masculinos e ter combinado com uma amiga que, no momento oportuno, ambas tomariam as medidas de seus futuros cônjuges e comunicariam uma à outra os respectivos resultados. A paciente tomou efetivamente as medidas mas sua amiga, por pudor, faltou à promessa. Assinale-se que essas medidas decepcionaram a nossa paciente; ela era quase completamente frígida com seu marido.

Num dos sonhos, o homem-cavalo apareceu vestido com uma camisa de dormir. Essa circunstância particular suscitou a evocação de lembranças infantis muito mais antigas, referentes – como é frequentemente o caso – à observação de relações sexuais entre os pais e, em especial, a seu pai urinando. Recordou então ter fantasiado muitas vezes que ocupava o lugar da mãe, como gostava de brincar de papai e mamãe com suas bonecas ou suas amiguinhas, e como tinha, certo dia, colocado uma almofada por baixo da saia para simular uma gravidez. Enfim, apurou-se que desde a infância a paciente sofria de breves crises de histeria de angústia: ela não podia dormir à noite, temendo que seu pai, muito severo, viesse até ela *para matá-la com a pistola que guardava na gaveta da mesinha de cabeceira.* As sufocações e náuseas que se manifestavam durante as crises eram o sintoma do "deslocamento de baixo para cima". A paciente – como a "Dora" de Freud – tinha por muito tempo chupado o polegar com furor; sua zona oral fortemente erógena provocou uma série de fantasias perversas.

Esta descrição necessariamente muito fragmentária é instrutiva sob dois aspectos. Em primeiro lugar, ela mostra que a oposição arrogante da paciente que tornava impossível, de começo, o tratamento por hipnose, a sugestão ou toda tentativa de tranquilizá-la, correspondia à sua resistência ao pai. Mas a história deste caso também nos ensina que essa resistência decorre de um complexo parental fortemente fixado, de um complexo de Édipo feminino. (A analogia entre os sonhos de cavalo da paciente e a fobia de cavalos num menino de 5 anos, que Freud ligou a uma identificação do cavalo com o pai, é igualmente flagrante – *Jahrbuch f. Psychoanalyse*, volume I[33].)

Quis mostrar aqui que o médium sente pelo hipnotizador um amor inconsciente e que a tendência para essa forma dócil de amor aprende-se no quarto das crianças.

Quero ainda assinalar que um sentimento amoroso natural pode igualmente dar origem a fenômenos psíquicos que recordam a hipnose. No famoso processo Czinsky, os mais célebres especialistas foram incapazes de decidir se a baronesa, que foi a heroína do caso, tinha agido sob o efeito de uma cegueira amorosa ou de uma influência hipnótica. A maior parte dos homossexuais que contam sua vida insinua que o primeiro parceiro masculino com quem tiveram relações os hipnotizou ou influenciou pelo olhar. Naturalmente, verifica-se depois que essas fantasias de hipnose são meras tentativas de se desculparem.

Contentar-me-ei com estas observações e não quero levar mais adiante a analogia entre o estado amoroso e o estado de hipnose para não suscitar a impressão errônea de que a minha atitude cor-

---

33. Ferenczi refere-se a um dos casos clássicos de Freud, a análise do Pequeno Hans, "Analyse der Phobie eines fünfjährigen Knaben" [Análise de uma fobia num menino de 5 anos], *Gesammelte Schriften*, Viena, vol. 8 (volume 10 da Edição Standard Brasileira das Obras Psicológicas Completas de Sigmund Freud, Imago, Rio de Janeiro, 2006.). (N. do T.)

responde à extensão injustificada de uma comparação banal. Apoio-me em laboriosas explorações psicológicas individuais; se os fios desta hipótese tendem todos para um mesmo ponto, isso não constitui um desmentido. O indiscutível ponto fraco destas considerações é o pequeno número de casos observados. Mas é da natureza do trabalho psicanalítico que a investigação em profundidade venha substituir os dados estatísticos. A exploração minuciosa de casos pouco numerosos, a concordância dos resultados e sua comparação com o material já considerável da psicanálise justificam amplamente uma modificação das nossas atuais concepções sobre a hipnose e a sugestão.

Segundo a nova concepção, a sugestão e a hipnose correspondem à criação artificial de condições em que a tendência universal (geralmente recalcada) para a obediência cega e a confiança incondicional, sobrevivência do amor e do ódio infantil-erótico pelos pais, é transferida do complexo parental para a pessoa do hipnotizador ou do sugestionador.

VIII

Palavras obscenas. Contribuição para a psicologia do período de latência

Em toda e qualquer análise surge mais cedo ou mais tarde o problema de saber se é preferível pronunciar diante do paciente os termos populares (obscenos) para designar os órgãos, as funções e as matérias sexuais e excrementícias, induzindo-o a empregar ele próprio essas palavras, locuções, imprecações, etc., tal como lhe ocorrem ao espírito, sem disfarce nem modificação, ou será melhor contentar-se com termos científicos e alusões?

Freud nos fez ver em uma de suas primeiras obras que existe sempre um meio para discutir com o paciente sobre a atividade sexual, ainda a mais severamente proscrita (perversões), sem ferir o seu pudor; aconselha, para esse efeito, o emprego de termos técnicos médicos.

Evita-se, no começo da análise, provocar inutilmente a resistência do paciente e estorvar assim, por vezes de um modo definitivo, o prosseguimento do tratamento. Por isso o analista contenta-se, de início, em recorrer a essas "alusões mínimas" já mencionadas ou a termos científicos sérios e artificiais que permitem abordar rapidamente os assuntos mais "delicados" com o paciente, no que se refere à sexualidade e aos instintos, sem provocar nenhuma reação de pudor. Há casos, porém, em que isso não basta. O tratamento marca passo, o paciente está inibido, suas ideias tornam-se raras, manifestam-se os indícios de uma resistência crescente; essa resistência só cede quando o médico descobre sua causa: palavras e locuções interditas surgidas no espírito do paciente, que não ousa verbalizá-las sem a "autorização" explícita do analista.

Citemos o caso de uma doente histérica de 23 anos. No plano consciente ela se esforçava por exibir a maior sinceridade, acolhia com simplicidade as minhas explicações referentes à sua sexualidade (formuladas em termos científicos) e afirmava com insistência nunca ter observado nem ouvido seja o que for a respeito das coisas sexuais. Pretendia explicar a reprodução pela "teoria do beijo" (sempre secundária, de resto). Para mostrar seu zelo, comprara um grosso volume de embriologia e participava-me com um entusiasmo ingênuo e sem a menor inibição suas descobertas a respeito de espermatozoides e óvulos, dos órgãos específicos dos dois sexos e seu modo de união. Um dia, mencionou de passagem que tinha o hábito, desde a infância, de fechar os olhos quando estava na privada; não podia fornecer nenhuma razão para esse comportamento. Acudi, enfim, em socorro de sua memória, perguntando-lhe se não desejava assim subtrair-se às pichações obscenas tão frequentes em banheiros. Resolvi em seguida chamar sua atenção para as inscrições obscenas mais conhecidas, provocando considerável constrangimento nessa pessoa até esse instante tão superior e serena; assim tive acesso às camadas mais profundas de suas recordações latentes. O recalcamento parecia, portanto, bem ligado à própria formulação de complexos de representações sexuais e só podia ser eliminado pronunciando essas "palavras-tabus".

Um jovem homossexual que empregava sem cerimônias as locuções triviais para designar os órgãos sexuais e suas funções, hesitou durante duas horas para pronunciar o termo vulgar para "flatulência" que lhe acudira ao espírito; tentou evitá-lo com a ajuda de todos os circunlóquios imagináveis, termos estrangeiros, eufemismos, etc. Quando, por fim, superou sua resistência a essa palavra, pôde aprofundar consideravelmente a análise, até então entravada, de seu erotismo anal.

Com frequência, o enunciado de uma palavra obscena no decorrer de uma sessão produz no paciente o mesmo desconcerto que outrora sentiu diante de uma conversa por ele surpreendida entre seus pais, na qual se insinuara um termo grosseiro, quase sempre de ordem sexual. Esses episódios desconcertantes – capazes de abalar seriamente o respeito da criança por seus pais e que, no neurótico, podem permanecer fixados no inconsciente para toda a vida – produzem-se de modo geral no período da puberdade e são, de fato, com frequência, uma reedição de impressões produzidas por relações sexuais surpreendidas na infância.

O respeito votado aos pais e aos superiores paralisa a liberdade de fazer confidências a eles e liga-se a um dos complexos mais importantes do material psíquico recalcado. Caso se ouse insistir bastante nesse ponto, obteremos do paciente a expressão literal de seus pensamentos, quando poderá até pronunciar ele próprio as palavras; é possível provocar assim esclarecimentos inesperados e a retomada de uma análise estagnada.

Esse comportamento dos pacientes apresenta, além de sua importância prática não desprezível, um interesse mais geral ao introduzir um problema psicológico.

Como se explica que seja tão mais difícil designar uma mesma coisa por um termo em vez de por um outro? Ora, essa constatação não vale somente para os nossos pacientes mas também para nós mesmos. Foi justamente a inibição relativamente importante que eu sentia no começo para pronunciar essas palavras, e que, às vezes, ainda devo combater, que me levou a estudar esse problema com atenção, através de um exame aprofundado de meus pacientes e de mim mesmo.

Essa dupla investigação levou-me à conclusão de que existe uma estreita associação entre os termos sexuais e excrementícios vulgares (obscenos) – os únicos que a criança conhece – e o complexo nuclear, profundamente recalcado, do neurótico e do indivíduo são. (Na esteira de Freud, designo por complexo nuclear o complexo de Édipo.)

A concepção infantil das relações sexuais entre os pais, do processo de nascimento e das funções animais, ou seja, a teoria sexual infantil, começa por exprimir-se em termos populares, os únicos que a criança conhece; portanto, essa é a formulação que será mais severamente atingida pela censura moral e pela barreira do incesto que, mais tarde, virão recalcar essas teorias.

Isso bastaria para nos fazer compreender, pelo menos parcialmente, a nossa resistência a pronunciar ou a ouvir essas palavras.

Entretanto, como não me considerava inteiramente satisfeito com essa explicação, procurei outras causas para o caráter particular dessas representações verbais; e cheguei a uma concepção que não considero indiscutível mas desejo expor aqui, que mais não seja para incitar outros a encontrar uma melhor.

A palavra obscena encerra um poder particular que obriga, de algum modo, o ouvinte a imaginar o objeto denominado, o órgão ou as funções sexuais, em sua realidade material. Freud reconheceu e formulou esse fato ao estudar as motivações e condições do gracejo indecente. Freud escreve: "Pelo enunciado das palavras obscenas, ele (o gracejo indecente) obriga a pessoa agredida a imaginar a parte do corpo ou a função em questão."[1] Gostaria simplesmente de completar essa observação sublinhando que as alusões delicadas aos processos sexuais ou uma terminologia científica ou estrangeira para designá-los não fazem nenhum efeito, ou fazem um efeito muito menor do que as palavras tomadas do vocabulário primitivo, popular e erótico, da língua materna.

Poderíamos supor, portanto, que essas palavras são dotadas do poder de provocar no ouvinte o retorno regressivo e alucinatório de imagens mnêmicas. Essa hipótese, fundamentada na auto-observação, é confirmada pelo testemunho de numerosos sujeitos neuróticos e normais. As causas desse fenômeno deveriam ser procuradas no próprio ouvinte, supondo-se que existe no mais fundo de sua memória um certo número de representações verbais auditivas ou gráficas, de conteúdo erótico, que se distinguem das outras por uma tendência mais acentuada para a regressão. Quando uma palavra obscena é percebida visual ou auditivamente, é essa faculdade dos traços mnêmicos que entra em ação.

Se admitirmos, porém, as teses de Freud (as únicas capazes de explicar os resultados da psicanálise e a nossa concepção do inconsciente), a saber, que no transcurso do desenvolvimento ontogenético o aparelho psíquico passa do estado de centro de reações alucinatório-motoras para o estado de órgão do pensamento, devemos concluir daí que as palavras obscenas possuem características que, num estágio mais primitivo do desenvolvimento psíquico, se estendiam a todas as palavras.

Desde Freud[2], consideramos que toda representação tem por motivação fundamental o desejo de fazer cessar o sofrimento provocado pela frustração, revivendo uma satisfação sentida outrora. No estágio primitivo do desenvolvimento psíquico, se a necessida-

---

1. Freud, S. *Der Witz und seine Beziehung zum Unbewussten*, Gesam. Schrift. IX, p. 106.
2. *Die Traumdeutung*, Gesam. Schr., II e III.

de não é satisfeita na realidade, o aparecimento do desejo acarretará o investimento regressivo da sensação correspondente a uma satisfação experimentada outrora, que será fixada por via alucinatória. A representação será, portanto, considerada em plano igual ao da realidade. É o que Freud designa por "identidade perceptiva". Somente quando instruída pela amarga experiência da vida é que a criança aprenderá a distinguir a satisfação real da representação devida ao desejo, e a utilizar sua motricidade com pleno conhecimento de causa, quando tiver a certeza de estar diante de objetos reais e não de ilusões produzidas por sua imaginação.

O pensamento abstrato, verbalizado, representa o ponto culminante desse desenvolvimento. Desempenhos mais sutis tornam-se possíveis a partir do momento em que as imagens mnêmicas serão apenas representadas – prossegue Freud – por fragmentos atenuados de suas características, os signos verbais.

Poder-se-ia acrescentar que a aptidão para exprimir desejos por signos verbais formados de características fragmentárias não se adquire de uma só vez. Além da duração relativamente importante do tempo requerido para a aprendizagem da fala, parece que os signos verbais que substituem as representações, ou seja, as palavras, conservam por largo tempo sua tendência para a regressão. Essa tendência atenua-se, sem dúvida, progressivamente ou por etapas, até atingir a capacidade de representação e de pensamento "abstratos", praticamente livres de elementos alucinatórios.

Esse desenvolvimento pode comportar etapas psicológicas caracterizadas pela coexistência de uma aptidão já adequada a um modo mais econômico de pensamento por signos verbais e a persistência de uma tendência para fazer reviver regressivamente as representações.

A hipótese respeitante à existência dessas etapas apoia-se no comportamento de crianças no decorrer de seu desenvolvimento intelectual. É uma vez mais Freud, ao estudar a psicogênese do prazer obtido através do chiste, quem reconhece a significação do jogo infantil com palavras: Diz ele: "As crianças tratam as palavras como objetos."

Se supusermos que a distinção rigorosa dos objetos representados e dos objetos reais pode ser imperfeita, que existe, portanto, uma tendência do psiquismo para recair no modo de funcionamento primário regressivo, reencontraremos aí uma certa base para compreender melhor as características particulares das palavras obscenas; aí encontraremos igualmente uma certa justificação da hipótese segundo a qual, num certo estágio do desenvolvimento, esse caráter tangível (sensorial), somado à forte tendência regressiva, é próprio de todas as palavras.

A explicação que Freud nos dá das representações oníricas assenta nessa hipótese. Durante o sono, reencontramos os métodos de trabalho primitivos do psiquismo, fazendo reviver como outrora, por via regressiva, o sistema perceptivo da consciência; o sonho não é um pensamento verbalizado, é uma alucinação.

Admitamos que essa evolução para a abstração a partir de signos verbais ainda muito misturados a elementos concretos seja perturbada ou interrompida para certos termos, e que possa daí resultar uma persistência da representação verbal num nível inferior: podemos, nesse caso, esperar encontrar aí a explicação do caráter tão fortemente regressivo das palavras obscenas ouvidas.

Entretanto, não só a audição mas também a enunciação de palavras obscenas está dotada de qualidades que outras palavras não detêm, pelo menos na mesma medida.

Freud sublinha corretamente que o autor de um gracejo indecente efetua um ataque, uma ação sexual contra o objeto de sua agressão, e suscita assim as mesmas reações que a própria ação. Pronunciar palavras obscenas dá quase a impressão de cometer uma agressão sexual, de "desnudar a pessoa do sexo oposto"[3]. Enunciar uma indecência verbal representa, portanto, num grau mais acentuado, o que está apenas esboçado na maioria das palavras, a saber, que toda fala tem sua origem numa ação que não aconteceu. Mas, ao passo que as palavras correntes só contêm o elemento motor da representação verbal na forma de impulso nervoso reduzido, a "mímica da representação", a formulação de um gracejo indecente ainda nos dá a nítida impressão de cometer uma ação.

Essa contribuição muito importante de elementos motores para a representação verbal de palavras obscenas poderia resultar, assim como o caráter alucinatório e sensorial de um gracejo indecente ouvido, de um distúrbio do desenvolvimento. Essas representações verbais talvez tenham permanecido num nível de desenvolvimento da linguagem onde as palavras ainda estão muito mais carregadas de elementos motores.

---

3. Freud, *Der Witz...*, p. 111.

Cumpre indagar neste ponto se essa especulação, que representa apenas uma dentre numerosas possibilidades, encontra algum apoio na experiência e, nesse caso, qual pode ser a causa dessa anomalia do desenvolvimento que atinge um pequeno grupo de palavras e está tão difundida entre os seres civilizados.

A análise de sujeitos normais e neuróticos e a observação de crianças, se comportam uma exploração sem receio do destino reservado aos termos que designam os órgãos sexuais e excretórios no decurso do desenvolvimento psíquico, corroboram amplamente a nossa hipótese. Em primeiro lugar, vemos confirmar-se por toda parte a suposição quase evidente de que a repugnância em repetir certas palavras obscenas é imputável a vivos sentimentos de desprazer, associados a essas palavras precisamente no decorrer do desenvolvimento infantil, em consequência da inversão do sinal dos afetos.

Tomemos o exemplo de um jovem, quase normal, que manifestava uma rigidez moral um tanto excessiva e uma intolerância especial às palavras obscenas; lembrou-se, durante a análise de um sonho, de que aos 6,5 anos de idade sua mãe surpreendera-o quando registrava numa folha de papel um verdadeiro dicionário das expressões obscenas que conhecia. A humilhação de ser descoberto, e logo pela mãe, assim como a severa punição que se seguiu, acarretaram um desinteresse pelo domínio erótico durante muitos anos e até mesmo, mais tarde, uma hostilidade ao conteúdo do vocabulário erótico.

O jovem homossexual que opunha uma tão viva resistência a pronunciar a palavra obscena para "flatulência" desenvolvera em sua infância uma grande atração pelas sensações olfativas e uma coprofilia extrema; seu pai, que era de uma excessiva indulgência, não o impediu de ceder a essas inclinações, inclusive em seu próprio corpo (do pai). Por conseguinte, o vínculo indissolúvel que se formou entre a ideia de imundície e a ideia dos pais acarretou um recalcamento excepcionalmente intenso do prazer pela sujeira e pelos cheiros, e, portanto, um vivo desprazer em abordar esses assuntos. O fato de o termo obsceno para gases intestinais ser-lhe muito mais intolerável do que qualquer perífrase, não importa qual, explica-se por acontecimentos da infância semelhantes aos vividos pelo "redator de dicionário" precedentemente mencionado. O estreito vínculo do domínio obsceno com o complexo parental era, portanto, nos dois casos, a principal força repressiva[4].

Na paciente histérica que fechava os olhos nos banheiros públicos, foi possível remontar esse hábito à confissão de que se fizera repreender asperamente pelo padre por ter ingenuamente proferido na presença dele o termo obsceno para vagina.

Admoestações análogas ou semelhantes não foram, entretanto, poupadas a nenhuma criança, com exceção, talvez, das das camadas inferiores da sociedade. Por volta dos quatro ou cinco anos, e ainda mais cedo nas crianças precoces (ou seja, na época em que as crianças reduzem suas pulsões "perversas polimorfas"), *intercala-se um período entre o abandono dos modos infantis de satisfação e o início da fase de latência propriamente dita, que se caracteriza pela necessidade de pronunciar, escrever e ouvir palavras obscenas.*

Este fato seria certamente confirmado por uma pesquisa entre mães de família e educadores, e ainda mais, sem dúvida, entre as empregadas domésticas, que são as verdadeiras confidentes das crianças. Pois as crianças agem assim não só na Europa mas também nos Estados Unidos, apesar de todos os seus escrúpulos, como pude constatar com o professor Freud por ocasião de um passeio no Central Park de Nova York, quando contemplamos as inscrições em giz numa bela escadaria de mármore.

Essa necessidade de pronunciar, desenhar, escrever, ouvir e ler obscenidades pode ser compreendida como um estágio preliminar à inibição dos desejos infantis de exibicionismo e voyeurismo. É a repressão dessas fantasias e ações sexuais que se manifestam na forma atenuada de linguagem o que assinala o ingresso no período de latência propriamente dito, esse período em que "as forças psíquicas que se opõem à sexualidade infantil – aversão, pudor e moral – são elaboradas"[5] e quando o interesse da criança volta-se para as realizações culturais (desejo de saber).

Não se engana quem supuser que essa repressão dos termos obscenos produz-se numa época em que a linguagem, mas muito em especial o vocabulário sexual tão fortemente carregado de afeto,

---

4. O interesse da criança pelos ruídos que acompanham a evacuação de gases intestinais não deixou de influenciar sua escolha profissional: tornou-se músico. Terei ocasião de fazer a demonstração rigorosa de que isso não é um gracejo mas uma argumentação muito séria.
5. Freud, "Les théories sexuelles infantiles".

ainda se caracteriza por uma forte tendência para a regressão e por uma mímica de representação muito animada. Portanto, deixou de parecer tão improvável que o material verbal recalcado seja mantido, em seguida ao período de latência, isto é, ao desvio da atenção, nessa etapa mais primitiva do desenvolvimento, ao passo que o resto do vocabulário, graças à prática e ao treinamento contínuos, despoja-se na maior parte e progressivamente de seu caráter alucinatório e motor; por esse fato, convirá mais, economicamente falando, a atividades de pensamento de nível superior.

A psicanálise dos neuróticos ensinou-me que o material psíquico reprimido ou recalcado pelo bloqueio das associações torna-se efetivamente na vida mental um "corpo estranho" que é incapaz de crescimento orgânico e de desenvolvimento; sei igualmente que o conteúdo desses "complexos" não participa no desenvolvimento e estruturação do resto do indivíduo.

Gostaria de apresentar alguns exemplos notáveis.

A inquietação a respeito da pequena dimensão, portanto da inadequação dos órgãos de cópula (ou, como dizem os psicanalistas, o "complexo do pênis pequeno"), é coisa corrente nos neuróticos, mas tampouco é rara entre os sujeitos saudáveis. Em todos os casos em que analisei esse sintoma, a explicação era a seguinte: todos aqueles que viriam a sentir mais tarde essa inquietação estiveram vivamente preocupados na sua infância com a fantasia do coito com a mãe, ou com a pessoa correspondente mais velha do que eles; é claro que a ideia da insuficiência de seus pênis para alcançar esse objetivo angustiava-os[6]. O período de latência interrompeu e reprimiu os pensamentos dessa ordem; mas quando a pulsão sexual recuperava sua força na puberdade e o interesse dirigia-se de novo para o órgão copulador, a antiga angústia reaparecia, mesmo quando as proporções reais do órgão eram normais ou até superiores à média. Portanto, ao passo que o pênis se desenvolvia normalmente, a ideia do pênis mantinha-se no nível infantil. Como a atenção se desviara da região genital, o indivíduo não notou a mudança ocorrida nesse meio-tempo.

Da mesma maneira, pude estabelecer em certas pacientes a existência de um "complexo da vagina pequena" (medo de dilace-

---

6. A ignorância da extensibilidade da vagina é a condição dessas fantasias ansiosas; as crianças somente sabem que o coito ocorre por um orifício que elas transpuseram *in toto* no dia de seu nascimento.

ração do órgão durante a relação sexual) e explicá-lo pela ideia, adquirida na infância e reprimida no período de latência, do tamanho desmesurado do órgão paterno. Mais tarde, essas mulheres acham o pênis de seus maridos pequeno demais – mesmo que isso não corresponda à realidade objetiva – e mantêm-se frígidas nas relações sexuais.

Darei um terceiro exemplo do efeito de inibição isolado do período de latência sobre o desenvolvimento: o "complexo dos seios grandes", que pode, em certos casos, tornar-se patológico: a insatisfação de muitos homens diante das dimensões da maioria dos seios femininos. Num paciente, cujo apetite sexual só era despertado por seios extremamente desenvolvidos, a análise estabeleceu que, na sua infância, manifestava considerável interesse pelo aleitamento de bebês e cultivava o desejo secreto de ser convidado a mamar com eles. Durante o período de latência, essas fantasias apagaram-se de sua consciência mas, quando começou a interessar-se pelo outro sexo, seus desejos centraram-se no complexo dos seios grandes. A representação dos seios não se desenvolvera nele nesse meio-tempo mas a impressão causada por suas dimensões na criança pequena de outrora se haviam gravado nele de forma indelével. Por isso ele só desejava mulheres cujos seios correspondiam à relação de outrora entre sua pequenez e a estatura da mulher. Sem dúvida, os seios femininos tornaram-se relativamente menores no entretempo, mas a representação do peito feminino que se fixara conservou as dimensões de outrora.

Estes exemplos, que seria fácil multiplicar, apoiam a hipótese de que a fase de latência provoca, de fato, uma inibição isolada do desenvolvimento de certos complexos recalcados, o que torna bastante admissível a intervenção de um processo idêntico no desenvolvimento das representações verbais que passam para o estado de latência. Mas, além dessa dedução por analogia, recordarei o fato já frequentemente demonstrado pela psicologia experimental de que as crianças pequenas apresentam um tipo de reação essencialmente "visual" e "motora". Suponho que a perda desse caráter visual e motor não ocorre progressivamente mas por impulsos, e que o aparecimento do período de latência representa um desses impulsos, talvez o mais importante dentre eles[7].

---

7. Para justificar as minhas suposições referentes à influência do período de latência, tenho ainda à minha disposição duas outras séries de observações. Vários ca-

Não podemos dizer grande coisa, de momento, sobre o destino das representações verbais obscenas recalcadas durante o período de latência. Do que aprendi através da autoanálise e da análise de sujeitos não neuróticos, creio poder deduzir que normalmente a latência dessas representações, sobretudo no homem, não é absoluta. A inversão de sinal dos afetos que se operou cuida, é verdade, de que a atenção se desvie dessas imagens verbais desagradáveis em toda a medida do possível, mas o esquecimento total, a passagem para o inconsciente, praticamente não existe no sujeito normal. A vida cotidiana, os contatos com os inferiores e as empregadas domésticas, as pichações obscenas nos bancos das praças e nos banheiros fazem com que essa latência se "rompa" com muita frequência e que a lembrança de tudo o que tinha sido rechaçado se reanime, embora com sinal invertido. Seja como for, essas lembranças recebem pouca atenção durante alguns anos, e quando reaparecem com o advento da puberdade já estão marcadas pelo caráter vergonhoso e talvez insólito, por causa de sua plasticidade e de sua vivacidade espontânea, que conservam durante a vida inteira.

---

sos permitiram-me estudar a causa da incapacidade de representação visual, de que decorre uma inaptidão em certas matérias escolares que exigem um poder de representação espacial (geometria, ciências naturais). Apurou-se que essa incapacidade, sem relação com as possibilidades do sujeito em outros domínios, não decorria de uma fraqueza parcial congênita, mas só existia após o recalcamento de fantasias outrora superabundantes e, em geral, de natureza incestuosa. Para consolidar o recalcamento de certas imagens fantasísticas (Adler), o sujeito evita instintivamente toda e qualquer fantasia consciente e mesmo a representação visual de objetos perfeitamente indiferentes (medo da representação).

Um outro sintoma, que se observa com muito maior frequência nos neuróticos, é o excesso de calma e ponderação na execução de qualquer ação, de qualquer movimento, nas atitudes, assim como o receio de qualquer irreflexão e precipitação. Na maioria dos casos, esses traços associam-se a uma antipatia extrema pelos indivíduos que "se excedem" facilmente, que são impulsivos, precipitados, vivos, irrefletidos e levianos. Poder-se-ia falar neste caso de fobia de movimento. Esse sintoma é uma formação reativa que responde a uma tendência motora de agressão muito violenta e, por conseguinte, reprimida.

O temor das representações, assim como do movimento, parece-me ser uma exageração do recalcamento da vida de fantasia e uma exageração da inibição motora, que se instalam em todo homem durante a fase de latência e contribuem para depurar de seus elementos motores e alucinatórios até mesmo as representações que têm acesso à consciência. Mas as representações incompatíveis com a consciência e por isso recalcadas ou reprimidas – em primeiro lugar, as representações verbais obscenas – conservam, como todo material recalcado em geral, as características de um modo mais primitivo de representação.

O desenvolvimento dessas representações verbais ocorre de modo diferente nos perversos e neuróticos.

O sujeito que se tornou perverso por sua constituição sexual e suas experiências vividas apoderar-se-á dessa fonte de prazer, como as teorias sexuais de Freud permitem prever, e se tornará igualmente cínico em suas conversas ou se contentará eventualmente com a leitura de anedotas pesadamente triviais. Ora, existe uma perversão especial que consiste em pronunciar em voz alta palavras obscenas; sei, pela análise de várias mulheres, que elas são importunadas na rua por homens bem vestidos e bem situados na vida que, quando passam, murmuram palavras obscenas, sem nenhum dos outros preliminares habituais da ofensiva sexual (proposta de acompanhá--las, etc...). Esses sujeitos são, por certo, exibicionistas e *voyeurs* num grau mais leve que, em vez de um verdadeiro desnudamento, contentam-se com a ação reduzida à palavra, escolhendo naturalmente os termos mais aptos a suscitar, em virtude de seu caráter interdito e suas qualidades motoras e plásticas, uma reação de pudor. A essa forma de perversão poderia dar-se o nome de "coprofemia"[8].

O verdadeiro neurótico desvia sua atenção, completa ou quase completamente, dos termos obscenos. Na medida do possível, procura ignorá-los e, se não puder evitá-los, responde a eles com uma reação desproporcionada de irritação e de repugnância. O caso precedentemente citado, com esquecimento total desses termos, constitui exceção. Só as mulheres conseguem um tal grau de recalcamento.

Entretanto, no sujeito normal e no neurótico, um choque muito violento pode fazer ressurgir essas palavras semissoterradas. Então, como os deuses e as deusas do Olimpo, rebaixados à categoria de diabos e feiticeiras após o grande impulso de recalcamento deflagrado pelo cristianismo, as palavras que antes denominavam os objetos mais apreciados do prazer infantil retornam na forma de pragas e maldições, e, fato característico, muitas vezes associadas à ideia dos pais, de santos ou de Deus (blasfêmias). Essas interjeições que jorram na cólera violenta, mas que muitas vezes se atenuam em gracejos, não pertencem, como Kleinpaul o sublinha com toda razão, à "linguagem conceptual"; não se destinam à comunicação

---

[8]. A coprolalia é, pelo contrário, a expressão involuntária e compulsiva de termos obscenos, como se vê, por exemplo, nos tiques convulsivos acentuados.

consciente mas representam reações à excitação estreitamente aparentadas ao gesto. É extraordinário, em todo caso, que quando a descarga motora de um afeto impetuoso só é evitada a muito custo para transformar-se em imprecação, o afeto recorre involuntariamente aos termos obscenos, especialmente adaptados ao fim em vista, em virtude de sua riqueza emotiva e sua potência motora.

Particularmente trágicos são os casos em que as palavras obscenas irrompem de súbito na consciência virtuosa e pura de um neurótico. O que, bem entendido, só é possível na forma de representações obsessivas, pois essas palavras são tão perfeitamente estranhas à vida afetiva consciente do neurótico que este só pode senti-las como ideias patológicas, absurdas, desprovidas de sentido, "corpos estranhos", mas em nenhum caso as reconhecerá como elementos integrantes de seu vocabulário. Se não estivéssemos preparados por tudo o que precede, defrontar-nos-íamos com o fato, qual enigma insolúvel, de representações obsessivas de palavras obscenas, em especial os termos vulgares que designam os excrementos e os órgãos excretórios mais desprezados, aparecerem frequentemente nos neuróticos após a morte do pai; e precisamente aqueles homens que amavam e respeitavam o pai até a idolatria. A análise mostra, pois, que em caso de morte, a par da dor atroz da perda, manifesta-se também o triunfo inconsciente de ser libertado de todas as restrições; o desprezo pelo "tirano" que se tornou inofensivo exprime-se nos termos mais severamente proibidos à criança de outrora[9]. Observei um caso semelhante numa jovem cuja irmã mais velha contraíra uma grave doença.

A etnografia poderia fornecer uma sólida confirmação à minha hipótese, a saber, que os termos obscenos mantiveram-se "infantis" como resultado de uma inibição do desenvolvimento e conservam por isso um caráter motor e regressivo anormal. Lamentavelmente, falta-me experiência nesse domínio. O que sei da vida de pessoas de baixa extração e, sobretudo, dos ciganos, parece indicar que os termos obscenos estão, talvez, mais impregnados de prazer nos seres de pouca ou nenhuma cultura, e diferem menos do vocabulário usualmente empregado do que parece ser o caso entre as pessoas cultas.

---

9. Como vínculos associativos entre os conceitos de morte e de excrementos reencontram-se com frequência as ideias referentes à decomposição dos cadáveres.

Quer uma observação mais minuciosa venha apoiar ou desmentir a hipótese do caráter especificamente infantil das representações verbais obscenas e dos caracteres "primitivos" resultantes de um distúrbio do desenvolvimento, penso poder afirmar, pelo menos, após tudo o que foi dito, que essas representações dotadas de forte carga afetiva merecem que se lhes reconheça uma significação, até agora negligenciada, na vida mental.

IX

Anatole France, psicanalista

Ibsen e Anatole France atingiram pela inspiração aqueles fundamentos da nossa vida psíquica que a análise só veio a descobrir mais tarde. Em suas histórias, A. France atribui a seus heróis as suas próprias observações psicológicas. Encontramo-las dispersas nas obras de France, nos discursos untuosos do abade Coignard, sempre disposto a compreender e a perdoar, nas reflexões penetrantes do senhor Bergeret e em muitas outras passagens. Valeria a pena compilar essas ideias.

Uma única vez, porém, o grande escritor francês exprimiu diretamente a sua posição acerca dos problemas da psiquiatria: foi em *Le Temps*, no ano de 1887, em seu artigo "Les fous dans la littérature" [Os loucos na literatura]. Apresento aqui alguns excertos característicos do artigo e penso que o leitor familiarizado com a literatura analítica não terá nenhuma dificuldade em traduzir em linguagem psicanalítica as opiniões de Anatole France e constatar até que ponto concordam a concepção dele e a nossa quanto à natureza das psicoses funcionais.

"Um francês que viajou a Londres foi ver um dia o grande Charles Dickens. Foi recebido e desculpou-se com sua admiração por vir assim tomar alguns minutos de uma existência tão preciosa.

"– A sua glória – acrescentou ele – e a simpatia universal que inspira expõem-no, sem dúvida, a inúmeras inoportunidades. Sua porta é incessantemente assediada. Deve receber todos os dias príncipes, homens de Estado, cientistas, escritores, artistas e até mesmo loucos.

"– Sim! Loucos, loucos – gritou Dickens, levantando-se com aquela agitação de que era vítima com tanta frequência nos últimos dias de sua vida –, loucos! Só eles me divertem.

"E empurrou para fora pelos ombros o visitante espantado.

"Os loucos, Charles Dickens sempre gostou deles, ele, que descreveu com uma benignidade enternecida a inocência desse bom M. Dick. Todo o mundo conhece M. Dick, pois todo o mundo leu *David Copperfield*. Quer dizer, todo mundo na França, pois hoje em dia é de bom tom na Inglaterra menosprezar o maior dos contistas ingleses. Um jovem esteta confidenciou-me há pouco tempo que *Dombey e Filho* só era legível nas traduções. Também me disse que lorde Byron era um poeta bastante chato, algo parecido ao nosso Ronsard. Não o creio. Considero Byron um dos maiores poetas do século, e acredito que Dickens cultivou mais do que nenhum outro escritor a faculdade de sentir; creio que seus romances são belos como o amor e a piedade que os inspiram. Creio que *David Copperfield* é um novo evangelho. Creio, enfim, que M. Dick é um louco de bom proveito, porque a única razão que lhe resta é a razão do coração e essa quase nunca engana. Que importa que ele empine pipas nas quais escreve não sei que devaneios relativos à morte de Carlos I! É benevolente; não quer mal a ninguém e aí está uma sabedoria à qual muitos homens razoáveis não se elevam tanto quanto ele. É uma felicidade para M. Dick ter nascido na Inglaterra. A liberdade individual é aí maior do que na França. A originalidade é aí mais bem vista, mais respeitada do que entre nós. E o que é a loucura, no fim de contas, senão uma espécie de originalidade mental? Digo a loucura e não a demência. A demência é uma perda das faculdades intelectuais. A loucura é apenas um uso bizarro e singular dessas faculdades."

Essa luminosa definição de Anatole France é infinitamente mais justa do que a maior parte das que têm sido propostas pelos psiquiatras profissionais que quiseram explicar pela anatomia as neuroses e as psicoses mais indiscutivelmente funcionais e aplicar-lhes, tanto quanto possível, o rótulo de demência.

"Conheci na minha infância um velho que enlouqueceu ao saber da morte de um filho único, soterrado, aos 20 anos, por uma avalanche do Righi. Sua loucura consistia em vestir-se com pano de colchão. Fora isso, era perfeitamente bem comportado. Toda a gurizada do bairro o seguia na rua soltando gritos selvagens. Mas, como ele juntava à doçura de uma criança o vigor de um colosso, mantinha o respeito das crianças, causando-lhes muito medo sem lhes fazer o menor mal. Nisso, ele dava o exemplo de um excelente policial. Quando entrava numa casa amiga, seu primeiro cuidado era despir uma espécie de guarda-pó de tecido grosseiro de grandes quadrados, que o tornava ridículo. Dispunha-o sobre uma poltrona de maneira que parecesse, tanto quanto possível, recobrir um corpo humano. Plantava sua bengala como se fosse uma coluna vertebral, depois cobria o castão dessa bengala com seu grande chapéu de feltro, cuja aba rebaixava e que, sob seus dedos, ganhava um aspecto fantasmagórico. Quando isso tudo estava feito, contemplava por um momento sua obra, com o ar de quem olha um velho amigo doente que dorme, e logo em seguida tornava-se o homem mais razoável do mundo, como se na verdade fosse a sua própria loucura que dormitasse diante dele numa indumentária de carnaval."

...

"Quantas vezes me dei o prazer de vê-lo e ouvi-lo. Falava sobre todos os assuntos com muita razão e inteligência. Era um sábio, alimentado de tudo o que pode fazer conhecer o mundo e os homens. Tinha na cabeça particularmente uma rica biblioteca de viagens e era sem igual para descrever o naufrágio de *Le Méduse* ou alguma aventura de marinheiros na Oceânia.

"Seria imperdoável eu esquecer que ele era um excelente humanista: pois deu-me, por bondade pura, várias lições de grego e de latim que me fizeram avançar consideravelmente em meus estudos. Seu zelo em prestar serviço exercia-se a cada encontro. Vi-o interromper cálculos complicados de que um astrônomo o encarregara e ficar rachando lenha para obsequiar uma velha criada. Sua memória era fiel; conservava a lembrança de todos os acontecimentos de sua vida, exceto aquele que o transtornara. A morte de seu filho parecia ter saído inteiramente de sua memória; pelo menos, jamais se ouviu ele pronunciar uma só palavra que pudesse fazer crer que se lembrava de qualquer coisa relacionada com esse terrível infortúnio. Seu humor era uniforme, quase alegre, e repousava de bom grado seu espírito em imagens suaves, afetuosas, risonhas. Procurava a companhia de gente jovem. Seu espírito adquirira nessa convivência um modo pedagógico muito pronunciado. (...) Ele pouco ou nada penetrava, devo dizê-lo, no pensamento de seus jovens amigos; seguia o seu, num curso obstinado que nada conseguia interromper."

Se tivéssemos que basear um diagnóstico na descrição de Anatole France, levando em conta os estereótipos, a conservação da inteligência, o corte com o mundo externo, sintomas que o escritor relaciona com um trauma psíquico, concluiríamos por uma demência precoce. E na interpretação proposta por France reencontramos os nossos próprios pontos de vista quanto à gênese dessa doença. O autor relata o destino posterior do doente nas linhas seguintes:

"Depois de ter-se vestido durante uma vintena de anos, verão e inverno, com um guarda-pó de pano de colchão, apareceu um dia com uma jaqueta de quadrados miudinhos que não era ridícula. Seu humor estava mudado como seu vestuário mas faltava muito para que essa mudança pudesse ser tida como feliz. O pobre homem estava triste, silencioso, taciturno. Algumas palavras, quase ininteligíveis, que lhe escapavam, traíam a inquietação e o pavor. Seu rosto, que sempre fora muito corado, cobria-se de grandes placas violáceas. Recusava todo alimento. Um dia, falou do filho que tinha perdido. Encontraram-no, na manhã do dia seguinte, enforcado em seu quarto."

Em sua descrição, France relaciona a doença mental com um *trauma psíquico* seguido de *amnésia parcial* que envolve exclusivamente o trauma e as circunstâncias que o cercavam, sem afetar a inteligência; isso corresponde inteiramente à teoria de Freud, que também relaciona os sintomas das psicoses e das neuroses com esse tipo de lembranças e complexos de representações recalcados, provocando distúrbios a partir do inconsciente. A cura espontânea do doente interveio quando (como na análise) as lembranças recalcadas voltaram à consciência. Mas esse retorno das lembranças foi brutal demais e suscitou desespero demais nesse homem, e foi por isso que pôs voluntariamente fim aos seus dias.

A morte do homem de guarda-pó de pano de colchão – provavelmente não apenas um produto da imaginação poética – recorda os casos de demência em que, em consequência de uma doença orgânica grave ou mesmo sem nenhuma causa aparente, bruscas mudanças ocorrem no quadro clínico. O doutor Riklin, que na clínica psiquiátrica de Zurique serviu frequentemente de assistente em partos de mulheres vítimas de demência, contou-me ter observado que o choque produzido pelo parto tornava provisoriamente dóceis, calmas e cordatas as doentes mais agitadas.

"... é-me impossível evitar uma verdadeira simpatia pelos loucos que não fazem muito mal. Quanto a não cometer mal *nenhum*, isso está fora do alcance dos homens, loucos ou ajuizados."

[...]

"Não se deve detestar os loucos. Não são eles nossos semelhantes? Quem se pode vangloriar de não ser louco em nada? Acabo de procurar no *Dicionário* de Littré e Robin a definição de loucura e não a encontrei; pelo menos, aquela que aí se lê é praticamente desprovida de sentido. Esperava um pouco isso, pois a loucura, quando não está caracterizada por nenhuma lesão anatômica, permanece indefinível. Dizemos que um homem é louco quando não pensa como nós. Eis tudo. Filosoficamente, as ideias dos loucos são tão legítimas quanto as nossas. Eles imaginam o mundo externo de acordo com as impressões que dele recebem. É exatamente o que nós fazemos, nós, que passamos por pessoas ajuizadas. O mundo reflete-se neles de um modo diferente que em nós. Dizemos que a imagem que dele recebemos é verdadeira e a que eles recebem é falsa. Na realidade, nenhuma é absolutamente falsa e nenhuma absolutamente verdadeira. A deles é verdadeira para eles; a nossa é verdadeira para nós."

Depois, Anatole France conta uma fábula em que um espelho plano e um espelho convexo brigam, pois cada um deles pretende ser aquele que reflete a imagem verdadeira. E termina com esta advertência:

"Aprendam, pois, senhores espelhos, a não se tratarem de loucos por não receberem o mesmo reflexo das coisas." France dedicou esse belo conto aos médicos alienistas, que providenciam o enclausuramento daqueles cujas paixões e sentimentos se afastam sensivelmente dos deles. "Consideram privados de razão um homem pródigo e uma mulher amorosa, como se não houvesse tanta razão na prodigalidade e no amor quanto na avareza e no egoísmo."

Nessas palavras de Anatole, ainda que numa forma bastante exagerada, reencontramos a nossa própria convicção de que os sintomas dos doentes mentais funcionais não diferem dos fenômenos mentais do homem são, exceto pela quantidade.

Os médicos alienistas – prossegue A. France – "acham que um homem é louco quando ouve o que os outros não ouvem e vê o que os outros não veem; entretanto, Sócrates consultava seu demônio e Joana d'Arc ouvia vozes. E, aliás, não somos todos nós visionários e alucinados? Sabemos nós seja o que for do mundo exterior e percebemos outra coisa, em toda a nossa vida, além das vibrações luminosas ou sonoras dos nossos nervos sensitivos?"

De momento, não acompanharemos, nós, psicanalistas, o autor em suas reflexões nesse terreno filosófico. Ainda temos muito a fazer por um longo tempo para reunir e filtrar os dados obtidos por meio da clínica psicológica.

Com que perfeição Anatole pode identificar-se mesmo com o delírio de um paranoico, é numa outra parte do artigo "Les fous dans la littérature" que vamos descobri-lo. Trata-se de uma novela muito conhecida de Guy de Maupassant, o "príncipe dos contistas", Le Horla. Nessa novela, um homem é atormentado por um demônio invisível, um vampiro, que lhe rouba o sono, que lhe rouba o leite sobre sua mesinha de cabeceira. Acrescenta A. France: "Nada é mais pavoroso do que sentir-se nas garras de um inimigo invisível. Mas estarei dizendo tudo o que penso? Para um louco, falta a esse homem um pouco de sutileza. No seu lugar, eu deixaria o vampiro fartar-se de leite à vontade e diria para mim mesmo: "Eis o que vai acontecer: à força de absorver o líquido alcalino, esse animal não deixará de assimilar alguns elementos opacos e acabará por tornar-se visível. [...] Se isso for do vosso agrado, eu não me limitaria ao leite: trataria de fazê-lo engolir garança, para colori-lo de vermelho da cabeça aos pés."

Essa proposta humorística não corresponde naturalmente na íntegra ao espírito de Le Horla, em que o poeta que teve um fim trágico não exprime os pensamentos de um paranoico mas, a crer em seus biógrafos, os sintomas de sua própria paralisia, começando por visões de pesadelo.

Não posso resistir ao desejo de reproduzir aqui um excerto de uma outra obra de Anatole, que propõe uma explicação psicanalítica para um distúrbio mental nada excepcional.

Essa passagem é extraída da novela *Le manuscrit d'un médecin de village* [O manuscrito de um médico de aldeia], publicada na coletânea *L'étui de nacre* [O estojo de nácar] (Paris, Calmann-Lévy, p. 161), em que um médico do interior medita sobre a compaixão com muita profundidade e inteligência. A. France apresenta-o como um velho clínico que, entre os camponeses rudes e broncos que o rodeiam, perdeu pouco a pouco todo o sentimento de compaixão por seus pacientes. Ficou celibatário e todo o interesse que lhe deixa o exercício da medicina, ele o concentrou em sua magnífica vinha. Certa manhã, quando estava justamente ocupado em sua querida vinha, foi chamado para ir ver o pequeno Éloi, filho do fazendeiro vizinho, que despertara sua atenção por seus dons excepcionais e cujo desenvolvimento intelectual tinha frequentemente observado com admiração.

Examinou o pequeno paciente e diagnosticou uma meningite, mas, ao mesmo tempo, observou em si mesmo uma curiosa mudança psicológica que descreve e analisa da seguinte maneira:

"Mas ocorreu então em mim um fenômeno inteiramente novo. Embora conservasse todo o meu sangue-frio, vi o doente como através de um véu e tão longe de mim que me parecia pequenino, pequenino. Esse distúrbio na ideia de espaço não tardou em ser seguido de um distúrbio análogo na ideia de tempo. Embora a minha visita não durasse mais de cinco minutos, imaginei-me estar havia muito tempo nessa sala baixa, diante desse leito de brancos lençóis de algodão, e que os meses, os anos, fluíam sem que eu fizesse um só movimento.

"Por um esforço de espírito que me é muito natural, analisei imediatamente essas impressões singulares e a causa apresentou-se-me com nitidez. É muito simples. Éloi era-me muito caro. Por vê-lo tão inopinada e gravemente enfermo, 'eu não conseguia voltar a mim'. É a expressão popular e está certa. Os momentos cruéis parecem-nos longos momentos. Por isso tive a impressão de que os cinco minutos passados junto de Éloi tinham algo de quase secular. Quanto à visão de que a criança estava muito longe de mim, vinha da ideia de que ia perdê-lo. Essa ideia, fixada em mim sem meu consentimento, tinha adquirido, desde o primeiro instante, o caráter de uma certeza absoluta."

Uma psicanálise metódica não teria podido apresentar uma explicação muito diferente para esse fenômeno. Anatole France parece saber que os fenômenos psíquicos inexplicáveis tornam-se explicáveis quando se procura reencontrar pela reflexão motivos até então inconscientes. Diríamos que esse médico, que até esse momento alimentava a ilusão de que toda a compaixão estava morta nele, tentou rejeitar de sua consciência a fraqueza de ter-se enternecido diante do leito do pequeno enfermo, mas não pôde impedir que o afeto recalcado se manifestasse na forma de distúrbios espaçotemporais.

Os exemplos citados mostram, sem dúvida alguma, que Anatole France realizou um trabalho de analista, independentemente de todo conhecimento profissional e, no entanto, conduzido na mesma direção que adotamos com a ajuda dos métodos mais refinados de análise propostos por Freud. Em suas obras, leva sempre em conta os fatores psíquicos inconscientes, infantis e sexuais, de forma que podemos considerá-lo um dos precursores mais importantes da psicologia analítica.

Encontrei, porém, na *Histoire contemporaine* de Anatole France uma passagem que me dá a convicção de que esse filósofo tão cativante não recorre apenas ao obscuro mecanismo da sensibilidade, mas dispõe igualmente da *associação livre* autenticamente desprovida de preconceitos e entraves, e de que se serve dela de forma efetiva para explorar as profundezas de sua alma e da dos outros. Essa passagem encontra-se na página 223 de *Mannequin d'osier* [Manequim de vime]. O autor coloca suas ideias na boca do professor Bergeret, esse pensador refinado, a quem não escapa nenhuma mentira, nenhuma ilusão humana, mas que não se transforma em pregador moralista nem em pessimista melancólico e angustiado, muito pelo contrário: ele julga os atos do próximo com bom humor, caridade, mesmo quando lhes mistura uma pitada de ironia.

"M. Bergeret, à sombra dos olmos do Mail, encontra uma inscrição num banco, um desses desenhos a giz por meio dos quais as crianças anunciam ao mundo suas primeiras descobertas sexuais. Bergeret dedica-lhe algumas reflexões profundas sobre a comunicabilidade instintiva dos homens, a mesma que já levara Fídias a gravar o nome de sua bem-amada no dedão de Zeus do Olimpo.

"E, no entanto, pensa ainda M. Bergeret, a dissimulação é a primeira virtude do homem civilizado e a pedra angular da sociedade. Tão necessário nos é esconder o nosso pensamento quanto usar vestuário. Um homem que diz tudo o que pensa e como o pensa é tão inconcebível numa cidade quanto um homem que passeasse totalmente nu. Se, por exemplo, eu exprimisse na Paillot[1], onde, não obstante, as conversas são bastante livres, as imaginações que me acodem neste momento ao espírito, as ideias que me passam pela cabeça como entram por uma chaminé legiões de bruxas a cavalo em suas vassouras, se eu descrevesse o modo como, de súbito, me represento madame de Gromance[2], as atitudes incongruentes que

---

1. Livraria que serve de lugar de reunião dos intelectuais da pequena cidade. (NTF)
2. Dama da sociedade, muito bela mas não muito virtuosa. (NTF)

lhe atribuo, a visão que ela me dá, mais absurda, mais bizarra, mais quimérica, mais estranha, mais monstruosa, mais pervertida e desviada das belas conveniências, mil vezes mais maliciosa e desonesta do que essa famosa figura, introduzida sobre o portal norte de Saint-Exupère, na cena do Juízo Final, por um operário prodigioso que, debruçado num respiradouro do Inferno, tinha visto a Luxúria em pessoa; se eu mostrasse exatamente as singularidades de meu devaneio, julgar-me-iam vítima de uma odiosa mania; e, no entanto, sei muito bem que sou um homem galante, propenso por natureza para os pensamentos honestos, instruído pela vida e a meditação para o comedimento, modesto, dedicado por inteiro à volúpia tranquila da inteligência, inimigo de todos os excessos e detestando o vício como uma deformidade."

É consolador para nós, psicanalistas, que reconhecemos em nós mesmos e em nossos pacientes essa mesma mistura de "perversidade" e de "virtude" como elementos constituintes da vida psíquica, contarmos entre os nossos com Bergeret e, com ele, Anatole France. Essa companhia compensa amplamente o desprezo desses neuropsiquiatras que não vislumbram tais horrores nem em si mesmos nem em seus pacientes, mas estão dispostos a atribuí-los à nossa imaginação depravada.

X

Um caso de paranoia deflagrada por uma excitação da zona anal

(COMPLEMENTO PARA O PROBLEMA DAS RELAÇÕES
ENTRE A HOMOSSEXUALIDADE E A PARANOIA)

A análise da autobiografia de Schreber[1], assim como a observação direta de doentes[2], confirmaram a importância primordial da inversão sexual na patologia da paranoia. Desde as minhas primeiras investigações nesse domínio, observei numerosos paranoicos e constatei que em todos eles, sem exceção, a doença era provocada pelo fracasso da sublimação social da homossexualidade. São indivíduos cujo desenvolvimento foi perturbado no nível da passagem do amor egocêntrico para o amor objetal e que, em consequência de uma fixação narcísica infantil e de causas posteriores fortuitas, recaíram no estágio de desenvolvimento da inversão sexual, estado que se tornou intolerável para a consciência deles e que os força a defender-se da perversão.

Em complemento de minhas comunicações precedentes, relatarei um caso mais recente.

Trouxeram-me um camponês suábio de cerca de 45 anos, com antecedentes de sobriedade, vítima, dizia-se, de mania de persegui-

---

1. Freud: "Le cas Schreber: remarques psychanalytiques sur l'autobiographie d'un cas de paranoïa", *Jahrbuch für Psychoan.* [*Notas psicanalíticas sobre um relato autobiográfico de um caso de paranoia* (1911), volume XII da Edição Standard. (N. do T.)]
2. Ferenczi: "Le rôle de l'homosexualité dans la pathologie de la paranoïa", em *Problèmes Psychiques*, M. Dick, Budapeste.

ção. No dizer de sua mulher, o doente tem a ideia fixa de que todo homem que se aproxima dele é um inimigo, quer envenená-lo, aponta-o com o dedo, zomba dele, etc. Se o *galo* canta no pátio, se um estranho cruza com ele na rua, tudo é por causa dele, está relacionado com ele.

Interrogo o paciente sobre suas relações com a esposa (pois sei que os delírios de ciúme não são apanágio exclusivo das demências alcoólicas). O paciente e sua mulher respondem-me em uníssono que, sobre esse ponto, está tudo bem; amam-se, tiveram vários filhos – é verdade que, depois da doença, o homem não tem mais atividade sexual, mas apenas porque tem *outras preocupações.*

Pergunto depois se ele se interessa pela vida da comunidade e, em caso afirmativo, se esse interesse se modificou depois que adoeceu. (Sei por experiência que os indivíduos cujo destino é evoluir para a paranoia manifestam – como os homossexuais caracterizados – um vivo interesse e uma atividade intensa na vida pública, mas que cessam mais ou menos completamente com a eclosão da demência.) A mulher aquiesce com veemência. Seu marido era o notário da aldeia e, nessa qualidade, dava provas de um zelo *extraordinário*; contudo, desde que ficara doente, seu desinteresse pelos assuntos públicos era total.

O paciente, que até aí tinha escutado tudo calmamente, confirmando e aprovando uma vez por outra, ficou de súbito agitado; solicitado a explicar-se, acabou por responder que sua mulher certamente me passara informações às escondidas; caso contrário, como teria eu podido adivinhar tudo isso com tanta exatidão?

Prossegui a entrevista a sós com o paciente que, voltando à minha pergunta precedente, confirmou seu ciúme, que não quisera admitir na presença da mulher. Suspeita dela a respeito de todos os homens que entram em sua casa. (Observações anteriores permitem-me interpretar seu ciúme, somado à abstinência sexual que remonta a vários meses e denuncia a frieza de seus sentimentos conjugais, como a projeção de sua preferência por seu próprio sexo; é claro que não comuniquei essa interpretação ao paciente.)

Perguntei-lhe em seguida em que circunstâncias sobreviera a mudança nele e em torno dele. O paciente respondeu-me com um relato muito coerente: alguns meses antes, teve de submeter-se a duas intervenções cirúrgicas sucessivas por causa de uma *fístula anal.* Achava que a segunda intervenção tinha sido malfeita. Depois disso, teve por muito tempo a impressão de que *algo se agitava em seu peito* e, diversas vezes por dia, era acometido de uma "angústia mortal". Nesses momentos, sentia como se a "fístula subisse bruscamente por ele adentro até o estômago, o que o faria morrer". Mas agora está curado dessa angústia e as pessoas pensam que ele é louco.

A mulher do paciente e uma outra pessoa que os acompanhava confirmaram essas palavras, em especial o fato de que *suas ideias delirantes só apareceram após o desaparecimento da parestesia e da angústia provocada pela cirurgia*. Mais tarde, ele até acusara o cirurgião de ter cometido intencionalmente um erro.

O que eu sabia da relação entre paranoia e homossexualidade incitou-me a formular o seguinte raciocínio: a necessidade de uma intervenção ativa de homens (os médicos) *em torno do orifício anal do paciente* pôde despertar, fazendo reviver lembranças infantis, as tendências homossexuais até então latentes ou sublimadas.

Conhecendo a significação simbólica do bisturi, é mais particularmente a segunda intervenção, realizada sem anestesia, a que me pareceu ter podido, por causa do ferimento causado, reavivar num modo regressivo a representação infantil do *coitus a tergo* (tendo o instrumento cortante sido profundamente introduzido no reto).

Sem rodeios, perguntei ao paciente se, em sua infância, tinha feito coisas proibidas. A pergunta surpreendeu-o visivelmente. Hesitou por muito tempo antes de responder; bastante perturbado, contou-me então que por volta dos 5-6 anos, com um camarada, *o mesmo que hoje é, justamente, o seu inimigo mais encarniçado*, entregava-se a uma brincadeira estranha. O seu camarada lhe propusera brincar de *galo e galinha*. O rapaz aceitara e tocava-lhe sempre o papel passivo: ele era a "galinha". Seu camarada enfiava no seu ânus o pênis em ereção ou um dedo; outras vezes, aí introduzia cerejas que depois retirava com um dedo. Praticaram esse jogo até os 10 ou 11 anos. Mas parou quando compreendeu que aquilo era uma coisa imoral e repugnante; aliás, nunca mais voltara a pensar nisso. Garantiu-me repetidas vezes que só sentia desprezo por todos esses horrores.

Essa lembrança mostra a fixação homossexual efetivamente muito intensa e prolongada do nosso paciente, recalcada com energia e depois em parte sublimada. Por isso a brutal intervenção cirúrgica na zona erógena anal tinha criado, forçosamente, condições favoráveis ao despertar do desejo de repetir o jogo homossexual infantil sempre vivo no inconsciente. Mas o que outrora não passava de um jogo de crianças, a sexualidade, fora reforçado desde então até converter-se no instinto impetuoso e ameaçador de um homem adulto e vigoroso. Será surpreendente, pois, que o paciente tenha tentado garantir-se contra a localização anormal (perversa) de uma tal quantidade de libido, procurando primeiro transformá-la em parestesia e angústia, depois projetá-la no mundo externo na forma de construção delirante? A parestesia que procedeu a eclosão da mania de perseguição (a "subida da fístula anal até o estômago") apoiava-se com certeza na mesma fantasia inconsciente homossexual-passiva que fundou a organização delirante. Não está excluído que o doente tenha tentado resolver assim a sua sexualidade no modo parafrênico[3], ou seja, desviando-se completamente do homem para voltar ao autoerotismo anal; seu delírio de perseguição corresponde ao "retorno do afeto recalcado": um despertar de seu amor pelos homens, por muito tempo sublimado, depois totalmente rejeitado. O "galo que cantava" no seu pátio, com seu lugar privilegiado no sistema delirante do paciente, também representava, sem dúvida, o seu inimigo mais encarniçado, o camarada dos jogos de infância em que ele fazia o papel da galinha.

Não pude confirmar a minha hipótese de que o *medo de envenenamento* simboliza neste caso, como em numerosos casos análogos, a ideia de gravidez, pois tive uma única entrevista com o doente.

O prognóstico pareceu-me incerto neste caso, sem excluir, porém, a possibilidade de desaparecimento mais ou menos total das ideias delirantes no caso em que a fístula anal sarasse completamente, acarretando a melhora da condição física do paciente; ele poderia reencontrar então sua capacidade de sublimação, ou seja, viver seus interesses homossexuais pelo canal da atividade social e da amizade, em vez de uma grosseira perversão, menos inconsciente.

---

3. A expressão *parafrenia* foi proposta por Freud em substituição a *demência precoce*. A patologia da parafrenia é, no entanto, pouquíssimo conhecida para que possamos (como neste caso, por exemplo) distinguir com certeza absoluta os sintomas sensoriais de excitação e angústia de uma conversão histérica.

XI

A psicologia do chiste e do cômico[1]

O interesse que os médicos dedicam ao chiste e ao cômico não é de ontem. Médicos da Antiguidade, cujos ensinamentos estiveram investidos de autoridade durante um milênio, recomendavam com toda a seriedade que se fizesse rir os pacientes para estimular as contrações do diafragma e, assim, favorecer a digestão. Entretanto, nesta conferência, não tenho a intenção de iniciar os meus ouvintes nos meios e técnicas de divertimento. Pelo contrário, pretendo destruir deliberadamente o efeito exercido pelo chiste e pelo cômico sobre o ouvinte crédulo. Retomo o papel de um personagem típico do *Borsszem Jankò*[2], a saborosa caricatura do professor Tömb, que, em vez de permitir a seus alunos saborear as obras poéticas em toda a sua originalidade, declamava-as em fragmentos, assassinando-lhes a beleza com suas análises filológicas e estéticas. Por conseguinte, este programa permitirá a quantos me ouvem prever que não é o médico devotado, dispensador de cuidados, quem hoje fala em mim, mas o psicólogo. Desejo apresentar-lhes uma obra do professor Freud que trata do chiste[3].

---

1. Conferência proferida em Budapeste, na Escola Livre de Ciências Sociais. Publicada em Populare Vorträge über Psychoanalyse, capítulo VII.
2. Hebdomadário humorístico húngaro. A tradução literal do título seria "João, o Pimentinha".
3. S. Freud, *Der Witz und seine Beziehung zur Unbewussten*, 2.ª ed., Viena, 1921. Tradução inglesa por A. A. Brill, 1917, Nova York, Moffatt, Uard; Londres, Broadway House, Standard Edition, vol. VIII, vol. VIII da Edição Standard. (N. do T.)]

Como toda caricatura, a do professor Tömb também contém um fundo de seriedade. O que esse filólogo realizou involuntariamente, ou seja, tornar fastidioso por suas análises o que era belo, cobrindo-se assim de ridículo, o doutor Freud faz deliberadamente e daí extrai um prodigioso material psicológico. Antes de Freud, numerosos autores se interessaram pelo problema do humor, muitos contribuíram de maneira importante para a psicologia do prazer pelo humor, mas sempre se contentaram com uma visão unilateral do problema, supondo ter tratado o conjunto. A obra de Freud, pelo contrário, abrange toda a complexidade e profundidade dos problemas envolvidos, de modo que podemos considerar o grande mestre da ciência e da terapêutica psicológicas também um pioneiro no domínio da estética.

O método que ele escolheu para analisar o humor é, em si mesmo, um rasgo de gênio: poderíamos chamá-lo, por referência ao que precede, "o método do professor Tömb". Freud pensou que, se quiséssemos descobrir o que, no chiste, suscita o bom humor e estimula o riso, devíamos estabelecer, antes de tudo, se é o conteúdo ou a forma, a ideia ou o modo de expressão – ou as duas coisas – o que encerra esse fator até agora indeterminado que incita o ouvinte a excitar seus músculos hilariantes com uma força tão irresistível. Em consequência, procurou determinar se todos os gracejos, mesmo os melhores, podiam ser "sabotados", ou seja, apresentados de uma forma que os despoja de toda qualidade cômica, apesar de uma reprodução fiel e completa do conteúdo. Se esse for o caso, então torna-se evidente não ser o conteúdo mas unicamente a forma – ou, como diz Freud, a técnica – que caracteriza o chiste. Freud chegou assim à surpreendente conclusão de que, com a ajuda do procedimento que chama de "redução do chiste", quase todo gracejo, não importa qual, pode ser despojado de suas qualidades cômicas; em outras palavras, nenhum gracejo é suficientemente bom que uma técnica inadequada não possa acabar com ele.

Vejamos como Freud procede a essa demonstração com uma peça teatral muito conhecida. Num dos *Reisebilder* [Quadros de viagem] de Heine, intitulado "*Bäder von Lucca*" [Banhos de Lucca], figura um certo agente lotérico e pedicuro de Hamburgo, de nome Hirsch-Hyacinthe, que quer brilhar aos olhos do poeta por seu parentesco com o rico barão de Rothschild, sem deixar de evocar a arrogância deste último; e concluiu com estas palavras: "E tão certo quanto estar Deus me vendo, estive sentado com Salomon Rothschild, que me tratou como um verdadeiro parente seu, muito 'familionariamente' (*familionär*)." Se Hirsch-Hyacinthe tivesse dito: "Rothschild tratou-me como um parente, familiarmente, embora seja um milionário", o efeito cômico teria sido nulo. Portanto, esse efeito resulta exclusivamente da condensação, da contração das duas palavras. Para visualizar melhor a coisa, escrevamos as palavras uma sob a outra, como dois números a somar, e façamos a soma, de modo que cada sílaba figure uma única vez no resultado:

$$\frac{\begin{array}{c}\text{famili ar mente}\\ \text{mi li on ar ia mente}\end{array}}{\text{famili on ar ia mente}^4}$$

Na realidade, o que foi que aconteceu? Muito simplesmente, que o chiste foi bem-sucedido, mediante uma associação acústica superficial, ao condensar numa só palavra dois conceitos extremamente diferentes, o de família e o de riqueza, ou seja, ao evocar as duas ideias numa única palavra. Ora, como explica Freud o efeito hilariante de tal condensação sobre os ouvintes? O riso, conforme ele nos mostra com numerosos exemplos, é provocado pelo fato de que o esforço intelectual necessário, e já deflagrado, para associar as ideias de família e de milionário tornou-se bruscamente inútil graças à condensação, de modo que a tensão nervosa destinada à reflexão é economizada e *ab-reagida* sob a forma de excitação motora dos músculos do riso, ou seja, descarregada pelo riso.

Para distinguir uma "boa" piada de uma "ruim", quero dar igualmente um exemplo da segunda espécie.

Numa revista infantil que o acaso me pôs nas mãos, li uma história desse gênero: existe um estranho país onde vivem todas as espécies de animais bizarros: corujacarés voam pelos céus, uma araranta agita as asas, muita sorte que não nos deparemos com um tigrurso pelos campos. Temos aí de novo condensações de palavras que ligam noções muito distantes umas das outras mas, sob a associação superficial, nenhum sentido mais profundo as avizinha; por isso tal montagem pode passar por uma astúcia e fazer sorrir mas, para um chiste, é um pouco escasso.

---

4. A ortografia nas línguas alemã e húngara coincide com a fonética. (NTF)

O que importa, porém, é que mesmo tal condensação de palavras fundada exclusivamente na acústica e sem nenhuma relação de significação já pode suscitar um sorriso. É a prova de que o efeito hilariante dos jogos de palavras resulta simplesmente de um momento de abandono em que, fazendo provisoriamente a economia de um sério esforço de lógica, "brincamos" com as palavras como tínhamos o hábito de fazer na nossa infância. Entretanto, a censura lógica é rapidamente mobilizada contra esses gracejos sem conteúdo profundo, de sorte que eles não provocam esse bom humor tantas vezes explosivo que uma boa piada desperta. A censura só autoriza o bom humor se o autor do chiste consegue dissimular uma relação intelectual mais sutil sob a relação acústica superficial. O conteúdo intelectual logra corromper os guardiões mais vigilantes do processo de pensamento lógico e, enquanto eles roem o osso intelectual que lhes foi jogado, a criança dissimulada em nosso inconsciente explora largamente a situação e rimos de bom grado por ter iludido a lógica, esse censor que pesa tão opressivamente sobre o nosso humor.

Quem já tiver ouvido falar de análise psicológica do sonho ficará certamente impressionado com a grande analogia que existe entre o trabalho do sonho e o do humorista. No sonho, tal como no chiste, o evento consciente, ou seja, o conteúdo consciente do sonho ou o texto do chiste, só adquire sentido e permite a interpretação se reencontrarmos o conteúdo latente do sonho ou o sentido escondido do chiste. Para o sonho e o chiste, o motivo que leva a produzi-los tem raízes infantis; por conseguinte, as nossas fantasias noturnas, tanto quanto a criação de um chiste e o prazer que se sente em ouvi-lo, não obedecem a uma rigorosa ordem lógica, mas às associações de ideias mais superficiais. A experiência das análises de sonhos ensina-nos que esse caráter superficial das associações é ainda mais acentuado no sonho do que no chiste, que, afinal de contas, é produzido em estado vígil; entretanto, ocorre que o sonho realiza associações e condensações de palavras que poderiam facilmente passar por chistes.

Num dos meus próprios sonhos, por exemplo, figurava a palavra *"hippolitaine"* que, à primeira vista, parece um agregado de sílabas desprovido de sentido. A análise permitiu, contudo, reconhecer aí uma condensação das palavras *Hyppolite Taine,* hipopótamo e metropolitano, respondendo assim perfeitamente à técnica dos jogos de palavras por condensação.

Foi precisamente seu trabalho sobre a interpretação de sonhos que levou Freud a interrogar-se sobre o chiste; é instrutivo saber como ele chegou a isso.

Quando Freud publicou *A interpretação dos sonhos* e o método de associação livre que é sistematicamente aplicado aí, teve a surpresa de ver numerosas personalidades científicas, algumas de grande valor, reagirem com sorrisos de comiseração; quanto aos mais limitados, esses zombavam abertamente dele. Todos eles, portanto, exibiram exatamente o comportamento daqueles neuróticos que se defendem pelo riso contra as verdades desagradáveis postas a nu pela interpretação de um sonho.

A maioria das pessoas que visse ser acolhidos desse modo seus conhecimentos pacientemente reunidos durante décadas de investigação reagiria chamando com severidade à ordem os trocistas, denunciando sem piedade a ignorância e a inconsistência deles; em suma, repelindo-os com o merecido rigor. Mas não Freud. Esse riso geral pareceu-lhe ser um fenômeno psíquico digno de ser cientificamente analisado; portanto, não descansou enquanto não estabeleceu que, se os ignorantes são levados a rir da maioria dos sonhos e interpretações de sonhos, então é porque o sonho e o chiste têm a mesma origem psíquica – a camada inconsciente das pulsões infantis recalcadas – e os mesmos mecanismos e meios psicotécnicos.

Para usar uma condensação humorística, poderia dizer, portanto, que, em face da zombaria, Freud primeiro começou a escrever o livro que depois arremessou na cabeça dos zombeteiros.

Não posso abranger aqui todas as variedades de jogos de palavras. Quem ler o livro de Freud – e recomendo-o a todos os que desejarem obter uma informação mais ampla sobre esse problema e souberem apreciar a perfeição formal de uma obra científica magistralmente construída – poderá convencer-se de que todas as variedades de chistes denominados jogos de palavras, ou seja, o humor que se apoia no "duplo emprego de um mesmo material" ou no "subentendido", obedecem às mesmas leis fundamentais dos jogos de palavras por condensação que citamos antes. Todos suscitam o bom humor mediante o jogo infantil com as palavras, enquanto o sentido que, não obstante, as associações de palavras e as repetições absurdas contêm serve, por um lado, para driblar a censura e, por outro, para ampliar o efeito humorístico, aumentando primeiro o esforço de associação que, uma vez empreendido, logo se torna supérfluo, o que permite efetuar sua economia e a descarga pelo riso.

Como exemplo, citarei apenas mais um jogo de palavras, extraído de um número bastante antigo do *Borsszem Jankò*, em que intervêm ao mesmo tempo "o duplo emprego de um mesmo material" e o "duplo sentido"[5]:

"Louis Olay declara que se recusa a saudar o ministro Erdélyi, mas também declara que respeita a pessoa privada do ministro. A esse respeito, não há salvação/saudação."

O humor está na última frase. Se o autor tivesse expressado a mesma ideia de uma outra maneira, por exemplo escrevendo: "Como este suposto respeito pode vir acompanhado da recusa a saudar o ministro?", poderia ser um trecho de um editorial ou uma nota de jornal, mas certamente não um chiste. O efeito humorístico se deve ao reaparecimento das palavras *respect* e *salut* na primeira e na última parte, repetição agradável no chiste, assim como nas boas rimas, nas aliterações, nos refrãos ou rimas; trata-se apenas de uma sobrevivência de nossa paixão infantil pelas repetições e pelos reconhecimentos. Um efeito duplamente humorístico deste jogo de palavras provém do duplo sentido da palavra *salut*. Costumamos utilizar essa palavra essencialmente num único sentido, o de saudação; mas, quando o autor do gracejo, em vez de *salutation* escreve *salut*, esclarece bruscamente o parentesco dos dois termos tão afastados pelo sentido, economiza desta forma um trabalho de associação e suscita nossos risos calorosos.

O jogo de palavras, entretanto, é apenas uma forma de chiste e não a mais eficaz. Uma outra categoria do humor desencadeia um riso muito mais alegre e proporciona também mais prazer; chamamos esta categoria, por oposição aos jogos de palavras, de ditos espirituosos.

Vejamos um exemplo:

---

5. O sentido do gracejo foi ligeiramente modificado pela tradução. A tradução dos jogos de palavras coloca problemas fáceis de imaginar. Devido a isso, na versão inglesa deste artigo publicada em "Further Contributions to the Theory and Technique of Psychoanalysis", Hogarth Press, esta passagem teve de ser suprimida. (NTF) [Optamos por traduzir a tradução francesa, ainda que em português o jogo de palavras não faça sentido. Em francês, *respect* (respeito) tem o mesmo sentido que em português, *salutation* significa saudação e *salut*, saudação e salvação. (N. do T.)]

"Adolfo e Maurício têm uma violenta discussão e depois se separam. Quando Maurício chega em casa, encontra sobre sua porta, escrito em grandes letras: 'safado'. Dirige-se imediatamente à casa de Adolfo e deposita na porta dele... seu cartão de visita."
O que é que nos faz rir nesse gracejo? Por que é que o consideramos espirituoso e bem achado? No fim das contas, pode parecer absurdo que o ofendido responda ao insulto grosseiro com um gesto de cortesia, depositando seu cartão de visita. Uma resposta natural e espontânea de Maurício teria sido escrever, por sua vez, na porta de Adolfo: "O safado é você!" Contudo, isso não teria sido um dito espirituoso mas uma réplica direta e igualmente grosseira. A cortesia absurda e deslocada converteu-se em dito espirituoso pelo fato de Maurício ter deliberadamente interpretado mal o insulto rabiscado em sua porta, fingindo crer que essa inscrição fazia as vezes de cartão de visita de Adolfo. Isso permitiu a Maurício disfarçar sua réplica num gesto de polidez, ou seja, exprimir sua verdadeira intenção pelo seu contrário, de modo que seu procedimento absurdo apareça como plausível, por meio de um mal-entendido não totalmente inverossímil. O insulto, "o safado é você", transforma-se num dito espirituoso divertido, graças ao emprego dos dois meios da técnica humorística. E quais são, justamente, esses meios técnicos? Absurdos, erros de interpretação, faltas de lógica, enfim, modos de julgamento e de dedução característicos do pensamento infantil, fraudulentamente introduzidos por um momento no mundo intelectual prudente e racional dos adultos sérios. O efeito desse gracejo é ainda aumentado pelo fato de que a réplica direta, projetada na origem e tão característica das brigas infantis, aí se encontra também, embora deformada. "Se você rabisca a minha porta, eu rabisco a sua", diz Maurício, e age de acordo. Diante disto, nada mais deveria subsistir do bom dito espirituoso, uma vez desvendados todos os seus meios técnicos, tendo sido dada, por assim dizer, uma boa olhada em seus bastidores. No entanto, constatamos que, mesmo contada dessa forma, a história suscita o bom humor, mostrando que o gracejo ainda não está definitivamente liquidado, que ele ainda esconde alguma coisa. Mas essa coisa já não é um dito espirituoso, já não é o casamento do absurdo e do sensato, mas o cômico da situação. Achamos cômica e risível a impotência de Adolfo, frustrado, pela deposição cortês à sua porta de um cartão de visita, da possibilidade de continuar a briga, apesar da intenção ofensiva que

não pode ter deixado de perceber sob a cortesia. E se acrescentarmos que toda esta longa explicação constitui a análise de apenas um gesto, a deposição do cartão de visita, não podemos duvidar de que esse dito espirituoso não seja igualmente uma obra-prima de condensação. Todos esses artifícios são necessários para se chegar a suspender por um instante o funcionamento repressivo do psiquismo humano propenso à seriedade e adaptado às realidades da vida, e para recriar de maneira mágica a infância alegre, simplória e propensa ao riso.

Esses gracejos por deslocamento são os melhores ditos espirituosos; uma pergunta intencionalmente mal interpretada, desvios por surpresa para um caminho imprevisto, mediante um duplo sentido. É também assim que o trabalho do sonho desloca as intensidades psíquicas do principal para o acessório. Os outros recursos do chiste, a representação pelo contrário ou o subentendido, a exageração de contrastes, a argumentação por sofismas, todos exercem um efeito humorístico porque despistam por um instante o nosso discernimento, fazendo-nos economizar assim um certo trabalho de recalcamento que o hábito já desencadeou.

A tese de Freud parece paradoxal mas é verdadeira: no fundo, nunca sabemos o que é que nos faz rir num chiste; desviar a atenção dos verdadeiros meios do efeito cômico é um dos truques essenciais do humorista experimentado. Mas se analisarmos os chistes, chegaremos à estranha constatação de que alguns dentre eles não brilham por seu conteúdo intelectual nem pelos meios técnicos empregados e, no entanto, fazem muito efeito. Examinando-os mais detidamente, verifica-se que são, sem exceção, gracejos com subentendido agressivo ou sexual, eventualmente cínico ou céptico. Os gracejos com uma segunda intenção agressiva ou sexual parecem-nos, pois, mais divertidos do que permitiria prever seu conteúdo intelectual ou sua qualidade técnica.

Freud deduziu corretamente disto que essas tendências latentes em cada um de nós, fortemente investidas de afeto, mas em sua maioria recalcadas no inconsciente, de que o nosso pensamento consciente se desvia com repulsa ou mesmo com indignação, captam a ocasião para manifestar-se sob sua forma primitiva; em outras palavras, fazem-se acompanhar de prazer, assim que, por ocasião de um jogo de palavras infantil ou de uma falha de raciocínio, o rigor da censura psíquica afrouxe por um momento. Nos chistes com subentendido, a técnica humorística desempenha apenas um papel de chamariz, de condimento, acarretando secundariamente a satisfação principal, que consiste na suspensão provisória da censura ética. Esse alívio do humor pode ser tão intenso que certos gracejos agressivos e, principalmente, os de subentendido sexual, mesmo com meios técnicos bastante fracos, podem manter de bom humor uma assembleia inteira durante vários minutos.

Quanto mais baixo for o nível cultural da sociedade, mais o subentendido agressivo ou sexual deve ser grosseiro para alcançar o seu objetivo. Contudo, mesmo na sociedade mais culta ouvem-se e propagam-se com predileção bons chistes que em nada diferem dos gracejos grosseiros do povo, desde que respondam a certas exigências estéticas, que os subentendidos sejam sutis e, sobretudo, que o gracejo consiga, por um instante, ludibriar a censura por causa da sua fachada intelectual e moral.

Mesmo depois de ter estabelecido essas verdades fundamentais do efeito humorístico, simultaneamente revolucionárias e de uma simplicidade inesperada, continua sendo motivo de surpresa a sensibilidade sutil e a penetração de que Freud deu provas na análise do chiste como fenômeno social. O humorista profissional, todo neurologista pode confirmá-lo, é em geral um ser de caráter desequilibrado, nervoso, que se defende de suas próprias imperfeições intelectuais e morais, de seu próprio infantilismo, desvendando o conteúdo destes para si mesmo e para os outros, sob a forma confessável de um disfarce humorístico. Nada tem de surpreendente, nesse caso, que o seu próprio gracejo não o faça rir e que se contente em sofrer o contágio do bom humor que, por vezes, lhe chega dos outros. Mas é muito maior o prazer do ouvinte, a quem tudo é oferecido de bandeja.

Essa forma primitiva de gracejos sexualmente agressivos, difundida nas camadas inferiores da sociedade, não se contenta com duas pessoas; precisa no mínimo de três: uma mulher, objeto da agressão, e dois homens, o agressor e o outro, aquele que representa o público. Tratando-se de agressão sexual, a presença do terceiro, do público, deveria agir como fator molesto; e, com efeito, o objetivo do gracejo é desarmar, cativar o público, fazer dele um cúmplice, propiciando-lhe um prazer gratuito, colocando-o, como se diz em Budapeste, nos camarotes de primeira ordem. Nas sociedades mais refinadas, a mulher já não participa pessoalmente nesse gênero de divertimento mas, em pensamento, ela jamais está ausente.

A partir do momento em que os membros de uma sociedade se agrupam de acordo com o sexo, sempre se encontra alguém entre os homens para lançar a última piada sexual, dando a partida para o caudal ininterrupto dos chistes de duplo sentido. E é um fenômeno curioso constatar que esses mesmos, cujas concepções morais rígidas afastam com firmeza toda compreensão que os obrigaria a admitir que também albergam tendências em oposição com o humanismo ou a ética, inventam, ouvem e difundem com prazer extremo piadas de intenção cruel ou sexual, traindo para o iniciado – sem se aperceber disso – muito da personalidade profunda deles, talvez desconhecida deles próprios.

O chiste desempenha um papel não só nos círculos reduzidos mas também nas assembleias mais vastas. Todo orador, todo demagogo, tempera de bom grado seu discurso; e não apenas para provocar um prazer estético; ele pressente, segundo parece, esta verdade: uma argumentação fraca convence mais facilmente um auditório posto de bom humor. Em contrapartida, não há personalidade bastante respeitável, de tendência política ou científica bastante digna de apreço, que não possa ser demolida por uma boa piada. A multidão tudo sacrifica aos seus prazeres, hoje como há dois mil anos. *Panem et circenses*!

Os chistes mais eficazes são os chistes com subentendido que suspendem por um instante o recalcamento moral presente em cada um de nós. Mas esses gracejos com subentendidos em que, devido a um obstáculo externo – por exemplo, o respeito a uma pessoa presente –, renuncia-se à agressão direta, disfarçando-a em chiste, têm também, com frequência, um poderoso efeito cômico. Citarei, na esteira de Freud, o gracejo chamado de "Sereníssimo": o soberano, passando em revista uma guarnição de província, é avisado por seu ajudante de campo da presença de um soldado conhecido por sua grande semelhança com o monarca. Este, aproximando-se do soldado, pergunta-lhe com uma intenção irônica: "Sua mãe não teria servido na residência de meu pai?" "Ela não", respondeu o soldado, "mas o meu pai sim."

Essa resposta de aparência inocente é a mais cruel das réplicas que o soldado podia ter dado à suspeita expressa pelo soberano quanto à honra de sua mãe – mas, ao mesmo tempo, e justamente graças ao seu ar inocente, salva o soldado das pesadas consequências do crime de lesa-majestade. E nós, ouvintes, ficamos satisfeitos, porque é sempre agradável ver uma autoridade achincalhada, e de uma forma tão hábil que nenhum castigo possa vir a ocorrer.

Além do conteúdo intelectual, a habilidade técnica e o subentendido, a atualidade também aumenta o efeito humorístico. O jogo de palavras entre o deputado Olay e o ministro Erdélyi parecia, por certo, muito mais espirituoso em 1889, quando a revista *Borsszem Jankò* o publicou, do que hoje. Em contrapartida, o chiste de interesse atual terá muito mais efeito hoje do que daqui a vários anos, quando o acontecimento já não estará tão presente na memória do público. O efeito jocoso da atualidade explica-se, segundo Freud, pelo prazer devido à repetição, exatamente como em certas categorias de gracejos, jogos de palavras e chistes antes mencionados.

Se na sequência desta exposição consagro muito menos tempo a um outro gênero de experiência psíquica hilariante, a psicologia do cômico, nisso estou acompanhando fielmente o estudo de Freud, que trata esse capítulo da psicologia de um modo menos exaustivo e só considera em detalhes as diferenças entre o chiste e o cômico.

Enquanto os gracejos com subentendidos requerem três personagens, o autor do chiste, o objeto da troça e o público, o cômico satisfaz-se com dois: aquele que apresenta o caráter cômico e aquele que o percebe e ri. O chiste é fabricado pelo homem; na sequência de uma ideia, produz-se em nossa consciência um momento de "vazio intelectual"; durante esse tempo, a ideia penetra no inconsciente e dele só volta a emergir condensada, deslocada, eivada de erros e de associações superficiais, na forma do chiste pronto e acabado. A oficina psicológica onde se fabrica o chiste é, portanto, a camada dos funcionamentos psíquicos inconscientes. Para realizar o efeito cômico, essa imersão não é necessária; a cena de sua origem é acessível à consciência, pode localizar-se nessa camada psíquica que parcialmente escapa ao ponto focal da atenção, camada que Freud qualificou de pré-consciente.

Um exemplo característico do cômico é fornecido pela ingenuidade que se exprime na linguagem e nos atos das crianças e de pessoas sem instrução. Por exemplo, no *Kakas Màrton*[6], há um personagem infantil chamado Samuel, se minhas lembranças são corretas, que assedia constantemente a mãe com perguntas deste gênero: "Mamãe, o papai é realmente tão pobre?" "Por que, bobinho?", diz a

---

6. Jornal humorístico húngaro da época.

mãe. "Porque aquele senhor que mora ali em frente diz que o papai divide a cama com a vizinha."

Quando escuto esse gênero de coisas – supondo-se, é claro, que tenha a certeza de que a criança não disfarçou voluntariamente seus conhecimentos secretos em forma de zombaria – é a tolice, a ignorância da criança que me fazem rir; mais exatamente, comparo a minha própria ciência à ignorância da criança, com a qual, por um instante, me identifico. Por conseguinte, a tensão intelectual ou a quantidade de energia que não posso dispensar, salvo se por um breve instante "sou, volto a ser criança", torna-se inútil, e pode ser descarregada no riso. O notário de Peleske[7] parece-nos cômico porque imaginamos qual seria a nossa pueril ignorância se também confundíssemos os acontecimentos que se desenrolam num palco de teatro com a realidade, e quiséssemos nos precipitar em cena para arrancar Desdêmona das mãos de Otelo. São essas comparações que conferem valor cômico ao personagem desastrado demais, tolo demais, atormentado por um nariz excessivamente comprido, por uma cabeça excessivamente pequena, por automatismos motores ou mentais, ou distraído demais. Em todos estes casos, comparo o meu estado real com o estado em que me veria se me colocasse no lugar do personagem cômico, e é a diferença quantitativa de trabalho intelectual que se tornou supérfluo que se descarrega em riso, acompanhado de uma sensação de prazer.

O cômico da situação corresponde igualmente à súbita tomada de consciência de uma diferença desse gênero; contudo, ela não se situa entre mim e uma outra pessoa mas entre duas situações em que se encontraria um terceiro. É cômico, por exemplo, que uma pessoa, no decorrer de uma séria e abstrata conversa intelectual, seja bruscamente importunada por uma necessidade natural premente e inadiável.

Um terceiro gênero de comicidade ridiculariza o homem enganado em sua expectativa, incitando ao riso não só o público mas também a vítima. O homem ri de sua própria tolice, de sua falta de reflexão, digamos, de sua infantilidade, quando, sem uma razão vá-

---

7. Ferenczi refere-se aqui ao herói de uma extensa obra poética do escritor húngaro Gvadànyi, que põe em cena um notário de província em visita à capital. (NTF)

lida, tomou por garantia a satisfação antecipadamente gozada mas frustrada. No cômico de revelação, as tendências agressivas também intervêm.

Entre o chiste e o cômico voluntário situa-se a ironia, a maneira mais vil de fazer rir. Basta dizer sempre o contrário do que se pensa, ao mesmo tempo que se exprime claramente seu verdadeiro pensamento pela mímica, o gesto, a entonação. O homem irônico não diz "você está com mau aspecto", mas "você está com um *bom* aspecto!". Não diz "não acho que você possa ter êxito nesse exame", mas "você irá bem nesse exame se você estudar só isso", e assim por diante.

O humor, outro meio de fazer rir, é muito mais nobre. Para apreender sua natureza, Freud parte da constatação de que nem sempre somos capazes de rir de um chiste ou de um efeito cômico. Se estamos apreensivos, se estamos tristes, se o tema do gracejo nos toca de muito perto, o melhor chiste, a situação mais cômica não conseguirão nos divertir, suscitando quando muito um riso "amargo". O mesmo não ocorre quando o indivíduo é dotado de humor. Ele se coloca acima de seu próprio azedume, de suas dificuldades, de suas emoções, e, economizando assim uma grande quantidade de "trabalho" afetivo, sobra-lhe bastante para sorrir ou rir onde outros se entregariam aos afetos depressivos. O auge do humor é o que se chama humor negro ou macabro; quem for capaz disso, nem mesmo a proximidade da morte pode abater a ponto de não rir ou sorrir de sua situação. Entretanto, "elevar-nos" acima das coisas equivale a degradar, rebaixar, tachar de "infantilidade" todo obstáculo que surja no caminho; essa megalomania é análoga à da criança que tenta escapar à penosa consciência de sua pequenez por meio de fantasias de grandeza.

Freud atribui portanto à infantilidade o chiste, assim como o humor e a comicidade.

O autor de bons ditos espirituosos brinca com as palavras; tenta assim fazer com que inconveniências e tolices sejam aceitas; o ator cômico comporta-se ele mesmo como uma criança desajeitada e ignorante; e o humorista toma por modelo as fantasias de grandeza das crianças.

Em outras palavras, o chiste suscita o prazer pela economia de trabalho de recalcamento, o cômico pela economia de trabalho intelectual, o humor pela economia de trabalho afetivo; e todos os três visam mergulhar-nos de novo, por um instante, no mundo ingênuo da infância, o "paraíso perdido".

O único objetivo desta exposição é despertar o vosso apetite e incitá-los a ler a obra de Freud em sua forma original. Uma verdadeira satisfação só pode brotar do estudo mais profundo da psicologia do chiste e do cômico.

XII

Sobre a história do movimento psicanalítico[1]

A psicanálise é uma ciência ainda jovem, sem dúvida, mas já suficientemente rica de experiências para justificar uma pausa a fim de examinar os resultados, avaliar os êxitos e insucessos do método, tal como vem sendo aplicado até o presente momento, e deles extrair conclusões. Esta revisão crítica pode tornar o nosso trabalho mais proveitoso pelo abandono de meios ineficazes, mais fecundo pela adoção de novos meios, férteis em esperanças. Este balanço é tão necessário para uma atividade científica quanto para uma empresa industrial ou comercial; os congressos, em lugar de serem uma feira de vaidades, uma apresentação espetacular das novidades científicas, deveriam antes dedicar-se à filtragem objetiva dos resultados.

Falei de crítica do método psicanalítico, mas teria podido falar de crítica dos meios de *luta,* visto que, como todos os inovadores e pioneiros, temos não só que trabalhar mas também lutar pela nossa causa. Considerada em seu conjunto, e sem preconceitos, a psicanálise apresenta-se como uma ciência teórica que tenta preencher as lacunas de nossos conhecimentos acerca do determinismo dos processos mentais. Entretanto, esse problema puramente científico afeta tão de perto as próprias bases da vida cotidiana, certos dogmas aparentemente intangíveis da família, da escola, da igreja, espalha tanta perturbação no círculo dos neurologistas, eles que se-

---

[1]. Foi com a presente análise que o autor apresentou no II Congresso de Psicanálise em Nuremberg a sua proposta de agrupar numa associação internacional todos os que praticam cientificamente a psicanálise.

riam os mais capacitados a criticar objetivamente a nossa atividade, que não podemos nos espantar se, sob o disfarce de provas e de fatos, são verdadeiras cacetadas que nos dão.

Assim é que nos vimos arrastados, bem contra a nossa vontade, para um combate em que – isso é muito conhecido – as musas emudecem ao passo que as paixões humanas se desencadeiam, e em que são admitidas armas que não provêm todas do arsenal da ciência. Sofremos, pois, a sorte dos apóstolos da paz eterna, obrigados, em defesa de seu ideal... a fazer a guerra.

A primeira época, a época heroína, por assim dizer, da psicanálise é representada por esses dez anos em que Freud sustentou sozinho o combate travado contra ele por todos os meios e de todas as partes. A maioria, sem dúvida, adotou o método solidamente provado do silêncio; mas outros optaram pelo sarcasmo, o desprezo ou a calúnia. Os amigos de outrora, e mesmo um antigo colaborador, abandonaram-no, e o maior cumprimento que lhe concederam foi o de ver um *tal* talento ser a vítima de um tamanho erro.

Neste ponto do nosso balanço, não podemos – sem falsa indiferença – deixar de exprimir a nossa admiração por Freud que, sem se preocupar com os atentados cometidos contra a sua dignidade, inabalável diante dos ataques rancorosos, e apesar da decepção sensível que lhe causaram seus amigos, continuou progredindo no caminho que considerava correto. Podia dizer com o humor amargo de um Leônidas: que eu possa, pelo menos, trabalhar em paz, à sombra da ingratidão. Assim, esses anos lhe serviram, pois, para o amadurecimento de ideias imperecíveis e a redação de obras imortais. Teria sido realmente uma pena desperdiçar seu precioso tempo em polêmicas.

Seria muito bom que nós próprios seguíssemos o exemplo de Freud, evitando na medida do possível a polêmica.

Com efeito, entre os nossos adversários, são numerosos aqueles (salvo as honrosas exceções) que, sem experiência pessoal nem conhecimento dos problemas que nos preocupam, compõem conferências ou artigos contra a psicanálise a partir de sarcasmos e de injúrias.

Seria lamentável prestarmos atenção a esses ataques desprovidos de seriedade; na maioria das vezes, apenas visam conquistar a simpatia de alguns de nossos adversários influentes.

Mas esses mesmos poderosos que trovejam sua reprovação do alto do seu Olimpo, com um orgulho irrisório (e um conhecimento dos mais vagos sobre aquilo que está em causa), sentem-se perturbados pela ausência de efeito de suas sentenças condenatórias: apesar do "aniquilamento", continuamos alegremente vivendo e, indiferentes ao desprezo deles, trabalhando. Com o tempo, o mundo científico se cansará de suas sempiternas recriminações, que, no fim, sofrerão o destino de todos os ruídos monótonos: escaparão à atenção dos espíritos ativos. Evitar a polêmica inútil é uma palavra de ordem nunca demais repetida na luta em prol da psicanálise.

A segunda época da psicanálise é marcada pelo aparecimento de Carl Jung, cujo grande mérito é o de ter colocado, pelo emprego de métodos da psicologia experimental, as ideias de Freud ao alcance daqueles que, a despeito de uma sincera busca da verdade, rejeitavam até então, em nome do respeito devoto ao que se chama exatidão, os trabalhos psicológicos de Freud. Conheço muito bem essa concepção que, lamentavelmente, eu próprio professei e que me roubou tanto tempo, até admitir que a exatidão em psicologia experimental não passa de um engodo, de uma formação substitutiva (*Ersatzbildung*), para mascarar a ausência de conteúdo dessa ciência. A psicologia experimental é exata mas nada nos ensina; a psicanálise é inexata mas revela relações insuspeitadas e desvenda camadas do psiquismo que eram inacessíveis até agora.

Os novos pesquisadores afluíram na esteira de Jung ao território científico descoberto por Freud, como os colonos no rastro de Américo Vespúcio ao continente descoberto por Colombo: tal como esses primeiros imigrantes do novo continente, nós também tivemos, até o dia de hoje, de conduzir uma guerra de guerrilha. Sem direção espiritual, sem unidade tática, lutamos, cada um plantado na nesga de terreno que tinha conquistado. Cada um ocupou uma parcela do imenso território como melhor entendia, escolhendo os modos de ataque, de defesa e de trabalho que mais lhe convinham. A vantagem da guerra de guerrilha era incomensurável, na medida em que se tratava de ganhar tempo diante de um adversário muito forte e de impedir que as ideias recentemente surgidas fossem sufocadas no nascedouro. A liberdade de movimentos, não limitada pelas atenções devidas aos outros, permitiu que nos adaptássemos às condições locais, ao nível de conhecimento e de compreensão encontrado, à força da resistência. A ausência de toda autoridade, de toda disciplina protetora, favoreceu o desenvolvimento do amor-próprio, indispensável a todo trabalho de vanguarda. Acrescente-se que, em certas camadas da sociedade, é precisamente esse combate não organizado, quase revolucionário, que nos granjeia muitas simpatias; assim, os temperamentos artísticos, cuja compreensão intuitiva dos problemas que nos ocupam somada à aversão por tudo o que cheire a escolástica os fez cerrar fileiras ao nosso lado, contribuíram imensamente para a propagação das ideias de Freud.

Entretanto, simultaneamente com as vantagens, a guerra de guerrilha – pelo próprio fato de seu caráter mal limitado – acarretava também consideráveis inconvenientes. A ausência de direção favoreceu a excessiva proliferação das tendências individuais, das posições científicas pessoais isoladas em certos "combatentes", à custa do interesse comum, eu diria mesmo das "teses centrais". O liberalismo doutrinário não causará dano à guerra de guerrilha, muito pelo contrário: ele insistirá sobre a necessidade da "liberdade" da ciência. E está certo! Mas a análise, e em especial a autocrítica analítica, mostrou-nos que aqueles que, sem ajuda externa, sabem reconhecer seus instintos e tendências inadaptados e refreá-los em proveito das ideias de interesse comum, constituem exceção. Por essa razão, uma certa consideração mútua tem sua utilidade na ciência, e o reconhecimento de tais limites não ameaça, em nenhum caso, a sua liberdade, ou seja, a sua possibilidade de evolução racional e regular. Notemos ainda que, se uma parte muito valiosa e dotada de talento da sociedade simpatiza conosco justamente por causa do nosso caráter desorganizado, a maioria, habituada à ordem e à disciplina aí encontra um novo elemento para a sua resistência. Enfim, cumpre não esquecer essas pessoas timoratas que nos aprovam ao mesmo tempo que hesitam em juntar-se a um de nós, mas que estariam dispostas a ingressar numa organização; elas poderiam representar uma contribuição não desprezível em termos de partidários e de colaboradores.

Entretanto, é no primeiro inconveniente que convém determo--nos: aos olhos da grande maioria, somos uns exaltados sem organização nem disciplina, e não poderemos impor-nos assim. O nome de Freud inscrito em nossa bandeira é apenas, em última instância, um nome; não permite adivinhar o número de pessoas que professam desde agora as ideias vinculadas a esse nome, nem quantas realizações a psicanálise conta já em seu ativo. Assim, o efeito de massa, na medida em que pudéssemos reclamá-lo, está perdido, sem mencionar o peso específico dos indivíduos e de suas ideias tomado isoladamente. Não surpreende que esse novo ramo da ciência permaneça praticamente desconhecido dos leigos, dos médicos sem formação psicológica e até mesmo, em certos países, dos psicólogos, e que sejamos obrigados a fazer uma exposição sobre a psicanálise para a maioria dos médicos que nos chama para consulta. Hillel, o rabino judeu da Antiguidade, tinha desenvolvido sua capacidade de paciência a ponto de até aceitar responder àquele descrente que, por zombaria, o desafiou a explicar-lhe as leis fundamentais de sua religião durante o tempo em que ele fosse capaz de ficar de pé num pé só. Ignoro se Hillel converteu ou não o descrente mas posso afirmar por experiência própria que esse modo de propagação da psicanálise não é proveitoso. O fato de sermos desconhecidos e não reconhecidos é acompanhado, portanto, de inconvenientes não desprezíveis; segue-se que somos considerados como que apátridas, míseras criaturas, pelos patrocinadores dos laboratórios de pesquisa e de experimentação, que duvidam muito de que possamos deter conhecimentos ignorados dos nossos parentes ricos.

Podemos, pois, perguntar-nos: as vantagens da guerra de guerrilha compensam todos esses inconvenientes? Podemos presumir o desaparecimento espontâneo desses inconvenientes sem agir nesse sentido, ou seja, sem organizar a nossa atividade e a nossa luta? Por outro lado, somos suficientemente numerosos e fortes para empreender essa organização? E, por fim, no plano prático, que princípios seriam suscetíveis de servir de base a uma união sólida e duradoura?

Sem hesitar, respondo afirmativamente à primeira questão e ouso dizer que a nossa atividade seria mais beneficiada do que prejudicada pela existência de uma organização.

Conheço bem a patologia das associações e sei com que frequência nos agrupamentos políticos, sociais e científicos reina a megalomania pueril, a vaidade, o respeito a fórmulas ocas, a obediência cega, o interesse pessoal, em vez de um trabalho conscienciosos, dedicado ao bem comum.

As associações, tanto em seu princípio quanto em sua estrutura, conservam certas características da família. Há o presidente, o pai, cujas declarações são indiscutíveis, a autoridade intangível; os outros responsáveis: os irmãos mais velhos, que tratam os mais novos com altivez e severidade, cercando o pai de lisonjas mas prontos para derrubá-lo, a fim de tomarem o seu lugar. Quanto à grande massa dos membros, na medida em que não siga cegamente o chefe, escuta ora um agitador, ora um outro, considera o êxito dos mais velhos com aversão e ciúme, tenta suplantá-los nos favores do pai. A vida de grupo fornece o terreno onde se descarrega a homossexualidade sublimada sob a forma de ódio e adulação. Parece que o homem não pode escapar às suas características familiares, que é realmente *Zôon Politikón*, animal em rebanho, de que falava o sábio grego. Por mais que se distancie, com o tempo, de seus hábitos, da família de que recebeu a vida e a educação, acaba sempre por restabelecer a ordem antiga: em algum superior, herói ou chefe de partido respeitado reencontra um novo pai; em seus companheiros de trabalho, seus irmãos; na mulher que nele confia, a mãe; em seus filhos, seus brinquedos. Isto não é uma analogia forçada, é a estrita verdade. Uma prova disso, entre outras, é fornecida pela regularidade com que até mesmo nós, analistas selvagens e desorganizados, condensamos em nossos sonhos a figura paterna com a do nosso chefe espiritual. Quantas vezes, em sonho, sob uma forma mais ou menos disfarçada, aniquilei e enterrei o pai espiritual, altamente respeitado mas, no fundo, embaraçoso, pelo próprio fato de sua superioridade espiritual e que, ainda por cima, apresentava sempre certas características do meu próprio pai. Muitos de meus colegas relataram-me sonhos semelhantes.

Parece, portanto, que violentaríamos a natureza humana se, em nome da liberdade, quiséssemos a todo custo evitar a organização familiar. Pois ainda que não sejamos organizados na forma, nem por isso deixamos de constituir hoje uma comunidade familiar, com todas as suas paixões: amor e ódio pelo pai, dedicação e ciúme entre irmãos; por isso seria mais correto, na minha opinião, traduzir esse estado de fato pela própria forma.

Isso seria mais franco mas também mais prático. Pois observei que o controle desses afetos egoístas é favorecido pela vigilância mútua. Os membros que receberam uma formação psicanalítica seriam, portanto, os mais capacitados para fundar uma associação que reunisse as vantagens da organização familiar e o máximo de liberdade individual. Essa associação deve ser uma família em que o pai não detenha uma autoridade dogmática mas somente aquela que suas capacidades e seus atos lhe conferem; em que suas declarações não sejam cegamente respeitadas, à semelhança de decretos divinos, mas submetidas, como todo o resto, a uma crítica minuciosa;

em que ele próprio receba a crítica sem ridículas suscetibilidades e vaidade, qual um *pater familias*, um presidente de associação dos nossos dias.

Os irmãos mais velhos e mais moços agrupados em associação aceitarão sem ciúmes nem rancores pueris ouvir a verdade de frente, por mais amarga, por mais decepcionante que ela seja. Sem dúvida, a verdade deve ser comunicada sem infringir sofrimentos inúteis: isso é evidente no estágio atual da civilização e no segundo século da anestesia.

Essa associação – que, naturalmente, só poderia atingir esse nível ideal num prazo bastante longo – teria muitas probabilidades de realizar uma divisão justa e eficaz do trabalho. Nessa atmosfera de mútua franqueza, em que as capacidades de cada um são reconhecidas e o ciúme é eliminado ou dominado, em que a suscetibilidade dos sonhadores não é levada em conta, será excluído, sem dúvida, que determinado membro dotado de um sentido agudo do detalhe mas de menor faculdade de abstração se lance numa reforma teórica da ciência; um outro renunciará, talvez, a postular suas próprias experiências, eventualmente de grande valor mas inteiramente pessoais, como fundamento de toda a ciência; um terceiro admitirá que um tom inutilmente apaixonado em seus escritos aumentará a resistência sem servir a causa; um quarto será levado pela livre discussão a nunca mais rejeitar de imediato tudo o que é novo, em nome do seu próprio saber, mas a conceder-se um tempo de reflexão antes de adotar uma posição. De modo geral, são esses os diferentes tipos que se encontram habitualmente nas associações atuais, assim como entre nós; mas numa associação psicanalítica, mesmo que não seja possível eliminá-los, haverá pelo menos a possibilidade de controlá-los com eficácia. Do mesmo modo, a fase *autoerótica* atual da vida de associação seria substituída pela fase mais evoluída de *amor objetal*, na qual a satisfação não mais seria buscada pela excitação das zonas erógenas psíquicas (vaidade, ambição) mas nos próprios objetos do nosso estudo.

Tenho a convicção de que uma sociedade de psicanálise trabalhando nessas bases criaria condições internas favoráveis à sua atividade e seria respeitada do exterior. Pois a resistência às teorias de Freud ainda é forte em todos os níveis, mesmo que o enfraquecimento progressivo da rejeição pareça certo. Se nos dermos o trabalho estéril e desagradável de examinar os diferentes ataques dirigidos contra a psicanálise, constataremos que os críticos que, há cinco ou seis anos, recorriam ao silêncio e à maledicência começam a considerar que a "catarse" segundo Breuer e Freud é uma realidade e um método deveras engenhoso; rejeitam, naturalmente, tudo o que foi descoberto e escrito desde a época da "ab-reação". Alguns instigam sua própria coragem a ponto de admitir a existência do inconsciente e sua investigação pelo método analítico, mas é evidentemente a sexualidade que os detém; a decência, bem como uma atilada prudência, impede-os de nos seguirem nesse rumo. Existem mesmo aqueles que aprovam as deduções de Jung mas a quem o nome de Freud apavora como se se tratasse do diabo em pessoa; negligenciam por completo o absurdo lógico do *filius ante patrem* que essa posição implica. Alguns críticos reconhecem o papel exemplar da sexualidade nas neuroses mas recusam, entretanto, ser classificados na escola de Freud.

Mas a maneira mais perigosa e a mais desprezível de aprovar as teorias de Freud consiste em redescobri-las e propagá-las sob um outro nome. Pois o que é a "neurose de expectativa" senão a neurose de angústia de Freud navegando sob a bandeira de empréstimo? E como se poderia desconhecer esses sintomas característicos da histeria de angústia, segundo Freud, que um astucioso colega colocou em circulação sob o nome de "frenocardia", como sendo sua própria descoberta? E não era evidente que, após a palavra "análise", alguém iria criar, por oposição, a noção de "psicossíntese"? A impossibilidade de uma síntese sem análise prévia escapou, naturalmente, a esse autor.

Tais amigos constituem para a psicanálise uma ameaça maior do que a de seus inimigos. O perigo que nos espreita, de certa maneira, é que viéssemos a ficar em moda e crescesse rapidamente o número daqueles que se dizem analistas sem o ser.

Não podemos, contudo, assumir a responsabilidade de todas as inépcias que se divulgam sob o nome de psicanálise; além do anuário[2], temos necessidade, portanto, de uma associação que possa garantir, em certa medida, que seus membros apliquem efetivamente o método psicanalítico segundo Freud e não qualquer método preparado para uso pessoal deste ou daquele. A associação teria igual-

---

2. *Jahrbuch für Psychoanalyse*. Redação: professor Freud, doutor Abraham e doutor Hitchmann.

mente por tarefa vigiar a pirataria científica. Uma seleção rigorosa e prudente na admissão de novos membros permitirá separar o joio do trigo e eliminar todos aqueles que não reconhecem aberta e explicitamente as teses fundamentais da psicanálise.

Sem dúvida, tal posicionamento exige atualmente coragem pessoal e a renúncia às ambições acadêmicas. Consolar-nos-emos, entretanto, pois não temos necessidade de ajuda, particularmente no plano financeiro, na mesma medida de um serviço hospitalar. Não precisamos de hospitais, de laboratórios, nem de "material humano acamado"; o nosso material é a grande massa de neuróticos que, desiludidos em suas esperanças e em sua fé na ciência médica, acodem a nós.

E a ajuda que estamos frequentemente em condições de fornecer a esses infelizes nos dará mais satisfação do que o trabalho de danaides da neuroterapia e da psicoterapia não analíticas. Se compararmos a estagnação científica da psicologia e da psiquiatria atuais, a esterilidade das pesquisas anatômicas destas últimas décadas, ao dinamismo e à vitalidade do nosso trabalho, cuja amplitude está prestes a exceder as nossas forças, veremos rapidamente que nada temos a invejar aos nossos confrades clínicos, o valor intrínseco de nossa atividade ressarcindo-nos amplamente da posição e do poder que nos são recusados. Sofremos de um verdadeiro *"embarras de richesse"*[3], ao passo que outros rivalizam pela primazia de observações insignificantes.

Sublinhei antes a importância de não dar ouvidos aos ataques injustificados. Entretanto, fazer disso a divisa da nossa futura associação equivaleria a uma tendência excessiva para evitar a batalha. É necessário, às vezes, demonstrar a fragilidade das objeções, tarefa bem fácil se considerarmos a falta de base dos ataques.

São sempre as mesmas objeções de lógica, de moral ou de terapêutica que retornam, com uma cansativa monotonia, de forma que poderíamos classificá-las por categorias. Os defensores da lógica consideram todas as nossas asserções fruto da imaginação e da extravagância. Atribuem-nos, em particular, a incoerência e o absurdo resultantes da neurose e revelados pelas associações de ideias; esquecem que – se fôssemos distribuir notas – aqueles que ousam em-

---

3. Em francês no original. Literalmente, "dificuldade de escolha em face da abundância de alternativas igualmente valiosas". (N. do T.)

preender a decifração desses "absurdos" mereceriam, pelo contrário, a menção "muito bem".

Os defensores da moral ficam espavoridos com o material sexual das nossas pesquisas e lançam-nos o anátema, ao mesmo tempo que silenciam cuidadosamente o fato de Freud preconizar o controle e a sublimação dos instintos desvendados pela análise. Quem conhece o papel desempenhado pela sexualidade inconsciente nas psicoterapias não analíticas poderia falar de hipocrisia; entretanto, trata-se simplesmente de reações afetivas patológicas, desculpáveis porque inconscientes.

É igualmente interessante notar a complacência de alguns em insistir nas "mentiras" e na "irresponsabilidade" dos pacientes histéricos nas nossas análises, mas que se apressam em dar crédito a tudo o que esses mesmos pacientes, com sua compreensão ainda incompleta, lhes contam a respeito da análise.

Entre aqueles que criticam o valor terapêutico da análise, alguns pretendem que ela age apenas por sugestão. Suponhamos, sem o admitir, que assim seja: nem por isso seria menos injusto rejeitar de imediato uma variante talvez ativa do procedimento por sugestão. O outro argumento é a ineficácia. Entenda-se por ineficácia que a análise não age sempre e, em geral, não depressa, e requer com frequência muito mais tempo para refazer a educação de uma personalidade cuja evolução foi perturbada desde a infância do que pode suportar a paciência do doente e de sua família. Outros contestadores acham que a análise é perigosa, ao visar essas reações muitas vezes violentas mas vinculadas ao próprio princípio do tratamento, às quais se segue, em geral, uma melhora.

A última objeção, a saber, que o analista apenas busca seu interesse material, decorre visivelmente da maledicência daqueles que carecem, em definitivo, de argumentos. Alguns pacientes retomam essa objeção por conta própria quando, sob o impacto de suas descobertas, fazem uma derradeira tentativa para continuar doentes.

Essas objeções da lógica, ética e terapêutica dos meios médicos têm, com frequência, uma semelhança impressionante com as reações dialéticas que a resistência ao tratamento deflagra em seus doentes.

Entretanto, assim como são necessários conhecimentos e um *know how* psicotécnico para vencer a resistência de um neurótico, também a resistência coletiva (principalmente a dos médicos às teses analíticas) merece que nos preocupemos com ela de uma forma precisa e metódica, e não do modo empírico aplicado até hoje.

Além do desenvolvimento da nossa ciência, uma tarefa essencial do reagrupamento psicanalítico seria justamente a de tratar a resistência médica, o que, por si só, já justificaria a sua constituição.

Respeitável Assistência! Se derem o seu acordo de princípio à fundação da Associação Psicanalítica Internacional, com vistas a um melhor desenvolvimento da nossa tendência científica, apenas me resta formular as propostas concretas para a realização desse plano.

Proponho que se eleja um comitê-diretor central, que se promova a constituição de grupos locais nos centros culturais, que se regulamente a convocação anual de um congresso internacional e que se proceda de modo tal que as tendências da psicanálise estejam todas representadas, desde que possível, não só no *Jahrbuch* mas num órgão que seja publicado mais assiduamente.

Tenho a honra de submeter-lhes o projeto detalhado de regulamentação básica da Associação, levando em conta, na medida do possível, os argumentos aqui desenvolvidos[4].

---

4. O Congresso aceitou a proposta e o projeto, e a Associação Psicanalítica Internacional foi constituída. A Associação escolheu para seu primeiro presidente Carl Gustav Jung, diretor da Faculdade de Medicina de Zurique. O presidente do grupo de Viena, o professor Sigmund Freud; o de Berlim, Karl Abraham; o de Munique, C. Seif; o de Zurique, Maeder. O presidente de toda a Associação norte-americana é James J. Putnam, professor da Universidade de Harvard, em Boston; o do grupo de Nova York, A. A. Brill; o do grupo de Toronto, o professor Ernest Jones. O autor desta conferência recebeu a missão de organizar o grupo húngaro. Depois do Congresso de Nuremberg foi fundada a revista mensal intitulada *Zentralblatt für Psychoanalyse* (editada por Bergmann em Wiesbaden), órgão central da psicanálise médica, e em breve apareceria um terceiro periódico (editado por H. Heller em Viena), dedicado às aplicações literárias, filosóficas, filológicas, mitológicas, históricas e sociológicas da psicanálise.

XIII

O papel da homossexualidade na patogênese da paranoia

Durante o verão de 1908, tive a ocasião de discutir longamente o problema da paranoia com o professor Freud. Essas conversas levaram-nos a uma certa concepção unitária (que necessita ainda, no entanto, de verificação experimental), desenvolvida no essencial pelo professor Freud e contribuindo eu próprio para estruturar o desenvolvimento do pensamento com algumas propostas e objeções. Tínhamos avaliado então que o mecanismo da projeção (dos afetos), tal como Freud demonstrou no único caso de paranoia por ele analisado até hoje, é característico da paranoia em geral. Admitimos também que o mecanismo da paranoia ocupa uma posição mediana entre os mecanismos opostos da neurose e da demência precoce. O neurótico desembaraça-se dos afetos que se tornaram penosos através dos diversos modos de deslocamento (conversão, transferência, substituição)[1], ao passo que o demente retira seu interesse dos objetos do mundo externo em geral, e concentra-o no ego (autoerotismo, delírio de grandeza). A retirada de uma parte dos desejos para o ego concretiza-se – o delírio de grandeza não falta em nenhum caso de paranoia –, mas uma outra parte, maior ou menor, do interesse não pode separar-se do seu objeto primitivo, ou então volta para ele de novo. Entretanto, esse interesse é tão insuportável para o paciente que será objetivado (por inversão da tonalidade emocional, ou seja, a presença de um "sinal negativo") e,

---

1. Comuniquei as definições desses termos no meu artigo "As neuroses à luz das teorias de Freud". Ver o volume *Lélekelemzés [Psychanalyse]*, ed. Dick. M.

desse modo, expulso do ego. Portanto, a tendência que se tornou insuportável e foi retirada do seu objeto retorna à consciência sob a forma de percepção do seu contrário (como pertencente ao objeto da tendência). O *sentimento* de amor converte-se na *percepção* do seu contrário, o interesse torna-se perseguição. A nossa expectativa de ver essa hipótese confirmada pelas observações posteriores verificou-se. Os casos de demência paranoica publicados por Maeder no último volume do *Jahrbuch*[2] reforçaram de forma considerável essas hipóteses; o próprio Freud pôde determinar, em estudos posteriores, além dessas características fundamentais da paranoia, detalhes descritos com maior precisão no tocante ao mecanismo mental das diferentes formas de paranoia, que tínhamos somente pressentido em 1908.

Mas o objetivo desta comunicação não é expor o problema completo da paranoia; o próprio Freud consagra um trabalho mais considerável a esse tema[3]; trata-se apenas de comunicar um fato de experiência, observado em várias análises de paranoicos, independentemente das suposições supracitadas, por conseguinte, de uma forma absolutamente fortuita.

Tive, pois, a oportunidade de constatar que o paciente não aciona o mecanismo paranoico indiferentemente contra não importa que interesse libidinal, mas, pelo que pude observar até o presente momento, exclusivamente contra *uma escolha de objeto homossexual*. Já no paranoico analisado por Freud a homossexualidade desempenhava um papel considerável, já suficientemente considerado pelo autor na época[4].

---

2. *Jahrbuch für Psychoanalitische u. psychopath. Forschungen*, volume II, Deuticke, Viena e Leipzig.
3. *Jahrbuch für Psychoanal. u. psychopath. Forschungen*, volume III.
4. "Quando ela (a mulher paranoica) ficou sozinha com a arrumadeira, teve em seu ventre uma sensação que a levou a pensar que a criada acabava de ter um pensamento inconveniente." "Em suas alucinações ela via mulheres nuas, sobretudo um ventre feminino nu com pelos, às vezes órgãos sexuais masculinos." "Em companhia feminina ela era geralmente dominada pela impressão penosa de ver à sua frente a mulher numa nudez inconveniente mas que, ao mesmo tempo, a mulher tinha a mesma impressão a respeito dela." "As primeiras imagens de ventres femininos tinham aparecido para ela depois de ter efetivamente visto várias mulheres nuas num estabelecimento de banhos". "Tudo se esclareceu para ela", quando sua cunhada declarou... etc. (Freud, *Sammlung kleiner Schriften*, l.ª série, p. 124).

Maeder também encontrou "tendências homossexuais indiscutíveis" sob os delírios de perseguição de dementes paranoides por ele examinados.

Em contrapartida, vários casos que observei favoreceriam a concepção de que a homossexualidade não desempenha um papel ocasional, mas o papel *principal* na patogênese da paranoia, e de que a paranoia talvez seja apenas uma deformação da homossexualidade.

I

O paciente do meu primeiro caso é o marido de uma governanta que esteve outrora a meu serviço, um belo homem de cerca de 38 anos que pude observar a fundo durante vários meses. Habitavam, ele e sua mulher – não exatamente bonita, a quem ele desposara pouco antes de entrar a meu serviço –, numa dependência do meu apartamento, constituída por uma pequena cozinha e um quarto. O marido trabalhava o dia inteiro num escritório e ao entardecer regressava pontualmente a casa, não dando, no início, motivo algum de descontentamento. Pelo contrário: fazia-se notar por seu caráter trabalhador e a extrema cortesia que me testemunhava. Descobria sempre qualquer coisa para limpar e embelezar em minha casa. Surpreendia-o, com frequência, mesmo ao anoitecer, lustrando as portas ou o assoalho, limpando os vidros superiores das janelas, difíceis de alcançar, ou instalando alguma melhoria astuciosa no banheiro. Queria muito agradar-me, cumprindo com uma precisão e uma rigidez militares todas as minhas ordens, mas era extremamente sensível ao menor reparo de minha parte, que eu não tinha, aliás, muitas ocasiões de lhe fazer.

Um dia, sua mulher contou-me em prantos que era muito infeliz com o marido, que andava bebendo excessivamente, voltando para casa tarde e, sem o menor motivo, brigava e insultava-a a torto e a direito. No início, não quis imiscuir-me em seus assuntos de família, mas, quando fiquei sabendo por acaso que ele chegara mesmo a espancar a mulher, um fato que ela me ocultara, temendo perderem assim a minha confiança, tratei de repreender seriamente o marido: exigi que parasse de beber e que tratasse convenientemente sua mulher, o que ele me prometeu chorando. Quando estendi a mão para apertar a dele, não pude impedi-lo de beijá-la com veemência. Mas atribuí então esse gesto à sua emoção e à minha atitude "paternal" (embora eu fosse mais jovem do que ele).

Após essa cena, a calma reinou durante algum tempo na casa. Mas ao cabo de mais algumas semanas, o incidente se repetiu e, quando examinei o homem mais atentamente, constatei que ele apresentava todos os sinais do alcoolismo crônico. Interroguei então a mulher, que me confessou ser constantemente acusada de infidelidade pelo marido, sem que ela desse o menor motivo para isso. Naturalmente, tive logo a suspeita de que se tratava de um delírio de ciúmes alcoólico, tanto mais que eu conhecia bem a mulher como muito honesta e recatada. Mas ainda dessa vez consegui desviar o marido da bebida e restabelecer por um tempo a paz no casal.

Entretanto, as coisas pioraram rapidamente e ficou cada vez mais evidente que o homem era um paranoico alcoólico. Desprezava a mulher e embriagava-se no botequim até a meia-noite. Quando voltava para casa, insultava e espancava a pobre repetidamente, suspeitando-a de relações com todos os pacientes masculinos que vinham ao meu consultório. Só mais tarde soube que ele se mostrava nessa época igualmente ciumento a meu respeito, mas a mulher escondia-me tal fato, por uma apreensão muito compreensível. Naturalmente, nessas condições eu não podia manter o casal a meu serviço, mas, a pedido da mulher, consenti em conservá-los até o final do trimestre. Foi então que tomei conhecimento dos detalhes dessas brigas de família. O marido, intimado a explicar-se, negou ter batido na mulher, apesar dos testemunhos oculares que confirmavam o fato. Garantiu que a mulher tinha "fígado branco", uma espécie de vampiro que "sugava a força viril". Tem cinco ou seis relações por noite com ela mas isso nem sempre lhe bastava, ela se entregava a todos. Após essa conversa, repetiu-se a cena anteriormente descrita. De novo apoderou-se de minha mão e a beijou, debulhado em lágrimas. Afirmou "jamais ter conhecido homem mais gentil, mais amável do que eu".

Quando comecei a interessar-me pelo caso também do ponto de vista psiquiátrico, soube por sua mulher que, depois de casados, o marido só tivera relações com ela duas ou três vezes. Fazia ocasionalmente uma tentativa – em geral *a tergo* – e logo repelia a mulher insultando-a: "Desavergonhada, você consegue com qualquer um menos comigo."

Comecei a desempenhar um papel cada vez mais importante em seu delírio. Sob a ameaça de uma faca, tentou arrancar da mulher a confissão de que ela dormia comigo. Pela manhã, depois que eu saía, entrava no meu quarto de dormir, farejava os meus lençóis e depois, fingindo ter reconhecido neles o odor de sua mulher, batia nela. Tirou à força da mulher o lenço de seda que eu lhe trouxera de uma de minhas viagens, e ficava acariciando-o várias vezes ao dia; mas também era inseparável do cachimbo que eu lhe oferecera. Quando eu estava no banheiro, postava-se junto à porta para escutar e depois, em termos obscenos, contava à mulher o que tinha ouvido e perguntava-lhe se "aquilo lhe agradava". Ao mesmo tempo, continuava sendo o mais zeloso dos serviçais e testemunhava-me uma cordialidade excessiva. Empregou o tempo de minha ausência de Budapeste para repintar a óleo, sem que isso lhe fosse pedido, o banheiro, decorando até as paredes com filetes de cor.

Quando soube que tinham de deixar o meu serviço, soçobrou na melancolia, entregou-se por completo à bebida, insultando e surrando sua mulher, ameaçando expulsá-la e, quanto a mim, seu "favorito", apunhalar-me. Mas, na minha presença, continuava sendo polido e respeitoso. Entretanto, quando tomei conhecimento de que ele se deitava à noite com uma afiada faca de cozinha e de que estava seriamente planejando entrar no meu quarto, não foi mais possível esperar pelo final dos meses de aviso prévio que faltavam. A mulher avisou as autoridades que, munidas de um certificado de médico ajuramentado, transportaram-no para um hospital psiquiátrico.

Trata-se, indiscutivelmente, neste caso, de um delírio paranoico de ciúme alcoólico. Mas o caráter ofuscante da transferência homossexual para minha pessoa autoriza a interpretação de que o ciúme dirigido contra os homens era tão só a projeção de sua própria atração erótica pelos homens.

Sua repugnância pelas relações sexuais com a esposa tampouco é, portanto, uma simples impotência, mas uma consequência de sua homossexualidade inconsciente. O álcool, a que é lícito chamar o *veneno da censura* intelectual e moral, despojou de sua sublimação, em grande parte (mas não totalmente), sua homossexualidade sublimada em cordialidade, obsequiosidade e submissão, e ele atribuía muito simplesmente à mulher o erotismo homossexual assim posto a nu e que era incompatível com a consciência desse homem de uma alta moralidade, em muitos outros aspectos.

O papel do álcool, na minha opinião, apenas consistia nesse caso na destruição da sublimação, acarretando a revelação da verdadeira estrutura sexual psíquica do indivíduo, ou seja, uma escolha de objeto do mesmo sexo.

Essa maneira de ver só veio a ser confirmada mais tarde.

Tomei conhecimento de que, anos antes, o doente já tinha sido casado. Com essa primeira mulher também só vivera em paz pouquíssimo tempo; pouco depois do casamento, tinha começado a beber, a insultar a mulher, torturando-a com cenas de ciúmes, de modo que ela, finalmente, o deixara e obtivera o divórcio. Entre os dois períodos conjugais, o paciente ficara supostamente sóbrio; somente depois do segundo casamento teria recomeçado a beber.

Portanto, não era o álcool a causa profunda da doença; entregara-se à bebida em virtude da oposição insolúvel entre seus desejos heterossexuais conscientes e seus desejos homossexuais inconscientes; depois, o álcool, ao destruir a sublimação, trouxe para a superfície o erotismo homossexual, do qual a consciência só consegue desembaraçar-se pela projeção, ou seja, o delírio de ciúmes paranoico.

Contudo, a sublimação não foi inteiramente destruída. Ele pôde sublimar em parte suas tendências homossexuais conduzindo-se como servidor dedicado, dócil empregado de escritório e trabalhador zeloso. Mas quando as circunstâncias impunham redobradas exigências à sua capacidade de sublimação – por exemplo, quando se ocupava do quarto de dormir ou dos banheiros – tinha que deslocar para a mulher o interesse que sentia e assegurar-se, por cenas de ciúmes, de que estava realmente apaixonado pela sua mulher e não era ele e sim ela quem se interessava demais pelo sexo masculino. A extraordinária potência de que se vangloriava era apenas uma deformação dos fatos com o objetivo de se tranquilizar[5].

---

5. A atividade de agitação partidária dos antialcoólicos tenta esconder o fato de que o alcoolismo é apenas uma das consequências, certamente grave, mas não a causa, das neuroses. O alcoolismo do indivíduo, como da sociedade, só pode curar--se pela análise, que descobre e neutraliza as *causas* que levam a refugiar-se na droga. O médico militar, major Drenkhahn, demonstrou com a estatística de morbidez do exército alemão que, em consequência da propaganda antialcoólica dos últimos anos, a "morbidez alcoólica caiu rapidamente de 4,19% para 0,7% ao ano, mas que, em contrapartida, o número de outras causas de enfermidades neuróticas e psicóticas aumentou nas mesmas proporções (*Deutsche Militärärtztliche Zeitschrift*, 20 de

II

O segundo paciente foi uma senhora ainda jovem que, após ter vivido durante anos em entendimento bastante bom com o marido, dando à luz meninas, pouco depois do nascimento de um rapaz impacientemente esperado caiu num delírio de ciúmes. No caso dessa paciente o álcool não desempenhou nenhum papel.

Tudo começou a parecer-lhe suspeito em seu marido. Teve que despedir cozinheiras e arrumadeiras umas atrás de outras, até obter finalmente que só empregados domésticos masculinos fossem tolerados na casa. Mas nem isso adiantou muito. O marido, geralmente considerado um marido modelo, e que me jurou solenemente jamais ter faltado à fidelidade conjugal, não podia dar um passo, escrever uma linha, sem ser vigiado, alvo de suspeitas, insultado pela mulher. Cumpre sublinhar que ela só suspeitava do marido com todas as meninas de 12-13 anos, ou com senhoras idosas e feias, ao passo que seu ciúme só raramente envolvia senhoras de sua sociedade, amigas ou governantas de um melhor meio, mesmo que fossem atraentes ou belas. Com estas, ela podia manter relações amistosas.

Não obstante, seu comportamento em casa tornava-se cada vez mais insólito, suas ameaças cada vez mais inquietantes, de modo que foi necessário colocar a doente numa casa de saúde. (Antes da internação, pedi a opinião do professor Freud sobre a paciente; ele aprovou o meu diagnóstico, assim como as minhas tentativas analíticas.)

Considerando a extraordinária desconfiança e a viva inteligência da paciente, não foi nada fácil estabelecer o contato com ela. Tive que adotar uma atitude sugerindo não estar inteiramente convencido da inocência de seu marido, e assim obtive que a paciente, de outro modo inacessível, me comunicasse suas ideias delirantes, mantidas secretas até então.

---

maio de 1909). A vitória sobre o alcoolismo só acarreta, portanto, um progresso aparente da higiene. O psiquismo privado de álcool encontra ainda inúmeras vias para refugiar-se na doença. E, se os psiconeuróticos, em vez de alcoolismo, são vítimas de histeria de angústia ou de demência precoce, devemos lamentar os tesouros de energia desperdiçados na luta contra o alcoolismo: são de muito boa vontade mas numa óptica errada.

Entre estas últimas, havia ideias delirantes características de grandeza e de interpretação. Nas entrelinhas do jornal local formigavam as alusões a respeito de sua moralidade supostamente duvidosa e da situação ridícula de mulher enganada; esses artigos eram encomendados aos jornalistas por seus inimigos. Mas até as mais altas personalidades (como o bispo) estavam certamente ao corrente de tais maquinações, e se as grandes manobras reais tinham-se desenrolado precisamente nas vizinhanças de seu lugar de residência, isso também estava relacionado com os secretos desígnios de seus inimigos. As entrevistas seguintes revelaram serem as empregadas domésticas despedidas as que ela apontava como suas inimigas mortais.

Pouco a pouco, informou-me que só casara a contragosto com seu marido, obedecendo ao desejo de seus pais, sobretudo do pai. Ela o achava então muito vulgar e brutal. Mas, depois do casamento, a crer em suas palavras, resignara-se. Após o nascimento da primeira filha, uma cena extraordinária ocorreu no lar. O marido teria ficado supostamente descontente por sua mulher não ter dado à luz um rapaz, e ela sentira verdadeiros remorsos. Uma dúvida surgiu então nela: se teria agido sensatamente casando com esse homem. Afastou rapidamente esse pensamento mas foi logo dominada por um sentimento de ciúmes em relação à criadinha de 13 anos, muito bonita, ao que parece. Ela ainda não se levantara de seu leito de parturiente quando convocou um dia a garota, obrigou-a a pôr-se de joelhos e a jurar pela saúde de seu pai que o patrão jamais a tocara. Na época, esse juramento acalmou-a. Pensou que, no fim das contas, talvez estivesse enganada.

Quando alguns anos depois deu finalmente à luz um menino, teve a sensação de que cumprira, portanto, seu dever para com o marido e estava doravante livre. Surgiu então nela um comportamento equívoco. Estava de novo com ciúmes do marido mas, por outro lado, ela própria adotara uma conduta provocante com os homens. "Só com o olhar, é claro", disse ela. Mas quando alguém respondia ao seu convite, ela o rechaçava asperamente. Entretanto, renunciou depressa a tais "brincadeiras inocentes", cuja intenção também estava sendo deturpada pelos seus "inimigos"; e as cenas de ciúmes tornaram-se cada vez mais penosas.

Para que o marido fosse impotente com as outras mulheres, obrigava-o a várias relações sexuais por noite. Quando a paciente se afastava, nem que fosse por um momento, do quarto de dormir (para satisfazer uma necessidade natural, por exemplo), fechava a porta à chave e apressava-se em voltar; se algo não lhe parecesse em ordem na colcha, acusava o marido de ter recebido nesse meio--tempo a cozinheira despedida, que teria feito uma cópia da chave.

Como vemos, a paciente realizou efetivamente a insaciabilidade sexual de que o paranoico do caso precedente apenas se vangloriava, sem poder pô-la em prática. (Seja como for, uma mulher pode mais facilmente multiplicar as relações sexuais a seu contento, mesmo sem libido, do que um homem.) O exame atento das roupas da cama repete-se também neste caso.

Na casa de saúde, a doente mostrou-se muito contraditória. Provocava todos os homens mas não se deixava abordar por nenhum. Em contrapartida, estabeleceu amizade íntima ou mostrou franca hostilidade com todas as internas da clínica. Suas conversas comigo giravam, em geral, em torno desse assunto. Aceitava de boa vontade os banhos mornos prescritos mas aproveitava a ocasião para reunir uma documentação detalhada sobre o volume corporal e a silhueta das outras pacientes. Era impossível deixar de notar a expressão ávida de seu rosto quando relatava suas observações a respeito das mulheres mais bonitas. Um dia, quando se encontrou sozinha com as mulheres mais jovens, organizou uma "exposição de pernas" e pretendeu ter conquistado o primeiro prêmio nesse "concurso" (narcisismo).

Com muitas precauções, tentei informar-me um pouco sobre o elemento de estruturação homossexual do desenvolvimento da sexualidade; perguntei-lhe se não tinha, como tantas meninas, gostado apaixonadamente de suas amiguinhas. Ela, porém, compreendeu imediatamente as minhas intenções, disparou uma recusa gelada e insinuou que eu queria fazê-la dizer coisas infames. Consegui acalmá-la sobre esse ponto mas, logo em seguida, foi ela quem me confidenciou (contra a minha promessa de total sigilo) que, na sua infância, tinha praticado durante anos a masturbação mútua com uma outra menina, por instigação desta última. (A paciente só tem irmãs, nenhum irmão.) As comunicações posteriores da paciente – cada vez mais raras, é verdade – traíam uma fixação muito intensa na mãe e em personagens domésticos femininos.

O humor relativamente calmo da doente foi seriamente perturbado pela visita do marido. Recomeçou o delírio de ciúmes. Acusou o marido de ter aproveitado a sua ausência para realizar todos os atentados sexuais possíveis e imagináveis. Suas suspeitas envolviam muito especialmente a velha governanta que – ouvira ela dizer – ajudava a administrar a casa. Nas relações sexuais ela mostrava-se cada vez mais insaciável. Se o marido parecia um tanto reticente, ameaçava matá-lo. Um dia, chegou a erguer uma faca contra ele.

Os fracos indícios de transferência para o médico, detectáveis no início, desapareceram igualmente durante esses tempos tempestuosos por trás da resistência cada vez mais violenta, anulando as perspectivas de uma análise. Pareceu necessário, portanto, colocar a doente num estabelecimento mais distante, sob vigilância mais rigorosa.

Este caso de delírio de ciúmes também só pode ser explicado desde que se presuma tratar-se, uma vez mais, de uma projeção sobre o marido do interesse experimentado por pessoas do mesmo sexo. Uma jovem, criada num meio quase exclusivamente feminino, fixada em sua infância com excessiva intensidade em pessoal doméstico do sexo feminino e que além disso, tinha mantido durante anos relações sexuais com uma companheira de sua idade, foi bruscamente coagida a realizar um casamento de interesse com um "homem grosseiro"; mas obedece e só se revolta uma única vez, quando o marido se comporta de maneira particularmente afrontosa a seu respeito e imediatamente depois desvia seu interesse inconsciente para o ideal de sua infância (uma criadinha da casa). A tentativa fracassa, ela não pode mais admitir a homossexualidade, é obrigada a projetar no marido. É o primeiro e breve acesso de ciúmes. Depois, quando finalmente cumpriu seu "dever" e deu ao marido o filho varão que ele lhe reclamava, sentiu-se livre. A homossexualidade refreada até então tenta precipitar-se de modo violento e cruamente erótico sobre todos os objetos que não permitem sublimação (menininhas púberes, mulheres velhas, empregadas domésticas); mas todo esse erotismo homossexual, a paciente atribui-o ao marido, exceto quando pode dissimulá-lo sob a máscara de um jogo inocente. Para se consolidar nessa mentira, deve mostrar-se mais provocante com os homens, que passaram a ser indiferentes para ela, e comportar-se até como ninfomaníaca com o marido.

III

Um advogado pediu-me que examinasse um cliente seu, o senhor X, funcionário municipal, injustamente perseguido por seus concidadãos, e que me certificasse de sua sanidade mental. Pouco depois, de fato, o senhor X anunciou-se em meu consultório. O próprio fato de que, desde o primeiro momento, ele me entregou uma pilha de recortes de jornais, cópias de documentos e requerimentos, panfletos, tudo redigido por ele mesmo, numa ordem exemplar, numerados, classificados, despertou a minha suspeita. Uma simples olhada nesses escritos persuadiu-me de que estava diante de um maníaco da perseguição e do procedimento formal. Marquei seu exame para a manhã do dia seguinte mas, com a leitura de seus escritos, revelaram-se-me as raízes homossexuais de sua paranoia.

Seus aborrecimentos começaram com uma carta em que comunicava a um suboficial que o oficial que residia na casa em frente da sua "barbeava-se à janela, em camisa ou de torso nu". "Depois punha para secar suas luvas do lado de fora da janela, penduradas num barbante, como vi fazer nas pequenas cidades italianas." O doente solicitou ao oficial que pusesse termo a esse escândalo. Diante da recusa do oficial, replicou com insultos graves. Seguiu-se uma denúncia endereçada ao general, na qual já se trata das ceroulas do oficial vizinho. Reitera igualmente a queixa a respeito das luvas. Sublinha em letras enormes que a coisa lhe seria indiferente se não habitasse, com sua irmã, no quarto que dá para a rua. "Considero que tinha um dever de cortesia a cumprir para com uma dama." Simultaneamente, testemunha em seus escritos uma extraordinária suscetibilidade e todos os sinais de megalomania.

Em seus escritos posteriores, menciona com frequência cada vez maior as famosas ceroulas. Destaca amiúde em letras garrafais o caráter de "proteção das damas" de suas reclamações. Numa peça complementar, acrescenta que tinha omitido dizer que o senhor capitão tinha o hábito de vestir-se à noite num quarto iluminado, sem fechar as cortinas. "Isso me seria indiferente" (em letras miudinhas) "mas é em nome de uma senhora que devo exigir proteção contra tais espetáculos." (isto em letras garrafais)

Seguem-se depois as petições endereçadas ao comandante do corpo de Exército, ao ministério da Guerra, ao gabinete do primeiro-ministro; as palavras impressas em caracteres pequenos: camisa, ceroulas, torso nu – e somente essas – são posteriormente sublinhadas a tinta vermelha. (O doente possui uma gráfica e pode fazer imprimir o que lhe apeteça.) Um dossiê do comando do corpo de Exército revela que o pai do paciente e um outro de seus parentes eram paranoicos, e que este último se suicidara. O pai, segundo a expressão do paciente, era "advogado-conselheiro e orador" (o próprio paciente é homem da lei) e um de seus irmãos, oficial do Exército. Verifica-se em seguida que o paciente é um discípulo de Kneip, e que chegou a apresentar-se diante do prefeito, um dia, os pés nus metidos em sandálias, o que lhe valeu uma reprimenda. (Exibicionismo?)

Como suas interpelações não obtivessem resposta, levou o caso para o plano da honra; mas, no momento crítico, conseguia sempre encontrar uma escapatória, referindo-se a um parágrafo qualquer do código de honra que ele conhecia perfeitamente. Ao mesmo tempo, caía num excesso em parte voluntário, exprimindo-se como se a carta tivesse constituído um ato ultrajante para o oficial. Num outro documento, escreve (em letras enormes) não serem esses os únicos fatos, aliás enumerados com extrema moderação, a respeito do oficial. No que se refere à sua própria pessoa, no tocante ao oficial seminu, atribui às autoridades militares a opinião de que, segundo parece, o consideram *como uma velha senhora que não tem outra preocupação na vida senão satisfazer sua curiosidade sobre tais objetos.* Cita inúmeros exemplos da maneira como se punem no estrangeiro os oficiais que insultam senhoras em plena rua. Em geral, reclama proteção para as mulheres indefesas contra as agressões brutais, etc. Num de seus requerimentos, queixa-se de que o supramencionado capitão "desviara dele seu olhar de um modo raivoso e provocante".

Seus processos sucedem-se em avalancha. O mais irritante para ele é a recusa das autoridades militares em levar em consideração suas petições. Quanto aos civis, leva-os à barra dos tribunais civis; em breve estava transferindo o caso para o plano político, incitando em seu jornal os militares e os vereadores municipais uns contra os outros, jogando as "nacionalidades" contra a administração civil húngara, e encontra efetivamente cem "partidários" para lhe testemunharem sua aprovação em público e por escrito.

Um dia, denunciou um outro oficial junto do novo general, acusando-o de ter apostrofado sua irmã na rua com um "Pufff, alemã vagabunda!". A irmã confirmou a coisa através de uma carta que foi manifestamente escrita pelo próprio paciente.

Depois lança-se em artigos de jornais onde publica adivinhações complicadas com os locais "perigosos" em pontilhado. Assim, por exemplo, fala de um provérbio francês que em alemão significa "das L... t...". A muito custo, acabei por decifrar que era *"das Lächerliche tötet"*[6].

Uma nova denúncia contra o primeiro capitão menciona "caretas, mímicas, gestos, olhares provocantes". Por ele, isso não o preocupava em absoluto, mas trata-se de "uma senhora". Ele e sua irmã chamarão implacavelmente à ordem aqueles que não sabem o que é pudor.

Seguem-se novos discursos ofensivos, culminando cada vez numa rápida esquiva do doente, que recorre ao código de honra com uma tramoia de advogado. Depois vêm as cartas de ameaças em que ele mesmo e sua irmã falam muito "de fazer justiça pelas próprias mãos". Após longas declarações, cem citações tratando de duelo, etc. ... por exemplo, "Não são as balas nem a ponta da espada que matam, mas as testemunhas." "Homem", "os homens", "viril", são termos que se repetem constantemente. Faz assinar por seus concidadãos hinos à sua própria glória, redigidos por ele próprio. Em outra diatribe, comenta sarcasticamente que talvez desejem *"vê-lo beijar humildemente os pés e as mãos dos senhores?"*.

Em seguida vem o combate contra as autoridades municipais. A sua punição é pedida por 42 vereadores. Ele escolhe um, persegue-o e insulta-o de maneira abominável. Encorajado pelo interesse suscitado e a aprovação de um panfleto de agitação vienense, apresenta-se às eleições para a subprefeitura e responsabiliza o mundo inteiro por seu fracasso. Naturalmente, desemboca também no antissemitismo.

Mais tarde, quer restabelecer o bom entendimento entre os civis e os militares, sublinhando por toda parte essas palavras.

Enfim, o caso é apresentado a uma autoridade civil superior que ordena uma perícia sobre o estado mental do paciente. Vem procurar-me na esperança de ser reconhecido como pessoa sã de espírito.

Baseado em observações precedentes de paranoicos, era-me fácil estabelecer neste caso, uma vez mais, o papel extraordinaria-

---

6. O ridículo mata. (NTF)

mente importante da homossexualidade, a partir dos fatos já mencionados. A eclosão da mania de perseguição, latente até então, é provocada pelo espetáculo de um "oficial seminu", cuja camisa, ceroulas e luvas causaram, aparentemente, uma impressão muito forte sobre o doente. (Ver o papel da roupa de cama nos dois paranoicos ciumentos previamente descritos.) Ele não denuncia nem acusa nunca mulheres; é sempre de homens que se queixa, em geral oficiais ou funcionários superiores. Devo explicar isto pela projeção, sobre essas pessoas, de seu próprio interesse homossexual, precedido de um sinal negativo. O seu desejo expulso do seu ego retorna a sua consciência como a percepção de uma tendência persecutória por parte dos objetos de sua predileção inconsciente. Busca e investiga até adquirir a convicção de que o odeiam. Assim, sob a forma de ódio, pode dar livre curso a sua própria homossexualidade, dissimulando-a a seus próprios olhos. Na perseguição, os oficiais e funcionários têm sua preferência: isso se explica pela qualidade de funcionário do seu pai e por seu parentesco militar; daí essa predileção. Suponho que eles eram os objetos primitivos, infantis, de suas fantasias homossexuais.

A gentileza e a ternura excessiva pelas mulheres correspondem aqui à extraordinária potência de que se vangloriava o paranoico alcoólatra e a pseudoninfomania da mulher ciumenta. Reencontrei esse traço na análise da maioria dos homens abertamente paranoicos.

Muitos homossexuais têm a mulher "em grande estima", mas só sabem amar o homem. Assim é o nosso paranoico; mas nele o amor transformou-se, por uma inversão do afeto, em mania de perseguição e em ódio. A perpétua colocação de sua irmã no papel de principal ofendida explica-se por suas fantasias homossexuais passivas inconscientes; sua queixa de ser considerado como uma velha senhora que procura para objetos de sua curiosidade oficiais nus e suas roupas íntimas, etc. confirma isso. Por conseguinte, quando ele se queixa conscientemente de ser ofendido por homens que o perseguem, pensa inconscientemente em agressões sexuais, das quais ele próprio seria o objeto.

Pode-se ver neste caso como soçobra a sublimação social da homossexualidade, edificada a muito custo, provavelmente sob o peso de uma proliferação excessiva das fantasias infantis e talvez também em decorrência de outras causas ocasionais ignoradas pelo

ego, e como, no delírio, surge a perversão infantil na base desses interesses sublimados (exibição).
Para controlar a minha compreensão deste caso, anotei as reações do paciente às cem palavras indutoras de Jung e analisei as ideias induzidas. O mais instrutivo nessas análises foi a pobreza dos resultados. O paranoico desembaraça-se tão bem dos afetos penosos que tudo se passa como se ele não estivesse absolutamente envolvido; além disso, expressa com desenvoltura em seu discurso ou em seus atos tudo aquilo que o histérico recalca profundamente no inconsciente. Outro fato notável e, de maneira incontestável, característico da verdadeira paranoia, é a ausência total da reprodução errada nos "sinais de complexos" de Jung. O paciente recorda-se perfeitamente das reações às palavras indutoras mesmo "críticas", vizinhas dos complexos. A projeção protege tão bem o paranoico contra os afetos que não tem necessidade dos buracos de memória dos histéricos. A proximidade dos complexos denuncia-se mais, neste caso, por uma fala abundante e mais intensas relações egocêntricas; por outro lado, praticamente todas as palavras induzidas dizem respeito ao "ego" do paciente. São muito frequentes as induzidas de acordo com a consonância e a rima, assim como os chistes. Isto, quanto ao aspecto formal da experiência. Por exemplo, cito algumas palavras induzidas com a respectiva análise:

Indutor: cozinheiro. *Induzido*: cozinhar, cozinheira. *Análise:* preparar a comida torna a mulher briguenta. Perto do fogão, a mulher esquenta e se inflama. Minha mãe também perdia as estribeiras com muita facilidade. Eu não permitiria que ela cozinhasse. Um homem é muito mais resistente. É verdade que Goethe disse: sete homens não suportariam tanto quanto uma mulher. Minha mãe teve seis filhos. O homem estaria mais apto a parir. (Nestas reações reencontramos a atenção reservada à mulher e a sobrevalorização do homem; acrescenta-se uma fantasia: o homem parir.)

Indutor: rio. *Induzido*: gostaria de me banhar num rio. *Análise:* tenho paixão por banhos de rio; até outubro, eu ia diariamente banhar-me no rio com um primo. Em consequência de estresse, ele se matou com uma bala na cabeça. Eu evito o estresse, é por isso que tenho medo de relações com as mulheres. (Tentativa de uma justificação higiênica para o seu distanciamento sexual das mulheres. O primo era oficial do Exército.)

Indutor: sal. *Induzido*: o sal recorda o sal do casamento. *Análise*: sou contra o casamento. Há "fricções" cotidianas.

Indutor: escrita. *Induzido*: ... a de um artista berlinense agrada-me, ele morreu há pouco tempo; foi o fundador da arte decorativa. Chamava-se Eckmann. *Análise*: gosto das escritas monumentais, das que chamam a atenção. Como a do meu pai. A minha assemelha-se à do meu pai, mas não é tão bonita. Mas as minhas letras também são grandes. (A sobrevalorização da superioridade física do pai, tão frequente, manifesta-se igualmente no esforço da criança de imitar a sua escrita. O encanto diante do grande tamanho das letras pode também ser entendido no sentido simbólico.)

Indutor: rolha. *Induzido*: explode com o champanhe. *Análise*: a natureza esforçou-se por fazer uma ruidosa surpresa (explosiva) ao criar a mulher. Mas a destruição não tarda muito. Mesmo muito idoso, meu pai era bonito.

Indutor: agredir. *Induzido*: os meus adversários merecem golpes, é o mínimo que se possa dizer. *Análise*: de preferência, eu os encharcaria até os ossos com uma mangueira de incêndio. Seria divertido! Desde criança me interessava pelos bombeiros. (A mangueira de incêndio constitui um símbolo muito difundido.)

Indutor: asseado. *Induzido*: nas pessoas asseadas, tudo é limpo. *Análise*: quando criança, sempre gostei do asseio; meu avô elogiava-me por isso. Meu irmão mais velho era desleixado. (Quando a sujeira e a desordem tornam-se cedo demais ou exageradamente insuportáveis para a criança, isso é com frequência o sinal precursor de uma fixação homossexual, em parte também a causa, talvez.)

IV

O quarto caso que desejo comunicar rapidamente não é uma paranoia pura, mas uma demência precoce com forte coloração paranoica.

Trata-se de um mestre-escola de aldeia, ainda jovem, que – como informou sua mulher, de aspecto bastante envelhecido – vinha sendo constantemente torturado havia um ano por ideias de suicídio; via-se perseguido pelo mundo inteiro, ficava horas a fio olhando fixamente para a frente.

Encontrei o paciente acordado na cama, a cabeça escondida sob o lençol. Mal trocara algumas palavras com ele e perguntou-me bruscamente se eu era obrigado, enquanto médico, a guardar os segredos dos doentes. Respondi afirmativamente e então, mostrando todos os sinais de um terror intenso, contou-me que tinha praticado por três vezes o *cunnilingus* com sua mulher. Sabe que por esse ato abominável a humanidade o condenou à morte, que lhe serão cortados os pés e as mãos, que seu nariz apodrecerá, que seus olhos serão furados. Aponta um lugar estragado mas reparado com gesso no teto: por aí é que seu ato foi observado. Seu principal inimigo, o diretor da escola, foi informado de tudo com a ajuda de espelhos e de aparelhos elétricos e magnéticos complexos. Em consequência de seu ato perverso, ele virou um "*die*"[7] (ou seja, uma mulher), pois o homem copula com o pênis e não com a boca. Vão-lhe cortar o pênis e os testículos, ou toda a sua "cabeça de abóbora".

Quando, durante a entrevista, toquei por acaso no meu nariz, ele disse: "Sim, o meu nariz está apodrecendo, é isso o que quer dizer, não é?" Quando entrei no quarto dele, eu tinha dito: "É o senhor B?" Voltando a esse detalhe, o paciente explica: no meu nome já está tudo dito: sou *die Blüte*[8] + *er* (= *Blüthner*); ou seja, um *die* + *er*, um homem-mulher; no nome de Sándor, *d'or* significa o ouro para ele ("*das* Gold"), isto é, de acordo com sua explicação, que o tornaram de sexo neutro. Certa vez – como ele disse – quisera saltar pela janela mas acudiu-lhe ao espírito a palavra: *Hunyad*[9] (*huny* = fecha, quer dizer, fecha seus olhos + *ad* = dá, ou seja, dá alguma coisa). Segundo o paciente, isso significa ser admissível crer que ele fecha os olhos para que sua mulher *dê* a um outro – permita-lhe tudo. Para que não se possa pensar isso dele, preferiu continuar vivo. Aliás, mesmo vivo, poder-se-ia pensar dele que fecharia os olhos se sua mulher "desse" a um outro.

Está atormentado pelos remorsos em consequência de seu ato perverso. Sempre se sentira estranho a esse gênero de perversões e ainda agora tem horror a isso. Foi o seu inimigo quem, sem dúvida, inspirou o seu ato, talvez por meio de sugestão.

No prosseguimento do interrogatório, soube que durante muito tempo tinha levado seu devotamento a ponto de quase se sacrificar

---
7. *die*: o artigo feminino "a" em alemão.
8. Mudei o nome do paciente, mas de forma que o sentido das minhas explicações se conserve.
9. Nome próprio húngaro, cujas duas metades "huny" e "ad" significam respectivamente: "fecha" (no sentido de fechar os olhos) e "dá".

pelo seu diretor ("um belo homem vigoroso") que, aliás, estava sempre muito satisfeito com ele, repetindo com frequência: "Sem você, eu nada poderia fazer, você é o meu braço direito." Mas nos últimos cinco anos, o diretor atormenta-o: vem importuná-lo com papeladas quando ele está mergulhado na explicação de um poema, etc.

Em resposta à minha pergunta, "sabe alemão?"[10], ele decompõe e depois traduz da seguinte maneira a palavra *"németül"*:

ném = nimm = pega
et: no seu sentido francês de conjunção
ül = senta-te (em húngaro: "ülj"),

ou seja, pela minha pergunta quero significar que ele deve *pegar* o pênis na mão *e* (*et*) para tanto *sentar-se*. Pensa explicitamente no seu próprio pênis que, segundo as acusações de seus inimigos, ele desejaria meter num "outro buraco".

Outro buraco = outras mulheres, estranhas. Contudo – afirma – ele adora a mulher.

Seu pai era um pobre camareiro (isso corresponde à realidade) e, às vezes, severo. Durante seus anos de estudo, o paciente ficava sempre em casa e lia poemas para a mãe. Sua mãe tinha sido muito boa para ele.

Trata-se de um homem que, durante um certo tempo, chegou a sublimar sua homossexualidade com êxito mas, decepcionado com o diretor até então venerado, passou a odiar todos os homens e, depois, para justificar seu ódio, viu-se obrigado a interpretar todos os sinais, todos os gestos, todas as falas, como vontade de perseguição. A mim próprio ele já odiava também: interpretava num sentido hostil cada uma das minhas falas, cada um dos meus gestos, e decompunha, traduzia, deformava cada palavra que eu dizia, até transformá-la em alusão hostil.

A mãe do paciente contou que ele sempre fora um bom filho. Em vez de brincar com as outras crianças, preferia ficar lendo livros para a mãe, sobretudo poemas, cujo conteúdo lhe explicava[11].

---

10. Diz-se em húngaro: "tud németül"? – segue-se uma decomposição dessas palavras em sílabas e uma interpretação dessas sílabas tomadas isoladamente, onde intervêm o alemão, o francês e o húngaro. Praticamente intraduzível. (NTF)

11. Foi aí que a posterior irrupção perturbadora do diretor foi buscar sua força traumatizante.

O pai era um simples trabalhador; às vezes, tratava o filho com um pouco de rudeza; é indiscutível que o paciente tinha pouca estima por esse pai de condição modesta que ele próprio superava em muito, no plano intelectual, e desejava um pai mais respeitável. Encontrou-o, efetivamente, na pessoa do seu superior, o diretor da escola, a quem serviu durante anos com infatigável zelo, mas este não correspondia às exigências (é de supor que excessivamente elevadas) do paciente. Quis então encaminhar seu amor para as mulheres – mas, nesse meio-tempo, elas tinham passado a ser-lhe indiferentes. A exageração heterossexual e o *cunnilingus* serviam para dissimular, aos olhos do próprio paciente, sua ausência de desejo pelas mulheres. Entretanto, seu desejo pelos homens subsistia mas rechaçado da consciência, retornando depois sob a forma de projeção, precedido de um sinal negativo; o sentimento de fidelidade e de devoção submissa foi substituído pelo sentimento de perseguição.

Além dos casos comunicados aqui, registrei ainda a "observação analítica" de três outros paranoicos[12]. Mas, como não me ensinaram nada de fundamentalmente novo, não tomei notas mais detalhadas.

Entretanto, as observações aqui comunicadas já me permitem formular a hipótese de que, *na paranoia, trata-se do ressurgimento da homossexualidade até então sublimada,* da qual o *ego* se defende pelo mecanismo dinâmico da projeção.

Esta constatação coloca-nos, naturalmente, diante de um problema muito mais difícil ainda, o enigma da "escolha da neurose" (*Neurosenwahl,* Freud), questão que consiste no seguinte: quais são as condições necessárias para que a bissexualidade infantil, a "ambissexualidade"[13], evolua para a heterossexualidade, a homossexualidade, a neurose obsessiva ou a paranoia?

---

12. Um paranoico ciumento e dois queixosos. Um destes últimos, um engenheiro, veio queixar-se de que "certos homens bombeavam" a força viril de seus órgãos genitais por um meio desconhecido.

13. Em vez de "tendência bissexual", acho que seria preferível empregar em psicologia o termo *ambissexualidade.* Seria assinalado assim que por essa disposição não entendemos a presença no organismo de substância masculina e de substância feminina (Fliess), nem no psiquismo de libido masculina ou feminina, mas a capacidade psíquica da criança de direcionar o seu próprio erotismo – na origem sem objeto – para o sexo masculino, feminino ou os dois, de fixar-se não importa em que sexo, eventualmente nos dois.

XIV

O álcool e as neuroses

Num artigo publicado no volume *Problèmes psychiques*[1], abordo o tema da relação entre alcoolismo e neurose, em particular na seguinte observação:

"A agitação unilateral dos partidários do antialcoolismo tenta esconder o fato de que o alcoolismo é apenas uma consequência, certamente grave, mas não a causa das neuroses. O alcoolismo, tanto no indivíduo como na sociedade, só pode curar-se pela análise, que descobre e neutraliza as causas que levam a refugiar-se na droga. O doutor Drenkhahn, major-médico, demonstrou a partir de estatísticas do exército alemão que a propaganda antialcoólica dos últimos anos fez cair a 'morbidez alcoólica no exército de 4,19 por 1.000 para 0,7 por 1.000; mas, em contrapartida, o número de neuroses e psicoses aumentou nas mesmas proporções' (*Deutsche Militärärztliche Zeitschrift*, 20 de maio de 1909). A vitória sobre o alcoolismo só acarreta, portanto, um progresso aparente da higiene. Na falta de álcool, o psiquismo dispõe de outros meios de fuga na doença. E se os neuróticos passam do alcoolismo para a histeria de angústia ou a demência precoce, devemos lamentar os tesouros de energia desperdiçados para lutar contra o alcoolismo, com boa vontade extrema, sem dúvida, mas numa óptica errada."

Bleuler, professor da Universidade de Zurique, atacou violentamente esse trecho do meu artigo. Ele consultou, segundo diz, as estatísticas de Drenkhahn, que, na sua opinião, não confirmam em

---

1. "O papel da homossexualidade na patologia da paranoia."

absoluto as minhas teses. Por um lado, as conclusões de Drenkhahn não correspondem aos seus números e sua concordância é, portanto, apenas aparente; por outro lado, esses números só dizem respeito à Alemanha, e Drenkhahn não fez nenhum controle no que se refere a outros países. Por conseguinte, a morbidez neurótica e psicótica é independente da morbidez alcoólica, e se o número dessas afecções aumentou recentemente, considera Bleuler que isso deve ser atribuído ao deslocamento dos diagnósticos, no sentido de Stier. Deplora ainda que, por referência a Drenkhahn, eu emita opiniões suscetíveis de prejudicar o movimento antialcoólico, que ameaçam favorecer os interesses do álcool, pouco escrupuloso na escolha de seus argumentos.

Quero responder aqui às críticas do professor Bleuler; a minha resposta foi publicada em língua alemã no *Jahrbuch für psychoanalytische und psychopathologische Forschungen*, volume III (Leipzig e Viena, Deuticke), em seguida à crítica do professor Bleuler.

*

Exprimi recentemente a opinião de que o método estatístico em psicologia só tem um valor limitado: por um lado, o número de observações não pode compensar a sua falta de profundidade e, por outro, é um fato muito conhecido que os números obedecem docilmente às intenções do autor. Deploro sinceramente ter ignorado esse princípio no artigo incriminado pelo professor Bleuler e ter invocado a favor das minhas teses o trabalho do major-médico Drenkhahn. Deveria ter previsto que os adversários do álcool atacariam a minha nova concepção pelo seu ponto fraco, a estatística, o que efetivamente ocorreu.

Não tenho qualificações para discutir as estatísticas de Drenkhahn e sua metodologia, nem para decidir se as suas conclusões possuem ou não um valor determinante. Sem garantir a exatidão dos seus dados, refiro-me aos seus resultados que concordam com as observações analíticas.

Devo, porém, protestar com a mesma energia que o professor Bleuler emprega para atacar as minhas ideias, contra a insinuação de que as minhas concepções sobre o papel do álcool nas neuroses fundamentam-se no estudo estatístico de Drenkhahn e não sobre as minhas investigações psicanalíticas.

Aliás, a passagem principal do artigo incriminado era constituída pelo relato da análise de um paranoico alcoólatra. Aí mostrei que o paciente, um homossexual latente, só começou a beber em circunstâncias em que a constituição sexual excepcionalmente frágil foi sobrepujada: no momento de um primeiro, depois de um segundo casamento. Mostrei como o álcool destruiu suas sublimações, contribuindo para investir sua libido sexual em formações psíquicas paranoicas, enquanto no período de celibato que separou as duas uniões, ele não bebera nem apresentara sintomas paranoicos.

Considero que o professor Bleuler, em vez de limitar-se a refutar as asserções citadas de acordo com Drenkhahn, deveria ter discutido essa parte essencial do meu artigo; psiquiatra de grande experiência, ele estava perfeitamente qualificado para criticar as minhas teses fundamentadas na investigação psicanalítica, confirmando-as ou modificando-as.

Não pude assinalar na breve passagem do meu artigo sobre a paranoia o fato de ter baseado a minha convicção referente à importância primordial dos episódios psíquicos (vinculados à patologia dos complexos) na experiência de numerosos anos.

Observei que a intolerância ao álcool, que se identifica com facilidade excessiva com uma hipersensibilidade aos venenos, não está desprovida de elementos psicogênicos e até, em certos casos, é essencialmente psicogênica. Enquanto eu vira apenas casos em que uma dose mínima de álcool provoca efeitos desproporcionais, contentei-me com a teoria da "idiossincrasia". Mais tarde, porém, tive a oportunidade de observar indivíduos que mergulhavam na embriaguez após algumas gotas de um líquido muito pouco alcoolizado. Em dois casos, enfim, a simples vista de um copo cheio bastou para provocar embriaguez. Em ambos se encontraram sintomas característicos da embriaguez: abandono consciente do paciente às suas fantasias, discursos agressivos ou grosseiros, severamente recalcados no estado normal. Essa libertação dos complexos fazia-se acompanhar de uma melhoria do seu estado neurótico; por outro lado, a embriaguez sem álcool acarretava os mesmos mal-estares de uma absorção real do álcool.

Daí concluí que a responsabilidade dos sintomas de embriaguez não incumbia, em nenhum caso, somente ao álcool. A bebida agia como fator desencadeante, destruindo as sublimações, impedindo o recalcamento, mas a causa fundamental dos sintomas deveria ser procurada ao nível dos desejos profundos que reclamam satisfação.

Enquanto para certos sujeitos "intolerantes ao álcool" a bebida é uma tentativa inconsciente de autocura pelo veneno, outros neuróticos, correndo o risco de mergulhar no alcoolismo crônico, empregam esse produto, conscientemente e com êxito, como medicamento. Um paciente agorafóbico refratário a toda medicamentação retirava de um único gole de conhaque a coragem para atravessar a ponte sobre o Danúbio, com meio quilômetro de largura. Toda a sua vida foi uma oscilação perpétua entre o álcool e a neurose; pode-se supor, sem avançar demais, que o alcoolismo em tal sujeito não é a causa mas a consequência da neurose.

O. Gross, em seu excelente trabalho sobre a estrutura mental do maníaco, esboça a sua concepção sobre a ação desencadeante do álcool nessa doença. Informa-nos que certos sujeitos, os maníacos, chegam a fazer emudecer seus complexos de ideias dolorosas e seus afetos penosos sem absorver estupefacientes, mediante uma produção endógena de euforia.

Penso que o neurótico que se refugia na bebida tenta compensar assim a capacidade endógena de produzir euforia que lhe faz falta; isso permite pressagiar uma certa analogia entre o álcool e a presumida "substância euforigênica". Com efeito, a embriaguez com todos os seus sintomas e o mal-estar que se segue evocam a loucura circular, em que a melancolia sucede à mania. Por outra parte, tudo o que precede parece confirmar a minha tese, a saber, que o alcoolismo ameaça mais particularmente os indivíduos obrigados por causas psíquicas a recorrer com maior assiduidade às fontes de prazer exteriores.

A observação e a análise de antialcoólicos abrem-nos outras perspectivas sobre as relações entre o álcool e a neurose. Em diversos casos, o zelo antialcoólico pôde ser relacionado com desvios sexuais, sentidos como culpados, e para os quais o ascetismo, recaindo sobre um outro domínio (a privação de álcool), devia ser a punição. Constatamos com frequência que os partidários mais veementes da abstinência mostram-se muito liberais no domínio sexual. Este comentário não questiona, de forma alguma, o valor do movimento antialcoólico. Toda vocação (por exemplo, a de psicanalista) possui certamente uma determinante na sexualidade. Tampouco pretendo dizer que o antialcoolismo se reduz sempre a fatores dessa ordem. Quero simplesmente enfatizar que a recusa de álcool é, com frequência, de origem neurótica (determinada por um conteúdo psíquico inconsciente), um deslocamento da resistência. O antialcoólico é um neurótico que se autoriza a viver sua libido, mas somente ao preço de um sacrifício da mesma natureza (renúncia ao álcool). Isso me lembra aquele homem que foi torturado durante muito tempo pelo remorso porque um dia, quando criança, enquanto comia torta de groselha, entregara-se a contatos inconvenientes com uma menina. Acabrunhado pelo sentimento de culpa, foi incapaz a partir desse dia... de comer torta de groselha[2].

Bleuler recusa-se igualmente a admitir que o álcool destrua as sublimações. Para apoiar o seu ponto de vista, cita a tendência para a sublimação "patriótica" que se manifesta com frequência após a ingestão de álcool.

Isso me lembra o aspecto quantitativo do problema que não abordei até agora. Uma pequena quantidade pode liberar sublimações inibidas mas presentes. Entretanto, quando um ébrio abraça seu vizinho de mesa por entusiasmo "patriótico", falaremos mais de um erotismo homossexual mal disfarçado do que de sublimação.

Levando em conta a minha experiência, creio não ser absurdo pensar, como sugere o meu contraditor, que um neurótico põe-se a beber sob o efeito de uma causa exterior insignificante, como "a perversidade de sua esposa" ou a "doença súbita de um porco". A lógica – como o meu contraditor – pode julgar que esse motivo é "estúpido" e recriminar o ébrio por sua "fraqueza"; mas a psicanálise permite uma melhor compreensão dessa fragilidade, dessa desproporção entre os motivos e os atos. (Vulnerabilidade de um complexo, deslocamento de afeto, fuga na doença, etc.)

Acabo de ler o trabalho do doutor H. Müller recapitulando a literatura recente sobre as psicoses alcoólicas (1906 a 1910). Mesmo essa leitura não me deu a impressão de que se tratava de um problema particularmente difícil ou complexo, e não entendo por que Bleuler pretende que somente um especialista poderia contribuir de maneira valiosa para esclarecer o problema do álcool. Aliás, o artigo de Müller cita numerosos autores que, nos casos de distúrbios mentais endógenos, só atribuem ao álcool um papel acessório, de fator desencadeante (Bonhoeffer, Souchanow, Stöcker, Reichardt, Man-

---

2. Ele continuou, naturalmente, a praticar o mesmo modo de satisfação sexual.

del). Eu também sou dessa opinião; mas vou mais longe e substituo a vaga noção de endogeneidade pelos mecanismos descritos por Freud e Gross.

Enfim, compartilho, sem dúvida, do temor de Bleuler de que a grande massa, incapaz de um sólido julgamento, se equivoque a respeito da minha maneira de interpretar as psicoses alcoólicas, tal como ocorreu a respeito da teoria da sexualidade de Freud; mas não penso que isso seja uma boa razão para me calar, muito pelo contrário. Se Freud só tivesse levado em conta as grandes massas incapazes de um discernimento claro, a psicanálise jamais teria visto a luz do dia.

XV

Sonhos orientáveis

Sonhar com sonho – como diz muito corretamente Steckel – realiza o seguinte desejo: tomara que o conteúdo dos pensamentos oníricos seja irreal, contrário à verdade, quer dizer, um sonho. Mas entre os sonhos reconhecidos como tais durante o sono, existem alguns em que a consciência que o sonhante tem de sonhar requer, com toda evidência, uma outra explicação.

Aqueles que pelo sono e pelo sonho gostariam de fugir da realidade tentam prolongar o sono para além das necessidades fisiológicas; um dos meios de conseguir isto consiste em integrar no sonho as excitações que poderiam provocar o despertar, em vez de reagir a elas acordando. Mesmo quando a excitação é suficientemente intensa para despertá-los, eles são "incapazes" de se levantar e permanecem na cama sob os pretextos mais inverossímeis.

Um dos meus pacientes, pertencente a essa categoria, tinha um modo muito curioso de tomar consciência do fato de que sonhava no decorrer do sono. Em certos sonhos compostos de episódios, a mudança de cena não sobrevinha com a espontaneidade habitual, sem razão consciente, mas fazia-se acompanhar de uma justificação particular deste gênero: "Então pensei que era um sonho ruim, que era preciso encontrar uma outra solução, e a cena logo mudou." A nova cena conduzia em seguida à solução satisfatória[1].

O doente sonha, às vezes, três ou quatro cenas sucessivas, em que o mesmo material psíquico é elaborado com desfechos diferen-

---

1. Uma comunicação que me chegou às mãos pelo correio e cuja origem ignoro, relata sonhos semelhantes.

tes; mas a irrupção da consciência de sonhar e o desejo de uma solução mais satisfatória intervêm todas as vezes no ponto crítico, até o momento em que uma última versão pode desenrolar-se, enfim, sem obstáculos. Não é raro que essa última representação onírica termine com uma polução (ver Rank, que acha serem todos os sonhos, em certa medida, o equivalente de uma polução).

Após uma interrupção, a nova cena não retoma a história desde o começo; o sonhante pensa enquanto sonha: "O meu sonho acabaria mal dessa maneira, quando tinha começado tão bem; vou sonhá-lo de outro modo." E, com efeito, o sonho recomeça a partir de um certo ponto e desenrola-se, então, sem modificação do que precede, sendo a solução desfavorável substituída pelo desfecho desejado.

Devemos sublinhar que, ao invés dos devaneios diurnos – os quais, como todos sabem, também escolhem entre diferentes soluções –, esses *sonhos orientáveis* não têm um caráter racional e denunciam sua estreita relação com o inconsciente pelo emprego frequente do deslocamento, da condensação e da representação indireta; entretanto, também aí encontramos amiúde fantasias oníricas mais coerentes.

Considerando-se que esses sonhos sobrevêm, de modo geral, nas horas matinais e num indivíduo que deseja prolongar seu sono e seu sonho pelo maior tempo possível, podemos interpretar essa curiosa mistura de pensamento consciente e inconsciente como o resultado de uma luta entre a consciência repousada que deseja acordar e o inconsciente que deseja, a todo custo, continuar dormindo ainda.

Esses "sonhos orientáveis" são igualmente interessantes do ponto de vista teórico, pois representam, de certa forma, o reconhecimento implícito dos objetivos do sonho: a satisfação dos desejos.

Esse fenômeno esclarece também, numa certa medida, o sentido das mudanças de cena no sonho e a relação entre os sonhos de uma mesma noite.

O objetivo do sonho parece ser elaborar tão completamente quanto possível o material psíquico atual; o sonho recusa a representação onírica quando esta compromete a satisfação do desejo; tece incansavelmente soluções novas até a elaboração de uma satisfação de desejo que receba a concordância das duas instâncias do psiquismo.

O mesmo ocorre nos casos em que o caráter penoso do sonho nos desperta: o sono logo é reatado e, "como se acabássemos de enxotar uma mosca importuna" (Freud), continuamos a sonhar. Em apoio da nossa tese, eis o sonho seguinte:

Um cavalheiro que ocupa atualmente altas funções mas é de origem humilde, judeu batizado, sonha que seu defunto pai aparece no meio de uma sociedade muito distinta, colocando (o sonhante) em situação deveras embaraçosa, por causa de sua roupa miserável. Esse sentimento constrangedor desperta por alguns instantes o nosso homem, que, no entanto, volta prontamente a adormecer e sonha, desta vez, que seu pai surge nessa mesma sociedade, vestido com riqueza e elegância.

XVI

O conceito de introjeção

O psiquiatra de Zurique, A. Maeder, estuda num artigo[1] o meu trabalho sobre a introjeção[2]; ele compara essa noção com a de *exteriorização*, recentemente proposta por ele, para concluir finalmente que os dois termos têm a mesma significação. Se for esse o caso, devemos entrar em acordo para abandonar um dos dois termos.

Entretanto, a leitura repetida desses artigos convenceu-me de que somente uma interpretação errônea do processo mental descrito no meu artigo pôde induzir Maeder a confundir as duas noções.

Eu descrevi a introjeção como a extensão ao mundo externo do interesse, autoerótico na origem, pela introdução dos objetos exteriores na esfera do ego. Insisti nessa "introdução", para sublinhar que considero *todo amor objetal* (ou *toda transferência*) como uma extensão do ego ou *introjeção*, tanto no indivíduo normal quanto no neurótico (e no paranoico também, naturalmente, na medida em que ele conservou essa faculdade).

Em última análise, o homem só pode amar-se a si mesmo e a mais ninguém; amar a outrem equivale a integrar esse outrem no seu próprio ego. Como a mulher do pobre pescador do conto que sente como parte integrante de sua pessoa a salsicha que nasceu e cresceu em cima do seu nariz com a ajuda de palavras mágicas e protesta contra a ablação dessa desagradável excrescência, nós

---

1. A. Maeder: *Zur Entstehung der Symbolik in Traum, in der Dementia praecox*, etc. [Da constituição da simbólica no sonho, na demência precoce, etc.], *Zentralblatt für Psychoanalyse*, 1.º ano, n. 9.
2. *Transferência e introjeção*, neste mesmo volume. (N. do T.)

também sentimos como nossas as dores ou as mágoas que atingem aqueles a quem amamos. É essa união entre os objetos amados e nós mesmos, essa fusão desses objetos com o nosso *ego*, que designamos por introjeção e – repito-o – acho que o *mecanismo dinâmico de todo amor objetal e de toda transferência para um objeto é uma extensão do ego, uma introjeção.*

Quanto à transferência excessiva dos neuróticos, descrevia-a como *uma exageração inconsciente desse mesmo mecanismo dinâmico*, uma espécie de *doença introjetiva*, em oposição à tendência do paranoico, que retira seu amor dos objetos e que, quando esse afeto retorna a ele, projeta-o no mundo externo (doença projetiva)[3]. O paranoico que projeta poderá no máximo considerar uma parte do seu próprio nariz como uma salsicha, cortá-la e jogá-la fora, mas jamais enxertará um elemento estranho em sua personalidade.

Sei bem, e mostrei-o por diversas vezes no artigo já citado, que esses mecanismos dinâmicos também se encontram na vida mental do homem normal. Eu poderia multiplicar os exemplos, extraindo-os desse artigo. Poder-se-ia igualmente classificar os sistemas metafísicos em sistemas introjetivos e projetivos. O materialismo que dissolve totalmente o *ego* no mundo externo representa um caso extremo de projeção; o solisismo, que incorpora o mundo inteiro no ego, a introjeção em seu nível mais profundo. Por outro lado, não há dúvida de que o mecanismo dinâmico da projeção pode igualmente intervir na neurose, por exemplo, a alucinação histérica, enquanto a aptidão para a transferência (para a introjeção) nem sempre se perde por completo na paranoia. Seja como for, a projeção na paranoia e a introjeção na neurose superam em importância todos os outros mecanismos dinâmicos, o que nos autoriza a considerá-las características desses quadros mórbidos.

As mais recentes pesquisas mostram-nos que esse mecanismo dinâmico (estrutura patológica) não é a única característica da paranoia que se define igualmente por um *conteúdo mórbido* determinado (a homossexualidade).

Vejamos agora a noção de *exteriorização segundo Maeder*. De acordo com sua descrição, trata-se de uma identificação pelo paciente de alguns de seus órgãos com objetos exteriores que ele trata de for-

---

[3]. Ao contrário de Maeder, estou convencido de que a paranoia existe também sem demência.

ma consequente (o doente paranoide F.B. considera as maçãs do pomar como exemplares de seus próprios órgãos genitais, e considera as canalizações seu próprio sistema vascular).

Maeder considera esse processo uma projeção; mas, da minha parte, considerando-se o que acabo de dizer, interpreto-o da seguinte forma: os paranoicos dos exemplos citados também tentaram provavelmente projetar no exterior o interesse dirigido para os seus próprios órgãos, mas só puderam realizar um *deslocamento de afetos*. A própria sensação permaneceu subjetiva, não se objetivou. Sabemos que o ego pode considerar seu próprio corpo como uma parte do mundo externo, um objeto. Na *exteriorização* de Maeder, o interesse permanece subjetivo, não se dá sua expulsão do ego, mas acha-se apenas *deslocado* de um objeto exterior (o corpo) para outro (a canalização, os frutos). Entretanto, sabemos há muito tempo que o deslocamento é apenas um caso particular do *mecanismo de introjeção*, de transferência, em que, para conter a "libido flutuante", o objeto atingido pela censura é substituído por um outro. A exteriorização de Maeder não é, portanto, um processo projetivo, mas introjetivo.

Quando a projeção paranoica é bem-sucedida (por exemplo, na loucura de perseguição), o paciente expulsa do seu ego uma parte de sua personalidade psíquica (sua homossexualidade) e, como não pode aniquilá-la, trata-a como uma coisa estranha ao ego, um objeto. Somente podemos falar de projeção quando um conteúdo psíquico puramente subjetivo se converte em puramente objetivo. Acho que os paranoicos que "exteriorizam", que conservam ainda um certo interesse positivo, mesmo deslocado, pelo mundo externo, portanto, que ainda introjetam e conservam, às vezes, uma atividade social, estão mais próximos dos neuróticos, e o prognóstico terapêutico é certamente melhor.

Assim, por conseguinte, a *exteriorização* de Maeder apresenta-se-me como um caso particular de introjeção – que existe nos sujeitos normais; quanto à noção de introjeção, uma vez que está de acordo com todas as observações efetuadas até o presente instante, sou de opinião que ela deve ser conservada.

XVII

Sintomas transitórios no decorrer de uma psicanálise

Tanto para o médico quanto para o paciente, a convicção do bem fundamentado da interpretação analítica dos sintomas neuróticos só se adquire pela transferência. As interpretações analíticas, mesmo que pareçam cativantes e notáveis, não poderão levar à *convicção* somente por meio do material psíquico suscitado pela associação livre, mesmo que o paciente o deseje e se esforce nesse sentido. Tal convicção não implica a impressão do caráter indiscutível, exclusivo da verdade. Tudo se passa como se a reflexão lógica, a compreensão intelectual não permitissem chegar, por si sós, a uma verdadeira convicção. É preciso ter tido uma vivência afetiva, ter experimentado na própria carne, para atingir um grau de certeza que mereça o nome de "convicção". Assim, o médico que só estudou a psicanálise nos livros, sem se ter submetido pessoalmente a uma análise profunda nem adquirido a experiência prática junto dos pacientes, dificilmente poderá estar convencido da correção dos resultados da análise. Pode conceder-lhes um certo crédito, a ponto de se avizinhar, às vezes, da convicção, mas a dúvida recalcada subsiste em segundo plano.

Gostaria de discorrer hoje sobre uma série de sintomas que vi nascer sob os meus olhos nos meus pacientes, no decorrer do tratamento, e depois desaparecer graças à análise; eles contribuíram para consolidar a minha convicção quanto à realidade dos mecanismos psíquicos descritos por Freud, e despertaram ou fortificaram a confiança dos pacientes.

É frequente ver nos pacientes histéricos o trabalho analítico ser bruscamente interrompido pelo surgimento inopinado de um sintoma sensorial ou motor. À primeira vista, o médico poderia ser tentado a não ver nisso mais do que um simples obstáculo e tratá--lo em conformidade. Entretanto, se concedermos seu pleno valor à tese do determinismo rigoroso de todo e qualquer evento psíquico, também esses sintomas devem ser explicados e analisados. Submetidos à análise, esses sintomas revelam-se como a expressão de movimentos afetivos e intelectuais inconscientes. Se essas ideias ou afetos que a análise extrai de sua quietude e acerca da consciência são impedidos de ter acesso a ela porque são penosos demais, a quantidade de excitação que os acompanha e que não pode mais ser recalcada manifesta-se na forma de sintomas. Mas o sintoma assim constituído não traduz apenas uma certa quantidade de excitação; ele também é determinado qualitativamente. Pois se concentrarmos a nossa atenção nas particularidades do sintoma, no tipo de paralisia ou de excitação sensorial ou motora, no órgão no nível do qual ele se manifesta, enfim, nas circunstâncias e nos pensamentos que precederam imediatamente o seu aparecimento, e se tentarmos descobrir sua *significação*, constataremos que o sintoma orgânico é a expressão simbólica do movimento afetivo ou intelectual inconsciente despertado pela análise. Quando transpomos esse sintoma, em atenção ao paciente, da linguagem simbólica para uma linguagem conceptual, acontece que ele, ainda que estivesse a mil milhas de esperar semelhante efeito, nos declara com surpresa que o sintoma de excitação ou de paralisia sensorial ou motora desapareceu tão bruscamente quanto surgira. Tudo vem confirmar que o sintoma só desaparece se o paciente tiver não só compreendido a interpretação, mas, além disso, admitido a sua correção. Ele trai frequentemente que se sente emocionado através de sorrisos, rubores ou outros sinais de embaraço; às vezes, ele mesmo se apressa a justificar a exatidão da nossa hipótese; outras vezes, logo surgem lembranças que vêm confirmar nossas suposições.

 Fui levado a interpretar o sonho de uma das minhas pacientes histéricas como uma fantasia de desejo; comuniquei-lhe que esse sonho traía sua insatisfação com a sua situação; que ela aspira a ter um marido mais amável, mais culto, desfrutando de uma posição social mais elevada e, sobretudo, que deseja possuir belas roupas. Nesse momento, uma violenta *dor de dente* vem desviar a atenção da minha paciente da análise; para apaziguá-la, ela me pede um sedativo ou, pelo menos, um copo de água. Em vez de aceder ao seu pedido, observo-lhe que essa dor de dente é, sem dúvida, a tradução figurada da expressão húngara "o desejo de possuir todos esses bens me dá dor de dente". Não falei num tom de autoridade e a paciente ignorava também que eu contava com essa interpretação para fazer cessar a dor; no entanto, ela declarou em seguida, para sua grande surpresa, que a dor tinha parado de súbito, tal como aparecera.

O interrogatório posterior da paciente permitiu-me estabelecer que ela se esforçava por esconder de si mesma a penosa situação em que a colocara um casamento abaixo de sua condição. Mas a interpretação do sonho mostrou-lhe tão claramente seus desejos insatisfeitos que ela não pôde deixar de tomar conhecimento deles. Entretanto, no último (ou, mais exatamente, no penúltimo) momento, ela conseguiu fazer a censura intervir, voltando a lançar na esfera orgânica o acordo dado à minha interpretação, ou seja, a dor moral, por intermédio da associação "me dá dor de dente", transformando a dolorosa tomada de consciência em dor dentária. Essa utilização inconsciente da locução banal era, provavelmente, o motivo básico, mas não único, da gênese do sintoma. Pois o espaço psíquico, a exemplo do espaço físico, comporta várias dimensões e, para determinar a posição de um ponto, são necessárias várias coordenadas.

Em linguagem psicanalítica, isso significa que todo sintoma é *sobredeterminado*. Desde a infância, essa paciente lutava contra um pendor excessivo para a prática da masturbação; ora, os dentes têm uma significação simbólica especial nos masturbadores; cumpre levar igualmente em conta o estado orgânico real dos dentes, o que pode servir às tendências psíquicas para seus próprios fins.

Num outro dia, essa mesma paciente exprime suas fantasias eróticas infantis recalcadas na forma de uma declaração amorosa endereçada ao médico que, por sua vez – em lugar da resposta esperada –, elucida-a sobre a natureza transferencial desse impulso afetivo. Imediatamente se instala uma estranha parestesia da mucosa lingual; a paciente grita de súbito: "É como se a minha língua tivesse sido escaldada." No início, ela se recusa a admitir a interpretação de que a palavra "escaldada" ilustra a sua decepção pela minha recusa; mas o desaparecimento imediato e surpreendente de sua parestesia a faz refletir e não tarda em admitir que a minha suposição poderia muito bem ser exata. A escolha da língua como lugar de aparecimento do sintoma também estava aqui sobredeterminada por diversos fatores, cuja análise me deu acesso às camadas profundas dos complexos inconscientes.

Com muita frequência, os pacientes traduzem um sofrimento psíquico subitamente surgido por dores precordiais transitórias, sua amargura por uma amargura experimentada no nível da língua, suas preocupações por uma sensação de compressão cefálica. Um paciente neurótico tinha o hábito de me participar suas intenções agressivas a meu respeito (ou melhor, a respeito de seu pai) mediante sensações dolorosas localizadas na parte do seu corpo onde – inconscientemente – tinha a intenção de *me* agredir; a sensação de um golpe na cabeça representava o desejo de espancar; uma dor no coração revelava a ideia de apunhalar. (No nível consciente, esse paciente era masoquista: suas fantasias agressivas só podem transpor o limiar da consciência na forma de uma retaliação sofrida: olho por olho, dente por dente.)

Um outro paciente experimentava uma curiosa sensação de vertigem toda vez que a análise abordava assuntos que submetiam a uma rude prova sua frágil autoconfiança. A análise reencontrou lembranças infantis em que o paciente se sentira impotente e tomado de vertigem a partir de uma certa altitude.

Uma brusca sensação de *frio* ou de *calor* no paciente pode significar um afluxo emocional caracterizado por um desses substantivos, ou então exprimir, mediante uma conversão, o desejo ou a presunção de encontrar esses sentimentos no médico.

"Uma terrível sonolência" invadia uma das minhas pacientes toda vez que a análise ia por um caminho desagradável; e isso se produzia mais quando os assuntos evocados eram de natureza a suscitar mais tristeza e inquietação do que tédio.

Uma outra paciente exprimia por esse meio as fantasias inconscientes associadas ao sono; ela pertencia a essa categoria de mulheres que, em suas fantasias sexuais, elaboram exclusivamente situações em que sua responsabilidade não está em causa, como, por exemplo, um estupro sofrido após resistência obstinada ou durante o sono[1].

---

1. Um sintoma histérico outrora muito comum, o *desmaio*, cujos motivos eram semelhantes, foi analisado pela própria sociedade, segundo parece, logo que descobriu a *intenção* que aí se dissimulava, o que levou a fazer do desmaio um objeto de zombaria. Desde então, ele passou de moda, tanto na vida como no palco, tendo perdido todo o crédito.

Essas conversões passageiras também se observam no plano motor, se bem que mais raramente. Não estou pensando aqui nos atos sintomáticos na acepção de Freud em *Psicopatologia da vida cotidiana*, que são atividades complexas, bem coordenadas, mas nos espasmos musculares isolados, às vezes dolorosos, ou então nas falhas musculares que lembram as paralisias.

Um neurótico que queria porque queria permanecer homossexual e desejava libertar-se de um nascente erotismo heterossexual era vítima de cãibras na perna esquerda toda vez que, no decorrer da análise, conseguia repelir fantasias de natureza a suscitar uma ereção. A identificação simbólica "perna-pênis, cãibra-ereção" foi descoberta pelo próprio paciente. Um outro paciente apresentava uma retração da parede abdominal – acompanhada ou não de uma sensação de retração peniana – desde que se permitisse, diante de seu médico, um pouco mais de liberdade do que seu inconsciente puerilmente medroso lhe consentia. Essa retração, como nos ensina a análise, era uma precaução contra o horrível castigo – a castração – de que o paciente fora frequentemente ameaçado em sua infância. Não é raro que a crispação do punho denuncie um humor agressivo, a contração dos maxilares o desejo inconsciente ou escondido de se calar ou de morder.

A fraqueza passageira de toda a musculatura ou de certos grupos musculares representa, às vezes, o sintoma de uma fraqueza moral ou a recusa em agir. A luta entre duas tendências de força igual pode exprimir-se – como no sonho – pela inibição de certos movimentos, o bloqueio de certos músculos, ou seja, a contração simultânea dos agonistas e antagonistas.

A análise desses sintomas transitórios de conversão revela na grande maioria dos casos a existência de eventos semelhantes na vida do paciente; devemos averiguar então em que circunstâncias o sintoma se manifestou outrora. Acontece, porém, surgir um sintoma transitório de conversão que o paciente diz observar pela primeira vez. A questão que se põe, nesse caso, consiste em apurar se o sintoma não terá escapado outrora, por falta de experiência, à auto--observação do paciente. Naturalmente, não podemos excluir a eventualidade de que a análise, ao penetrar nas camadas muito dolorosas do psiquismo, cuja quietude aparente ela perturba, leve o paciente a empregar novos meios de formação de sintomas. Pois na vida cotidiana, ou num tratamento não analítico, o encadeamento de ideias ter-se-ia interrompido a uma boa distância das zonas dolorosas.

Manifestações obsessivas transitórias podem igualmente aparecer no decurso do tratamento. De fato, toda ideia absurda que surge durante a análise no lugar de uma outra, carregada de sentido mas recalcada, assemelha-se em certa medida às formações obsessivas. (Freud chama-as de "ideias substitutivas".) Mas deparamo-nos às vezes com formações tipicamente obsessivas que invadem o espírito do paciente e só cedem à interpretação analítica.

Por exemplo, um neurótico obsessivo interrompe o curso de suas associações livres em virtude da súbita ocorrência do pensamento de que não compreende por que a palavra *janela* designa precisamente uma janela; como as letras *j-a-n-e-l-a*, esses sons e ruídos desprovidos de significação, podem representar um objeto concreto? Todas as minhas tentativas para induzi-lo a prosseguir em suas associações foram em vão; essa ideia domina-o a tal ponto que ele não pode pensar em mais nada. Durante um certo tempo, esse paciente arguto e inteligente conseguiu me desconcertar; resolvi discutir a ideia dele e comunicar-lhe algumas teorias sobre a formação da linguagem. Mas compreendi rapidamente que as minhas explicações não o afetavam e que a ideia da janela continuava a obcecá-lo. Ocorreu-me então que poderia tratar-se de uma resistência e procurei averiguar o que teria podido suscitá-la. Recapitulei tudo o que se passara no decorrer da análise antes do aparecimento da ideia obsessiva. Eu acabara de interpretar o sentido de um símbolo, com o que o paciente parecia ter anuído mediante um "sim" apressado. Participei-lhe então a minha hipótese de que ele não tinha provavelmente aceito a minha interpretação mas recalcara a sua oposição. A ideia obsessiva "por que as letras *j-a-n-e-l-a* representavam precisamente uma janela" podia também exprimir, por meio de um deslocamento, a incredulidade recalcada. Assim entendida, a sua questão era, portanto: "Por que esse *símbolo* que acaba de me ser interpretado significaria precisamente tal *objeto?*" A perturbação desapareceu em seguida a essa explicação.

A *contradição indireta* que, no nosso exemplo, adquiriu um aspecto obsessivo é da mesma natureza que certas reações *conscientes* das crianças pequenas que, quando querem opor-se a adultos, ficam muitas vezes restritas, por falta de audácia e de segurança, ao emprego dessa linguagem indireta, figurada[2].

Um outro obsessivo empregou um meio diferente para exprimir sua incredulidade. Começou por não compreender os termos estrangeiros de que me servia; depois, quando traduzi fielmente durante um certo tempo, declarou não entender nem mesmo o próprio húngaro. Comportava-se como se fosse um completo idiota. Expliquei-lhe que sua incompreensão exprimia seu ceticismo inconsciente. Na realidade, era a *mim* que ele desejava ridicularizar (por causa das minhas interpretações), mas recalcava essa intenção, fazendo-se passar por idiota, como se quisesse dizer: é preciso ser doido varrido para acreditar nessas lorotas. A partir disto, entendeu perfeitamente as minhas explicações[3].

Um terceiro neurótico tinha o espírito perpetuamente obcecado pela palavra *"lekar"* (o termo eslavo para médico). A obsessão explicava-se pelo homônimo alemão da palavra, uma expressão grosseira, que o paciente, de uma moralidade severa, só podia evocar sob essa forma indireta. Após a minha interpretação, a obsessão desapareceu quase por completo.

Em casos excepcionais, verdadeiras *alucinações* podem produzir-se durante a análise. (Muito mais frequentes são, como é natural, as reminiscências particularmente vivas mas que o paciente continua sendo capaz de considerar com objetividade.)

Uma de minhas pacientes possuía uma aptidão muito especial para as alucinações: recorria a elas toda vez que a análise tocava em pontos sensíveis. Quebrava bruscamente o fio das associações e apresentava alucinações aterradoras: levantava-se de um salto, refugiava-se num canto do consultório e, manifestando o mais vivo

---

2. Disse um dia a um garotinho de 5 anos que não devia temer os leões, que bastava olhar firmemente o leão nos olhos para que ele fosse embora. "Um cordeiro poderia muito bem comer um lobo, não é?" perguntou-me em seguida a criança. "Meu pequeno, você não parece ter acreditado no que eu disse a respeito do leão", respondi-lhe eu. "Não, de fato não acreditei, mas não precisa me querer mal por isso, não é?" retorquiu o jovem diplomata.

3. As observações analíticas confirmam a hipótese de que certas crianças inteligentes, antes do processo de recalcamento do período de latência, antes do aparecimento da "grande fase de timidez", têm os adultos na conta de loucos perigosos, a quem é impossível dizer a verdade sem correr o risco de uma punição, e cujas inconsequências e aberrações devem ser levadas em consideração. Esse ponto de vista das crianças talvez não seja inteiramente desprovido de fundamento.

terror, executava movimentos convulsivos de defesa e de proteção; depois acalmava-se progressivamente. Uma vez recobrado o espírito, podia contar-me em detalhe o conteúdo das alucinações; apurou-se assim que suas alucinações correspondiam à representação dramatizada ou simbolizada das fantasias ou dos pensamentos que precediam imediatamente a alucinação. Tratava-se, de modo geral, de fantasias simbólicas (combates com feras, cenas de estupro), das quais a análise fazia surgir novas lembranças, propiciando assim um intenso alívio à paciente. A representação alucinatória-simbólica era, pois, o último recurso contra certas tomadas de consciência. Este caso permitiu-me observar como as associações se aproximam pouco a pouco de um conhecimento desagradável, e o evitam no derradeiro instante, rechaçando a tensão afetiva para a esfera sensorial.

O aparecimento de *ilusões* transitórias também é bastante frequente (ilusões olfativas em particular). Num caso, pude observar, no decorrer da análise, a ilusão de uma transformação completa do mundo sensorial. Falávamos com a paciente sobre o seu excesso de ambição, relacionado com uma fixação narcísica; dizíamos que ela seria mais feliz se pudesse reconhecê-lo, renunciar a uma parte de seus sonhos de grandeza, e contentar-se com um êxito mais modesto. No mesmo momento, ela exclamou com ar radiante: "É extraordinário, de súbito tudo me parece tão iluminoso, tão intenso; a sala, a biblioteca, tudo brilha com cores vivas e naturais, ordena-se plasticamente no espaço em largura e profundidade." Interrogando-a, fiquei sabendo que a paciente deixara havia anos de perceber tão "intensamente" e via o mundo baço, chato e descolorido. A explicação era a seguinte: criança mimada, todos os seus desejos e caprichos eram satisfeitos pelo meio; mas, depois que atingiu a idade adulta, a sorte cruel não levava absolutamente em conta suas fantasias de desejos e, desde então, "o mundo não lhe agradava mais"; não tomara consciência desse sentimento mas deslocara-o para a esfera sensorial visual, e era por isso que o mundo inteiro lhe parecia tão deformado. Quando lhe mostrei que, ao renunciar à satisfação de uma parte de seus desejos, novas possibilidades de felicidade a aguardavam, sua esperança nascente projetou-se igualmente no plano óptico, iluminando, transformando em realidade sensorial o mundo que se lhe oferecia. Podemos dar a essas variações da excitabilidade óptica o nome de fenômeno *autossimbólico*, de acordo com a terminologia de Silberer; é a auto-observação simbolizada do funcionamento psíquico. Neste caso, seria mais exato, aliás, considerar o súbito desaparecimento do problema como uma formação sintomática transitória.

Um fenômeno frequente em análise poderia chamar-se "regressão caracterial" transitória: trata-se de uma dissolução provisória da sublimação de certos traços de caráter que regridem bruscamente para o estágio primitivo infantil da vida pulsional do qual provêm.

Não é raro que uma necessidade imperiosa de micção se manifeste em certos pacientes durante a sessão analítica. Alguns contêm-se até o fim da sessão, outros são obrigados a levantar-se e a sair da sala, com medo de não poder esperar. Nos casos em que toda explicação natural podia ser excluída (a minha comunicação só diz respeito a esses), pude atribuir essa necessidade à seguinte causa psíquica: tratava-se sempre de pacientes ambiciosos e vaidosos, que se recusavam a admitir esses traços de caráter, numa ocasião em que o material psíquico suscitado pela análise ofendia profundamente essa vaidade; de sorte que se sentiam humilhados aos olhos do médico, sem que o ego deles se tornasse totalmente consciente do ferimento, pudesse elaborá-lo e suportá-lo com a ajuda da razão.

Num dos meus pacientes, era tão flagrante o paralelismo entre o conteúdo mais ou menos ofensivo da entrevista analítica e a intensidade de sua necessidade de micção, que se podia suscitar à vontade essa necessidade prolongando um assunto desagradável para o paciente. A discussão analítica do tema crítico põe fim, provisória ou definitivamente, a essa "regressão caracterial".

Nos casos relatados, o fenômeno da regressão, descoberto por Freud, foi por assim dizer captado ao vivo. Um certo traço caracterial sublimado pode, em consequência de uma decepção – supondo-se que existem as fixações correspondentes no desenvolvimento psíquico –, retornar ao nível infantil, onde a satisfação do instinto ainda não sublimado não encontrava obstáculos. (Em vez do reconhecimento da ferida no amor-próprio, é a compulsão para a *enurese* que aparece, evocando assim a primeira grande humilhação da criança.) A expressão "Não há amor como o primeiro" encontra aí sua confirmação psicológica; o indivíduo ferido em sua vaidade retorna às bases autoeróticas de sua paixão.

Transtornos passageiros da defecação (diarreia, constipação) durante o tratamento assinalam com frequência a regressão do caráter anal para o erotismo anal. Um paciente, quando no final do mês remetia a seus pais a ajuda financeira a que se comprometera (o que desencadeava protestos de sua avareza inconsciente), apresentava geralmente uma diarreia intensa. Um outro ressarcia-se dos honorários pagos por uma emissão abundante de gases intestinais.

Um paciente que se sente tratado de forma inamistosa por seu médico pode – no caso de fixação autoerótica correspondente – passar para o *onanismo*. Esse modo de transferência assinala o reconhecimento de uma masturbação infantil, que pode ter sido totalmente esquecida. Pôde renunciar outrora à autossatisfação na medida em que o *amor objetal* (o amor dos pais) lhe oferecia uma compensação. Mas uma decepção nesse modo de amor provoca uma regressão ao autoerotismo. Ocorre até que pacientes que não se lembram de ter praticado alguma vez o onanismo chegam um dia com a confissão de que sucumbiram a uma compulsão irresistível de autossatisfação. Nesse momento, surge em geral a lembrança do onanismo praticado na infância mas completamente esquecido.

Essas regressões súbitas ao autoerotismo anal, uretral e genital explicam igualmente por que nos estados ansiosos (o medo de exames, por exemplo) adquire tamanha força a tendência para recorrer a essas formas de erotismo. Citemos ainda o exemplo do condenado, no instante do enforcamento, que em seu terror atroz relaxa seus dois esfíncteres e ejacula, às vezes, ao mesmo tempo: o fato poderia explicar-se, além da estimulação nervosa direta, por uma última regressão convulsiva às fontes do prazer da existência. Tive ocasião de observar um septuagenário vítima de uma afecção renal, torturado por violentas cefaleias e outras manifestações dolorosas, que em seu sofrimento executava movimentos masturbatórios.

Nos neuróticos do sexo masculino – se a atitude do médico lhes parece desprovida de calor – observam-se, por vezes, *formações obsessivas homossexuais*, frequentemente centradas na pessoa do médico. É a prova quase experimental de que uma das fontes da amizade está na homossexualidade, e de que, em caso de decepção, esse movimento da afetividade pode regredir ao estado primitivo.

Transferência. Notei que um dos meus pacientes bocejava muito. Dir-se-ia que ele estava, sem dúvida, muito entediado no meu consultório. Mas o fato notável é que ele manifestava em geral um vivo interesse pelo trabalho analítico e bocejava precisamente quando a entrevista abordava um conteúdo penoso mas muito importante para ele, o qual deveria, portanto, suscitar o seu interesse e não o seu tédio.

Foi uma paciente, cujo tratamento se iniciou pouco depois, quem me levou à explicação desse curioso fenômeno. Ela também bocejava com frequência e, aparentemente, fora de propósito; mas, por vezes, suas lágrimas corriam ao mesmo tempo. Acudiu-me então a ideia de que nesses pacientes o bocejo poderia ser um suspiro disfarçado: nos dois casos, a análise confirmou essa hipótese. Em ambos os pacientes mencionados, a censura tinha recalcado certos afetos dolorosos despertados pela análise (tristeza, luto), sem que, no entanto, o conseguisse inteiramente; ela só pôde *deslocar* o modo de expressão, o que bastava, não obstante, para dissimular seu verdadeiro caráter. Na sequência dessas observações, passei a vigiar as manifestações expressivas de todos os meus pacientes e descobri outras formas de deslocamento de afetos. Por exemplo, um de meus pacientes *tossia* toda vez que desejava esconder-me alguma coisa: as palavras previstas mas recalcadas manifestavam-se, mesmo assim, na forma de tosse. Parece, pois, que o *deslocamento dos afetos* de um modo de expressão para um outro segue a contiguidade fisiológica (bocejo = suspiro, fala = tosse). A tosse pode, aliás, exprimir uma vontade de rir reprimida, consciente ou inconsciente; mas, neste caso, o modo de manifestação do afeto deslocado – como no verdadeiro sintoma histérico – comporta ao mesmo tempo o *castigo* do desejo satisfeito.

Com frequência, as mulheres neuróticas tossicam no decorrer de uma exame médico, da auscultação, por exemplo; pode-se ver aí o deslocamento de uma vontade de rir devida a pensamentos e sentimentos eróticos. Depois do que acabo de dizer, ninguém ficará surpreendido com aqueles casos em que um soluço passageiro substituiu suspiros de desespero.

Esses sintomas transitórios no transcorrer da análise podem igualmente esclarecer os sintomas histéricos crônicos de mesma natureza (crises de choro, riso descontrolado). Quando lhe comuniquei as minhas observações, o professor Freud chamou a minha atenção para um outro modo de deslocamento de afetos, inverossímil mas verdadeiro. Certos pacientes produzem *ruídos intestinais* quando querem dissimular alguma coisa: a fala recalcada converte-se em expressão ventríloqua!

*

Além de seu interesse didático, sublinhado no início da minha exposição, a "formação de sintomas transitórios" tem igualmente um certo alcance prático e teórico. Por um lado, esses sintomas podem servir de ponto de ataque contra as resistências mais sólidas disfarçadas de deslocamento de afetos; revestem-se, portanto, de um interesse prático na técnica analítica. Por outro lado, fornecem-nos a ocasião de ver como se constituem e desaparecem sob os nossos olhos sintomas patológicos, o que esclarece o modo de formação e desaparecimento dos fenômenos neuróticos em geral. Permitem-nos, pois, fazer uma ideia da dinâmica da *patogênese*, pelo menos para certas doenças.

Freud ensinou-nos que uma neurose constitui-se em três etapas: na base temos a *fixação* infantil (distúrbio do desenvolvimento libidinal); a segunda etapa é o *recalcamento*, ainda assintomático, e a terceira é a eclosão da doença: a *formação do sintoma*.

Das observações de *formação de sintomas transitórios* aqui agrupadas, proponho-me extrair a seguinte hipótese: tanto nas grandes neuroses como nessas neuroses em "miniatura", o sintoma só aparece se o psiquismo estiver ameaçado, por uma causa exterior ou interior, pelo perigo de estabelecimento de um vínculo associativo entre os fragmentos de complexos recalcados e a consciência, ou seja, de uma tomada de consciência que perturbaria o equilíbrio assegurado por um recalcamento anterior.

A censura que se opõe ao desprazer zela pela quietude da consciência; nesses casos, ela pode chegar, *in extremis* por assim dizer, a desviar a excitação do seu caminho, o caminho da consciência; mas como não é possível restabelecer inteiramente a situação anterior de recalcamento, a excitação consegue fazer-se valer, ainda que seja ao preço de uma deformação, por intermédio do sintoma.

XVIII

Um caso de déjà vu

Os psicólogos chamam *déjà vu* a esse fenômeno decorrente da "psicopatologia da vida cotidiana" em que, no momento de viver uma situação ou um evento, somos invadidos pela estranha impressão, até mesmo a certeza, de que tudo isso já foi vivido uma vez, de maneira exatamente idêntica – sem que seja possível evocar o acontecimento anterior que está na base dessa impressão. Segundo Freud, esse estado de alma, estranho e às vezes penoso, é provocado pela reminiscência (inconsciente) de uma fantasia inconsciente ou de um devaneio diurno. Portanto, o nosso psiquismo já viveu efetivamente uma outra vez, e da mesma maneira, esse evento ressurgido do passado – ou, mais exatamente, a atmosfera em que ele se banha; entretanto, como o evento se desenrolou no inconsciente, é impossível a lembrança dele conscientemente, salvo através desse sentimento de inexplicável familiaridade que caracteriza o fenômeno.

Eu pude, há algum tempo, completar essa explicação de Freud ao observar que a impressão de *déjà vu* pode fundamentar-se não só em fantasias diurnas (devaneios) mas também num sonho esquecido (recalcado) da noite precedente. Nas edições recentes de seu livro, Freud registra essa observação[1].

*

Uma de minhas pacientes descreve durante a sua sessão de análise um sonho que teve na época em que era uma moça, e em

---

1. Ver Freud, *Psychopathologie de la vie quotidienne*, 3.ª ed. alemã, nota da p. 141.

que seu namorado aparece com um bigode aparado, tipo "escova de dentes". Imediatamente antes do relato do sonho, a paciente acabara de contar como outrora lhe fora penoso ouvir a confissão desse moço de que os homens não chegavam virgens ao casamento como as mulheres, mas ricos de uma abundante experiência erótica. Indagada sobre o que lhe recordava a escova de dentes, e sobre o que teria podido criticar na higiene bucal de seu amigo, ela reconheceu que lhe acontecia muitas vezes perceber nele o odor característico de uma "digestão difícil". O material contido nessas lembranças permitiu relacionar a extrema sensibilidade dessa paciente, aos cheiros com a ideia penosa de que ela poderia sentir *o odor de outras mulheres* em seu noivo. Quando lhe comuniquei essa hipótese, a paciente gritou: "Tudo o que se passa aqui, neste momento à minha volta, já me aconteceu uma vez. As suas palavras, a sua voz, os móveis, tudo, tudo já aconteceu uma vez, exatamente assim, sem nenhuma diferença!" Expliquei-lhe que ela acabara de viver a experiência bem conhecida do *déjà vu*, o que de certa maneira confirmava a minha hipótese. A paciente respondeu: "Oh, essa impressão, nós (ela e sua irmã) a conhecemos desde a infância; tínhamos o hábito de dizer que as coisas nos pareciam familiares, sem dúvida, porque outrora, *quando ainda éramos sapos*, já as tínhamos visto." Lembrei à paciente que, quando ela era ainda um sapo (embrião), encontrava-se efetivamente em estreita relação com um corpo feminino (sua mãe) e na proximidade de órgãos e excrementos que – segundo me dissera anteriormente – lhe despertavam repugnância. A paciente lembra-se então de algumas de suas teorias sexuais infantis (história da cegonha com o lago e os sapos, o nascimento por via anal, etc.), assim como do cheiro que tinha o corpo de sua mãe quando era autorizada a ir para a cama dela.

O conteúdo do sonho, do *déjà vu*, assim como as ideias associadas, depõem a favor da existência de uma relação (inconsciente), suspeitada desde longa data, entre a fixação homossexual e a hiperestesia olfativa, a qual pode manifestar-se na mulher por uma excessiva antipatia pelo "cheiro de mulher".

Este caso confirmava, ao mesmo tempo, o que eu pudera observar por outro lado, ou seja, que o *déjà vu* e o sonho estão em estreita relação recíproca. Mas, até o momento, só encontrara essa relação entre o *déjà vu* e um *sonho da noite precedente;* este caso mostrou-me, porém, que um *déjà vu* atual pode igualmente relacionar-se com *sonhos antigos*. Se considerarmos a primeira interpretação que Freud deu ao *déjà vu*, a saber, que o fenômeno resultaria da reminiscência de um *devaneio diurno* inconsciente, podemos resumir dizendo que *o déjà vu pertence à série das formações sintomáticas transitórias*[2] *e significa sempre o reconhecimento pelo inconsciente de um evento atual*.

A teoria infantil da paciente a respeito do *déjà vu* deve ser igualmente notada. Essa teoria faz remontar a estranha impressão de familiaridade a uma *existência anterior* em que o psiquismo habitava ainda um outro animal (o sapo). O pressentimento de Freud, que tinha sugerido a possibilidade dessa teoria, aí encontrou, portanto, uma confirmação[3].

Podemos, aliás, considerar a teoria da metempsicose, obstinadamente defendida desde tempos imemoriais, como a projeção mitológica da irrupção na consciência dos traços mnêmicos inconscientes deixados pela evolução da espécie, traços esses que subsistem nas profundezas do psiquismo humano.

---

2. Ver o artigo *Sintomas transitórios no decorrer de uma psicanálise*.
3. Ver Freud: *Die Psychopathologie des Alltagslebens* (S. Karger, Berlim, 3.ª ed., p. 134).

XIX

Notas diversas

DA GENEALOGIA DA FOLHA DE FIGUEIRA

A escolha da folha de figueira para dissimular os órgãos genitais explica-se pela identificação simbólica destes com o fruto da figueira. Ver o seguinte trecho de um hino de Arquílocos:
"Figueira generosa sobre a rocha, alimento de inumeráveis multidões; Pasilifo abrindo seu seio aos forasteiros."

(Em *Ars Amandi*, de Richard Nordhausen, p. 30.)

METAFÍSICA... METAPSICOLOGIA

"Nos altos céus busquei a fonte
"Da predestinação, do paraíso e do inferno.
"Então meu sábio mestre falou: 'Amigo, disse ele,
"Kismet, paraíso e inferno só existem em ti mesmo.'"

(Apotegma de Omar, o Construtor de Tendas, nascido em 1025, morto em 1123.)

PARACELSO AOS MÉDICOS

"... Não ironizeis, vós os médicos, que só conheceis uma pequena fração do poder da vontade. Pois a vontade é geradora de ardores de uma espécie que nada tem a ver com a razão." (Uma premonição do inconsciente que é inacessível à razão.)

(Paracelso, *Paramirum*, Tratado IV, cap. 81.)

GOETHE, DA REALIDADE NA IMAGINAÇÃO DOS POETAS

"Parece que tendo recebido a côngrua quando da distribuição das terras, foi-nos outorgado, a nós poetas, o privilégio de ser pagos por nossas loucuras."

(Carta a Schiller, de 15 de dezembro de 1795.)

UM PRECURSOR DE FREUD PARA A TEORIA DA SEXUALIDADE

O doutor S. Lindner, um pediatra de Budapeste, morreu aos 72 anos de idade. Foi uma das raras pessoas que Freud pôde considerar um precursor para a sua teoria da sexualidade. A principal obra do doutor Lindner é *Über Ludeln oder Wonnesaugen* [A sucção do polegar], publicada em *Archiv für Kinderheilkunde* (1879), em que relatava suas observações sobre os diferentes hábitos de sucção dos bebês e crianças de mais idade, enriquecidas com numerosas ilustrações. Insistia particularmente sobre a natureza erótica desse "mau hábito" e reconhecia sua evolução progressiva para a masturbação. Naturalmente, ninguém quis dar-lhe crédito; como ele defendia vigorosamente suas posições contra os que dele escarneciam, tinham-no por um excêntrico. Depois que Lindner se aposentou, o autor teve o privilégio de chamar sua atenção para o ressurgimento triunfal de sua teoria nos trabalhos de Freud.

XX

A figuração simbólica dos princípios de prazer e de realidade no mito de Édipo

Escreveu Schopenhauer[1]: "Toda obra procede de uma boa ideia que conduz ao prazer da concepção; entretanto, o nascimento, a realização, não está isento de dor, pelo menos no meu caso; pois encontro-me então diante de mim mesmo, como um juiz inexorável diante de um prisioneiro estendido sobre o potro, que ele força a responder até que não haja mais nada a perguntar. Quase todos os erros e loucuras inefáveis que enchem as doutrinas e as filosofias parecem-me resultar da ausência dessa probidade. Se a verdade não foi descoberta, não foi por falta de tê-la procurado, mas por causa da vontade de descobrir sempre em seu lugar uma concepção feita e acabada ou, pelo menos, que não colida com uma ideia cara; com esse propósito, foi necessário empregar subterfúgios, à revelia de todos, inclusive do próprio pensador. *É a coragem de ir até o fim dos problemas que faz o filósofo. Ele deve ser como o Édipo de Sófocles, que, procurando elucidar o seu terrível destino, obstina-se infatigavelmente em sua investigação, mesmo quando pressagia que a resposta só lhe reserva horror e espanto. Mas a maior parte entre nós contém no coração uma Jocasta suplicando a Édipo, pelo amor dos deuses, não ir mais adiante em suas indagações; e nós cedemos a ela, sendo por isso que a filosofia está onde está*[2]. Tal como Odin, na porta do inferno, interroga incessantemente a velha pitonisa em sua tumba, sem levar em conta suas reticências, suas recusas e suas súplicas para ser deixada em paz, o fi-

---

1. Carta a Goethe de 11 de novembro de 1815.
2. Passagem não grifada no original.

lósofo deve interrogar-se a si mesmo de modo implacável. Entretanto, essa coragem filosófica, que corresponde à sinceridade e à probidade na investigação que me atribuís, não brota da reflexão, não pode ser arrancada por resoluções, mas é uma tendência inata do espírito." A profunda sabedoria concentrada nesses comentários merece ser discutida e comparada aos resultados da psicanálise.

O que Schopenhauer diz da atitude psíquica necessária à produção científica (filosófica) parece ser uma aplicação à teoria da ciência das teses de Freud referentes aos "princípios que regem os fenômenos psíquicos"[3]. Freud distingue dois princípios: o princípio de prazer, que nos seres primitivos (animais, crianças, selvagens), assim como nos estados mentais primitivos (sonho, chiste, fantasia, neurose, psicose), desempenha o papel principal e utiliza processos tendentes à obtenção de prazer pelo caminho mais curto, ao passo que a atividade psíquica rejeita os atos que poderiam conduzir aos sentimentos de desprazer (recalcamento); e o princípio de realidade, que pressupõe um maior desenvolvimento e um estágio superior de evolução do aparelho psíquico, caracterizado pelo fato de que "no lugar do recalcamento, que exclui uma parte das ideias como fonte de desprazer, aparece o julgamento imparcial que deve decidir se uma ideia é exata ou falsa, ou seja, se está de acordo ou não com a realidade, mediante uma comparação com os traços mnêmicos da realidade".

Uma única categoria de atividades mentais não está submetida ao teste da realidade, mesmo depois da introdução do princípio superior: é a fantasia; e é a ciência que suplanta com maior êxito o princípio de prazer[4].

A concepção de Schopenhauer evocada mais acima, referente à disposição de espírito necessária para uma atividade científica, poderia exprimir-se mais ou menos assim, de acordo com a terminologia de Freud: o pensador pode (e deveria) dar livre curso à sua imaginação para poder saborear o "prazer da concepção" – sendo quase impossível, aliás, ter ideias novas de uma outra maneira[5] – mas

---
3. Freud: *Jahrb. d. Psychoanalyse*, volume III, p. 1.
4. Freud, *loc. cit.*, p. 4.
5. Ver Robitschek: "Symbolisches Denken in der chemischen Forschung", *Imago*, Jahrb. I, Heft I.

para que essas noções imaginárias possam tornar-se ideias científicas, elas devem submeter-se primeiro ao duro teste da realidade.

Schopenhauer percebeu com clarividência que, mesmo num cientista, as resistências mais fortes a um teste da realidade livre de preconceitos não são de ordem intelectual, mas afetiva. Até mesmo o cientista está sujeito às fraquezas e às paixões humanas: vaidade, ciúme, preconceitos morais e religiosos que, em face de uma verdade desagradável, têm a tendência para encobri-la, e não poucas vezes ele se mostra propenso a aceitar por verdade um erro que se harmoniza com o seu sistema pessoal.

A psicanálise apenas pode completar o postulado de Schopenhauer num único ponto. Ela descobriu que as resistências internas podem fixar-se desde a primeira infância e tornar-se totalmente inconscientes; por isso pede a todo psicólogo que se dedica ao estudo do psiquismo humano que proceda antes a uma exploração profunda de sua própria estrutura mental – até as camadas mais profundas e com a ajuda de todos os recursos da técnica analítica.

Os afetos inconscientes podem, contudo, deformar a realidade não só em psicologia, mas também em todas as outras ciências; por isso devemos formular o postulado de Schopenhauer da seguinte maneira: todo trabalhador científico deve, em primeiro lugar, submeter-se a uma psicanálise metódica.

São evidentes as vantagens que a ciência auferiria de um melhor autoconhecimento do cientista. Uma potência de trabalho considerável, atualmente desperdiçada em controvérsias pueris e em conflitos de prioridade, poderia ser consagrada a objetivos mais sérios. O perigo de "projetar na ciência particularidades de sua própria personalidade, atribuindo-lhes um valor geral"[6], seria muito menor. Do mesmo modo, a hostilidade que acolhe em nossos dias as ideias incomuns ou as proposições científicas sustentadas por autores desconhecidos, que não são apoiadas por nenhuma personalidade autorizada, cederia o lugar a um teste da realidade mais imparcial. Eu irei ao ponto de sustentar que, se essa regra de autoanálise fosse observada, a evolução das ciências que hoje se resume a uma sequência ininterrupta de revoluções e de reações custosas em energia observaria um curso muito mais regular e, ao mesmo tempo, mais rentável e rápido.

---

6. Freud: "Ratschläge, etc.". *Zentralbl. f. Psychoan,* Jahrb. II.

Não é certamente um acaso se Schopenhauer pensou logo no mito de Édipo para ilustrar por uma analogia a atitude psíquica própria para a produção intelectual do cientista e as resistências internas que se opõem a esse modo de trabalho apropriado. Se ele tivesse tido a convicção – como nós, psicanalistas – de que todo ato psíquico é estritamente determinado e determinável, esse pensamento ter-lhe-ia dado, por certo, margem para reflexão. Para nós, que temos a possibilidade de dispor da psicologia freudiana (que, à semelhança de um pé de cabra mental, abre tantas fechaduras consideradas até aqui inacessíveis), não é difícil completar essa análise. Schopenhauer, com essa ideia, mostrou ter inconscientemente percebido que a mais poderosa das resistências internas era a constituída pela fixação infantil das tendências hostis em relação ao pai e incestuosas em relação à mãe.

Essas tendências, que se tornaram muito penosas em consequência da civilização, da raça e do indivíduo, e foram portanto recalcadas, arrastam com elas para o recalcamento um grande número de ideias e de tendências vinculadas aos mesmos complexos, excluindo-as da livre circulação das ideias ou, pelo menos, impedindo que elas sejam tratadas com objetividade científica.

O "complexo de Édipo" não é somente o complexo nuclear das neuroses (Freud); a atitude adotada a seu propósito determina os principais traços de caráter do indivíduo normal, assim como, em parte, da faculdade de objetividade do cientista. Um homem de ciência a quem a barreira do incesto impeça de reconhecer as inclinações de amor e de falta de respeito que surgem nele em relação a pessoas de sua família não quererá nem poderá – em virtude da necessidade de recalcar essas inclinações – verificar com imparcialidade científica a exatidão dos atos, trabalhos e pensamentos dos personagens investidos de uma autoridade que recorde a autoridade paterna.

A decifração do conteúdo emocional e intelectual dissimulado no texto do mito de Édipo excedia, portanto, as possibilidades mesmo de um Schopenhauer, tão lúcido a tantos outros títulos. Ele desconhecia – como todo o mundo civilizado antes de Freud – que esse mito nada mais é do que uma fantasia de desejo, a projeção sobre um poder exterior, "o destino", de desejos recalcados (ódio ao pai, amor pela mãe) com um valor-prazer de sinal inverso (repulsa, horror). O filósofo estava, pois, muito longe de reconstituir o verdadeiro sentido do mito, de interpretá-lo como um "fenômeno material" (segundo o termo de Silberer). Enquanto escrevia essa carta, ele próprio estava, disso estou persuadido, sob o domínio de afetos que excluíam tal compreensão.

A continuação da carta revela-nos em que ocasião Schopenhauer sentiu-se impelido a comparar-se justamente a Édipo. Pela primeira vez, o filósofo desprezado via-se reconhecido por um homem tão importante e tão respeitado quanto Goethe. Respondeu-lhe pela expressão de sua gratidão em termos inesperados da parte de Schopenhauer, tão altivo e consciente de seu valor: "A carta repleta de bondade de Vossa Excelência deu-me grande prazer, pois tudo o que parte de vós é-me de um valor inestimável, sagrado. Ademais, a vossa carta contém um elogio de minha obra e a vossa aprovação é-me mais preciosa que a de qualquer outra pessoa."

É verdadeiramente a expressão de uma gratidão endereçada a um homem mais velho e respeitado, de quem se recebe a proteção há muito esperada, ou seja, em quem se espera reencontrar o pai. Ao lado de Deus, do soberano e dos heróis nacionais, os heróis espirituais como Goethe são também "espectros" do pai aos olhos de muitos homens que transferem para eles todos os sentimentos de reconhecimento e de respeito dedicados outrora ao pai verdadeiro. Entretanto, a alusão ao mito de Édipo também pode ser considerada uma reação inconsciente a essa expressão de gratidão – talvez um pouco extravagante – para com o pai, reação que, em virtude da atitude emocional fundamentalmente ambivalente do filho pelo pai, permitiu igualmente a manifestação de tendências hostis. O final da carta o confirma; o tom é cada vez mais firme e seguro. Schopenhauer propõe a Goethe contribuir para a publicação de sua obra principal, *Die Welt als Wille und Vorstellung* [O mundo como vontade e representação], e, por conseguinte, aborda-o como igual; elogia o valor excepcional de seu livro, a originalidade do seu conteúdo, suas qualidades de estilo, terminando num modo de objetividade bastante frio com algumas linhas redigidas num tom quase seco: "Queira-me comunicar, por obséquio, uma resposta concreta e sem demora, pois no caso de não aceitar a minha proposta, pretendo encarregar uma pessoa que está de partida para a feira de Leipzig de encontrar-me aí um editor."

Talvez seja precisamente porque a sua atenção estava desviada da interpretação concreta que Schopenhauer pôde, nessa carta, decifrar o "simbolismo funcional" de certos fragmentos do mito de Édipo (que até aqui escaparam até mesmo aos psicanalistas). Silberer chama "fenômenos simbólicos funcionais" às imagens que surgem nos sonhos, fantasias, mitos, etc., que, em vez de ilustrar o *conteúdo* do pensamento ou da fantasia, representam, indiretamente, o *modo de funcionamento* psíquico (desenvolto ou árduo, inibido, etc.)[7].

Se aceitarmos a comparação de Schopenhauer e a traduzirmos em linguagem psicanalítica, deveremos afirmar que os dois heróis principais da tragédia de Sófocles simbolizam igualmente os dois princípios da atividade psíquica. Édipo, "que, procurando elucidar o seu terrível destino, obstina-se infatigavelmente em sua investigação, mesmo quando pressagia que a resposta só lhe reserva horror e espanto", representa o princípio de realidade do espírito humano que impede o recalcamento das ideias incidentes, por mais penosas que sejam, exigindo que todas sejam submetidas ao teste da realidade. Jocasta, "suplicando a Édipo, pelo amor dos deuses, não ir mais adiante em suas indagações", é a personificação do princípio de prazer que, sem se preocupar com a realidade objetiva, não tem outro propósito senão poupar ao ego todo sentimento penoso, propiciando-lhe o máximo de prazer; e, para conseguir isso, expulsa da consciência, tanto quanto possível, todas as representações e ideias suscetíveis de produzir desprazer.

Encorajados pela interpretação de Schopenhauer e sua surpreendente confirmação analítica, aventuremo-nos um pouco mais perguntando-nos se é por puro acaso que o mito de Édipo, tal como a saga de Edda, igualmente citada pelos nossos filósofos, encarna o princípio de realidade num homem (Édipo, Odin) e o princípio de prazer numa mulher (Jocasta, Edda). Por via de regra, os psicanalistas não têm o hábito de precipitar-se para a explicação pela noção de "acaso" e seriam muito mais propensos a atribuir aos povos grego e teutônico, como a Sófocles e a Schopenhauer, um conhecimento inconsciente da bissexualidade de todo ser humano. Schopenhauer diz, com efeito, que a maior parte dos seres humanos traz consigo tanto Édipo quanto Jocasta. Essa interpretação concorda com a observação cotidiana de que a tendência para o recalcamen-

---

7.Ver os trabalhos originais e fecundos de Silberer sobre o simbolismo, em especial os publicados no *Jahrb. d. Psychoanalyse,* volumes I e III.

to – ou seja, o princípio de prazer – predomina em geral na mulher, ao passo que a aptidão para o julgamento objetivo e a tolerância à percepção de verdades desagradáveis – isto é, o princípio de realidade – prevalece no homem.

Um olhar exercitado pela experiência da psicologia individual poderá, sem dúvida, descobrir ainda e interpretar numerosos símbolos significativos na tragédia de Sófocles. Quero apenas assinalar dois símbolos particularmente impressionantes, ambos da categoria dos "fenômenos simbólicos somáticos" (Silberer), que refletem, por conseguinte, estados físicos. Para começar, temos o nome do herói da tragédia, Édipo, que em grego significa "pé inchado". Esse nome estranho e absurdo na aparência adquire seu sentido quando sabemos que nos sonhos e nos chistes, como no fetichismo do pé ou na fobia neurótica desse membro, o pé simboliza o órgão sexual masculino[8].

A tumefação do membro, assinalada no nome do herói, explica-se suficientemente por sua eretilidade. De resto, não nos podemos surpreender por ver o mito identificar com o falo o homem que cumpriu o destino monstruoso de ter relações sexuais com sua própria mãe, destino concebido, sem dúvida nenhuma, como sobre-humano.

O outro fenômeno simbólico somático é o fato de Édipo furar os olhos em punição por crimes cometidos inconscientemente. Sem dúvida, o trágico explica esse castigo: "Sim, que mais posso eu ver que me satisfaça?"[9] são as palavras que Sófocles põe na boca de Édipo (não sem equívoco, aliás). Mas a experiência psicanalítica está mais bem informada a esse respeito do que o próprio Édipo: ela sabe com que frequência os olhos são uma representação simbólica dos órgãos genitais, autorizando-nos assim a interpretar o ato de furar os olhos como um deslocamento da autocastração – a pena de talião – que constitui a verdadeira intenção de Édipo e mais compreensível nesse contexto. À pergunta horrorizada do corifeu, entretanto:

---

8. A interpretação de Ferenczi continua válida, sem dúvida, mesmo se lembrarmos a explicação do nome de Édipo dada pelo próprio Sófocles: o servidor que foi encarregado de expor Édipo recém-nascido perfurou seus calcanhares e passou uma corda por eles a fim de transportá-lo. (NTF)

9. Todas as citações são extraídas da tradução de Paul Mazon, ed. Livre de Poche. (NTF)

"– Oh, o que fizeste! Como pudeste destruir assim as tuas pupilas? Que divindade impeliu o teu braço?"

O herói responde:

"– Apolo, meus amigos! Sim, é Apolo que me inflige nesta hora estas atrozes, estas atrozes desgraças que são meu destino, meu destino doravante."

Em outras palavras, era o sol (Apolo Febo), o mais tirânico dos símbolos paternos[10], que o herói não devia voltar a olhar no rosto; poder-se-á ver aí um segundo fator determinando o deslocamento da punição de castração para a dos olhos vazados[11].

Uma vez assimiladas essas interpretações, poderia ser motivo de espanto que a alma popular tenha podido concentrar, desta forma, nesse mito o conhecimento do conteúdo psíquico essencial, o complexo nuclear do inconsciente (ou seja, o complexo parental), e a forma mais geral e mais ampla (simbolizada, é verdade) da atividade psíquica. Podemos, entretanto, compreendê-la estudando nos trabalhos mitopsicológicos fundamentais de Otto Rank a maneira como trabalha a alma poética popular. Rank mostrou com um belíssimo exemplo[12] que cada poeta "consegue, sob a influência de seus próprios complexos, pôr em destaque certos aspectos do material transmitido". Contudo, as chamadas produções populares também devem ser consideradas obra de numerosos ou inumeráveis indivíduos que inventam, transmitem e embelezam a tradição. "É somente assim, diz ele mais adiante, que a história será retomada por uma série de espíritos individuais similarmente orientados, trabalhando todos no mesmo sentido, por vezes durante gerações, a fim de isolar temas humanos universais e de desembaraçá-los dos elementos acessórios importunos."

Eis como poderíamos imaginar o processo de cristalização descrito por Rank após essa dupla interpretação do mito de Édipo:

---

10. Freud: "Nachtrag zur Analuse Schrebers", *Jahrb. d. Psychoanal.* Bd. III.
11. Essas interpretações de símbolos aparecerão imediatamente ao psicanalista experimentado; ele pode encontrar inúmeras confirmações delas em suas análises de sonhos. Entretanto, enquanto relia este artigo, tomei conhecimento pelo doutor Otto Rank de que a exatidão da explicação do nome de Édipo aqui proposta e a interpretação do vazamento dos olhos como símbolo sexual eram rigorosamente verificadas pelo estudo da mitologia comparada. Em sua recente obra "Das Inzest-Motiv in Dichtung und Sage", essas interpretações são confirmadas por uma rica coleção de fatos, tornando-as acessíveis igualmente ao não analista.
12. Rank: "Der Sinn der Griselda-Fabel", *Imago*, Jahrb. I, Heft I.

Cada conteúdo psíquico significativo mas inconsciente (fantasias agressivas em relação ao pai, desejo sexual pela mãe com tendências para a ereção, temor de castração pelo pai em castigo por intenções culposas) suscitou um representante simbólico indireto na consciência de todo homem. Indivíduos dotados de capacidades criadoras particularmente desenvolvidas, os poetas, deram uma expressão a esses símbolos universais. Assim foi que puderam nascer, primeiro separadamente, independentes uns dos outros, os diferentes temas míticos de abandono pelos pais, vitória contra o pai, relação sexual inconsciente com a mãe, vazamento voluntário dos olhos. No decorrer da passagem do mito por incontáveis espíritos poéticos individuais (segundo a hipótese bem sustentada de Rank), uma condensação dos diferentes temas levou secundariamente a uma unidade mais vasta, que subsistiu e se reproduziu sob uma forma aproximadamente idêntica em todos os povos e em todos os tempos[13].

É provável, entretanto, que nesse mito, como em todos os outros mitos e também, talvez, em toda produção psíquica em geral, manifeste-se paralelamente à tendência para a simbolização dos conteúdos psíquicos o objetivo inconsciente de representar os mecanismos psíquicos que governam esses conteúdos[14]. É essa última fusão que produz, enfim, o mito perfeito, que, sem nada perder do efeito produzido sobre os homens, transmite-se inalterado através dos séculos. E assim temos o mito de Édipo, que é não só uma representação em imagens dos complexos de ideias e de afetos mais profundamente recalcados da humanidade, mas também a expressão do jogo dos processos psíquicos que intervêm para dominar esses conteúdos e que variam de acordo com o sexo e a personalidade.

Deixemos alguns trechos da própria tragédia testemunhar a exatidão dessa interpretação.

ÉDIPO: E como não temer o leito de minha mãe?
JOCASTA: E o que teria a temer um mortal, joguete do destino, que nada pode prever com certeza? *Viver ao acaso, como se pode, é, de*

---
13. Ver, a este propósito, Rank: *Der Mythus von der Geburt des Helden*, Schriften zur angewandten Seelenkunde, Heft V.
14. Silberer, a quem devemos a noção de simbolismo funcional, cita uma extensa série de mitos e de contos que podem traduzir-se em fenômenos simbólicos materiais e funcionais. ("Phantasie und Mythos", *Jahrb. d. Psychoan.*, Bd. II).

longe, o que há de melhor[15]. Não receia o hímen de uma mãe; muitos mortais já compartilharam, em sonho, a cama materna. Aquele que menos importância dá a tais coisas é também aquele que mais facilmente suporta a vida.

JOCASTA (a Édipo que, à procura da horrível verdade, manda vir à sua presença a única testemunha do crime): E não importa de quem ele fale! Não te preocupes. De tudo o que te disseram, vai, não conserva nenhuma lembrança. Para quê!
ÉDIPO: Impossível! Já coletei indícios demais para renunciar agora a esclarecer minha origem.
JOCASTA: Não, em nome dos deuses! Se tens apego pela vida, *não pense mais nisso. Basta que eu sofra.*
JOCASTA: Para assim mesmo, acredita em mim, eu te conjuro.
ÉDIPO: Não acreditarei, quero saber a verdade.
JOCASTA: Sei o que digo. Vai, meu conselho é bom.
ÉDIPO: Pois bem! Teus bons conselhos já estão me exasperando.
JOCASTA: Ah! *Que possas nunca saber quem és!*

ÉDIPO: Pois então, *que eclodam todas as desgraças que quiserem! Mas minha origem, por mais humilde que seja, pretendo conhecê-la.*

O SERVO (que recebera a ordem de matar Édipo recém-nascido mas que preferira abandoná-lo no campo): Oh, infelicidade! Tenho de dizer o que há de mais cruel.
ÉDIPO: E eu escutar. No entanto, escutarei.

"A Jocasta em nós", como diz Schopenhauer, ou o princípio de prazer, na nossa terminologia, quer que o homem seja obrigado a "viver ao acaso, como se pode, é, de longe, o que há de melhor", quer que ele suprima o que o aflige, ou seja, que se recuse, em virtude da mais superficial das motivações, a atribuir a menor significação às fantasias e aos sonhos a respeito da morte do pai e das relações sexuais com a mãe, a prestar atenção às palavras desagradáveis e perigosas, a buscar a origem das coisas e, acima de tudo, a procurar saber quem é.
Entretanto, o princípio de realidade, o Édipo que está em todos os seres humanos, não se deixa desviar da verdade, mesmo que

---

15. As passagens grifadas não o são no original.

amarga e terrível, pelas seduções do prazer; nada lhe parece indigno de uma verificação; não se envergonha de explorar as predições oriundas de superstições ou dos sonhos, para aí encontrar o núcleo de verdade psicológica, e aprende a suportar a ideia de que o mais profundo de sua alma contém instintos agressivos e sexuais que nem mesmo as barreiras erigidas pela civilização entre os pais e os filhos conseguem deter.

XXI

Filosofia e psicanálise[1]

(Comentários a um artigo do professor J.-J. Putnam,
da Universidade de Harvard)[2]

O célebre professor da Escola de Medicina de Harvard, num artigo motivado pelas mais nobres intenções e dotado de toda a força persuasiva de uma convicção sincera, insiste para que a psicanálise, que ele reconhece sem reservas ser um valioso método psicológico e terapêutico, seja integrada a um sistema filosófico mais vasto.

Os analistas acompanharão, sem dúvida, a sua argumentação em larga medida. O psicólogo que se incumbe da tarefa de aprofundar o nosso conhecimento da alma humana não pode afastar do seu campo de observação esses sistemas filosóficos tão justamente apreciados pela humanidade, em que espíritos excelsos expuseram suas convicções mais profundas sobre a natureza e o significado do universo. Se a análise pôde descobrir verdades psicológicas permanentes, disfarçadas de forma simbólica, nesses produtos por tanto

---

1. Publicação original em alemão: *Imago* (1912), I, 519. Primeira tradução inglesa em *Final Contributions to the Problems and Methods of Psychoanalysis*, Hogarth Press, p. 326. Versão húngara em Budapeste, Ideges Tünetek, ed. Dick Mano, p. 142.
2. "Über die Bedeutung philosophischer Anschauungen und Ausbildung für Entwicklung der psycho-analytischer Bewegung" ("On the Significance of Philosophical Ideas and Training for the Development of the Psychoanalytic Movement"). "De la signification des idées philosophiques et la formation pour le développment du mouvement psychanalythique". Apresentado no 3.º Congresso Internacional de Psicanálise, Weimar, 1911. Publicado em *Imago* (1912), I, 101.

tempo menosprezados do espírito popular que são os mitos e os contos, é lícito esperar que o estudo da filosofia e da história enriquecerá igualmente novos pontos de vista e novas descobertas. Do mesmo modo, nenhum psicanalista se recusará a admitir "que nenhuma investigação terá êxito se não levar em conta suas relações naturais com as investigações feitas nos outros domínios". A psicanálise não tem a pretensão de explicar tudo a partir de si mesma e, se ainda estamos longe de ter esgotado todos os seus recursos, começamos a entrever, porém, os limites da nossa ciência, o ponto onde deveremos transmitir a tarefa de explicar os processos a uma outra disciplina, como a física, a química ou a biologia, por exemplo.

Todo analista, dispondo da noção de pré-consciente, essa camada das transformações criadoras do espírito onde se elabora todo o progresso psíquico, admitirá igualmente sem reservas que "sabemos mais do que somos capazes de exprimir", que "toda descoberta é apenas uma viagem de exploração no nosso próprio psiquismo", que o dever de todo psicanalista consiste em "fazer todo o possível por evidenciar e elucidar todas as premonições ou pensamentos (inclusive no domínio religioso)". Em suma, se eu quisesse sublinhar todos os argumentos no artigo do professor Putnam com os quais concordo, não me restaria outra coisa senão reproduzir uma parte considerável do artigo.

Entretanto, esse artigo extremamente interessante e estimulante contém observações que despertaram a minha viva oposição e que eu me permitiria exprimir, embora não possua nenhuma formação filosófica, ao passo que o professor Putnam goza de todas as vantagens de um espírito exercitado em filosofia.

O professor Putnam gostaria que os psicanalistas submetessem ou, em todo caso, adaptassem seus conhecimentos recém-adquiridos a uma perspectiva filosófica determinada.

Essa ideia parece-me perigosa para a ciência em geral e especialmente para a psicanálise, que, mesmo em seu próprio domínio, ainda não elaborou suficientemente todas as correlações. Até à caça dos bosques está assegurado um período de interdição venatória, a fim de dar-lhe o tempo necessário ao seu desenvolvimento; como se poderia recusar esse período de graça a uma ciência jovem como a psicanálise e atacá-la desde já com as armas da metafísica? Quanto mais se protela a edificação de um sistema, contentando-se em acumular fatos sem preconceito e em estabelecer correlações, maiores são as probabilidades de se fazerem novas descobertas. A elaboração prematura de um sistema cria no investigador um estado de espírito pouco propício ao controle objetivo da realidade, levando-o a ignorar ou a minimizar os fatos que não concordam com o sistema.

Não se deve negligenciar, por certo, que a psicanálise tem o direito e mesmo o dever – como a psicologia em geral – de observar e examinar as condições de aparecimento das diferentes produções psíquicas, inclusive os sistemas filosóficos, e de mostrar que as leis gerais do psiquismo são igualmente válidas. Mas como poderia a psicologia estabelecer as leis que regem a filosofia se ela mesma pode ser suspeita de pertencer a um sistema filosófico determinado?

Vou tentar demonstrar com um exemplo que não é impossível nem inteiramente estéril aplicar o ponto de vista psicológico às condições de aparecimento dos sistemas filosóficos. A investigação psicanalítica de doentes permitiu diferenciar dois mecanismos de recalcamento opostos (retirada da atenção consciente de todas as fontes de desprazer). Os pacientes paranoicos vivenciam os processos mentais subjetivos geradores de desprazer como uma intervenção do mundo externo (projeção); os neuróticos, em contrapartida, podem experimentar os processos que se desenrolam no mundo externo (ou seja, em outrem) com a mesma intensidade como se eles próprios os vivessem; "introjetam" uma parte do mundo externo para aliviar um pouco sua própria tensão psíquica. É extraordinário constatar que certos sistemas filosóficos têm estreitas analogias com esses mecanismos opostos, indiscutivelmente determinados por causas afetivas. O materialismo que nega o ego, dissolvendo-o completamente no "mundo externo", pode ser considerado a mais completa forma concebível de projeção; ao passo que o solipsismo, que nega totalmente o mundo externo, ou seja, absorve-o no ego, é a forma extrema de introjeção[3]. Nada tem de absurdo pensar que uma grande parte da metafísica possa exprimir-se em termos de psicologia ou, como diz Freud, ser uma metapsicologia (*Psicopatologia da vida cotidiana*). Mais tarde, Freud sublinharia a analogia parcial existente entre a formação dos sistemas filosóficos e paranoicos (*Totem e tabu*, cap. II). Uma outra parte da filosofia poderia apresentar-se, entretanto, como uma premonição de verdades científicas.

---

3. Ferenczi: "Transferência e introjeção" (1909) e "Conceito de introjeção" (1912), ambos neste mesmo volume.

A ciência deve ser comparada a uma empresa industrial que se ocupa da fabricação de valores novos; uma "visão da vida" filosófica, em contrapartida, é apenas um balanço muito rudimentar que podemos estabelecer, de tempos em tempos, com base em nossos conhecimentos atuais, sobretudo para determinar os pontos aonde os nossos próximos esforços deverão nos levar. Mas o estabelecimento contínuo de balanços perturbaria a produção, absorvendo energias que poderiam ser mais bem empregadas.

Os sistemas filosóficos são como as religiões; são obras de arte, ficções. Contêm, indiscutivelmente, um grande número de ideias de valor e não cabe depreciá-las. Mas pertencem a uma categoria distinta da ciência; entendemos por ciência a soma total dessas leis que devemos, depois de expungidas, tanto quanto possível, das produções imaginárias do princípio de prazer, considerar provisoriamente como estabelecidas na realidade. Existe somente uma ciência, mas há tantos sistemas filosóficos e tantas religiões quantas as tendências intelectuais, afetivas e emocionais que a humanidade apresenta.

As duas disciplinas, filosofia e psicologia, obedecem a princípios diferentes, e as duas têm interesse em permanecer separadas. A psicologia deve reservar-se o direito de formular julgamentos sobre a filosofia e, em troca, deve tolerar sua integração em diferentes sistemas filosóficos. Mas, em seu próprio domínio, a psicologia tem que permanecer soberana e não ligar sua sorte a nenhum desses sistemas.

Segundo o sistema filosófico em que o professor Putnam gostaria de ver a psicanálise enquadrar-se, a única potência verdadeira no universo é uma força diretora independente, uma personalidade dotada dos mais elevados dons intelectuais e morais – pode-se dizer, por certo, uma personalidade divina – que, sob o impulso de suas tendências intrínsecas, permitiu – e permite ainda – o surgimento e o desenvolvimento do "mundo físico". Desde antes do aparecimento dos corpos mais primitivos, esse espírito era simultaneamente inteligente e moral, e não atingiu nos seres humanos a plenitude dessas características. Tudo isso evoca uma adaptação dos mais antigos mitos da criação à biogenética, apenas com a diferença de que a criação do mundo não é atribuída a um ato único mas a uma série ininterrupta de atos, iniciada no passado e prosseguindo no presente. Se assim quisermos, podemos qualificar de monístico esse sistema, pois considera o mundo físico uma manifestação da mesma força espiritual que criou o mundo. Mas é um monismo que se assemelha de modo extraordinário ao dualismo. Não obstante, isso não constitui uma objeção; um universo dualista não é mais inconcebível do que um universo monista, e as filosofias monista e dualista têm direitos iguais à existência. Mas não vemos por que é necessário estabelecer uma relação estreita e intrínseca entre a psicanálise e o ponto de vista esboçado pelo professor Putnam. Os dados da psicanálise podem integrar-se a não importa que sistema materialista ou idealista, monista ou dualista. As verdades da psicanálise são inteiramente compatíveis, por exemplo, com uma filosofia que vê a essência e a origem do universo num impulso cego, não inteligente e não moral, como Schopenhauer o concebe. Não é impossível imaginar que uma força cega, sem objetivo e sem significação em si, pudesse levar ao desenvolvimento de criaturas altamente inteligentes pelo processo de seleção natural; nada se opõe, em nossas experiências psicológicas, a uma tal concepção.

Uma outra filosofia possível e mesmo sedutora, do nosso ponto de vista, é o agnosticismo, que reconhece honestamente a impossibilidade de resolver os problemas últimos e por isso não é um sistema filosófico verdadeiramente fechado. Pois se o professor Putnam está certo em afirmar que a razão não pode servir para negar a existência da razão, ele despreza, por outro lado, o perigo inerente na tentação de superestimar o papel da consciência no universo, sucumbindo assim a um antropomorfismo que não se justifica inteiramente. Aliás, é uma sorte para a ciência que nenhum sistema filosófico apresente um caráter de certeza indiscutível; pois uma solução definitiva para os problemas fundamentais da vida destruiria todo impulso para a descoberta de verdades novas.

O professor Putnam diferencia com razão o conteúdo psíquico dos mecanismos psíquicos. Mas acrescenta que não é nem possível nem necessário que os modos de funcionamento psíquicos evoluam, e afirma que o espírito infantil e o inconsciente na acepção psicanalítica diferem do espírito consciente do adulto somente por seu conteúdo e não por seu modo de funcionamento.

A experiência psicanalítica mostra, entretanto, que os processos inconscientes (e, numa certa medida, também o espírito infantil) e os processos conscientes não diferem somente por seu modo de funcionamento.

Os conteúdos psíquicos conscientes de um adulto normal desperto são integrados às categorias do espaço, do tempo e da causalidade, e submetem-se à prova de realidade. A consciência, enquanto não ocorrer a intervenção dos fatores inconscientes, é lógica. Os conteúdos psíquicos de um adulto instruído estão, além disso, submetidos a uma visão ética e estética.

O inconsciente é regido, porém, por princípios inteiramente diferentes. O princípio dominante é a evitação do desprazer, e as referências temporal e causal intervêm pouco. Os conteúdos psíquicos, arrancados às suas conexões lógicas, dispõem-se em camadas num espaço-prazer em relação com o seu peso-prazer específico, sendo que o mais desagradável é o mais distanciado dos limites da consciência. Verifica-se assim que elementos logicamente heterogêneos, mas de um valor-prazer similar e por esse fato associados, encontram-se estreitamente ligados ou mesmo combinados; os contrários podem tolerar-se numa estreita vizinhança; a mais longínqua analogia é admitida como identidade; uma "flutuação incrivelmente rápida das imensidades" (Freud) permite os deslocamentos e as condensações mais aberrantes do ponto de vista da lógica; a ausência do poder de abstração e de simbolização verbal só permite o pensamento em imagens dramatizadas. Para quem analisou sonhos, chistes, sintomas e neuroses, não há dúvida nenhuma de que, no nível último do espírito, as categorias ética e estética têm pouco ou nenhum valor.

Dito isto, não se pode considerar impossível que um psiquismo equipado da faculdade da consciência represente uma forma "superior" do desenvolvimento mental, não apenas pelo conteúdo mas também pelo modo de funcionamento; o que implica simultaneamente a possibilidade de desenvolvimento de formas superiores de atividade mental a partir de formas mais simples e mais primitivas.

A passagem do artigo do professor Putnam que compromete mais seriamente a psicanálise é um ataque contra a noção de determinismo psíquico. Pois o principal avanço que devemos à análise é o de nos ter permitido demonstrar que os fenômenos psíquicos estão submetidos a leis constantes e imutáveis, tais como os fenômenos do universo físico.

Quantas e quantas vezes, no decorrer dos tempos, se emitiu a hipótese de que os nossos atos voluntários são determinados. Mas foi a psicanálise de Freud que revelou os fatores determinantes inconscientes, permitindo-nos assim constatar que o que a consciência experimentou como atos voluntários livres, assim como as ideias supostamente espontâneas de onde eles decorrem, são o resultado inevitável de outros processos psíquicos que, por sua vez, são estritamente determinados. O psicanalista que, em virtude de sua experiência cotidiana, traz no sangue a convicção do determinismo dos processos voluntários, deve-lhe o sentimento reconfortante de que não é obrigado a abandonar no domínio psíquico o terreno sólido das leis científicas.

Por outro lado, um exame mais atento permite verificar também que a diferença aparentemente considerável entre esse ponto de vista e o do professor Putnam repousa (pelo menos em parte) numa diferença de terminologia. Em alguns lugares, ele identifica os conceitos de vontade e de vontade indeterminada que nós mesmos nos empenhamos em diferenciar com toda a nitidez. A psicanálise certamente não nega a existência da vontade (instinto). Longe de querer ser tão só uma descrição biogenética que "se contenta em explorar com suficiente exatidão os fenômenos sucessivos de um processo de desenvolvimento", ela vê agirem "tendências" em todo o psiquismo, ou seja, processos mentais que só podem comparar-se à nossa vontade consciente. Portanto, a psicanálise não é uma simples descrição mas uma tentativa de interpretação dinâmica dos processos psíquicos. A psicanálise jamais pretendeu que Hamlet era "desprovido de vontade", mas que, em consequência de seus caracteres inatos e adquiridos, estava destinado a exercer sua vontade de maneira hesitante e finalmente trágica.

O professor Putnam erra igualmente quando considera o princípio do *laisser-faire* equivalente ao determinismo. Os economistas políticos modernos têm razão em ensinar que as "ideologias", ou seja, os processos voluntários e conscientes, desempenham um papel importante no desenvolvimento da economia do Estado. Mas isso não quer dizer, em absoluto, que os processos voluntários e conscientes são livres, ou seja, indeterminados. O determinismo não deve ser confundido com o fatalismo. A doutrina da determinação da vontade não pretende que não possamos querer nem agir (*laisser-faire*), e que só temos de aguardar que os "determinantes" façam o trabalho no nosso lugar. Ela pretende apenas que o que subjetivamente nos parece ser um ato de livre-arbítrio não pode ser subtraído à influência dos "determinantes". A recusa em nos abandonarmos ao princípio do *laisser-faire* e a vontade de assumir ativamente a direção do nosso destino não é uma decisão decorrente do livre-arbítrio, mas o resultado de determinantes filogenéticos e ontogenéticos que nos protegem do perigo de sucumbir a uma preguiça nociva ao indivíduo e à espécie.

O professor Putnam não pode evitar de recriminar à análise o fato de estar orientada de modo excessivamente exclusivo para a psicologia do inconsciente de crianças, selvagens, artistas, neuróticos e psicopatas, aplicando os resultados assim obtidos à atividade sã e sublimada de adultos normais, ao mesmo tempo que negligencia o processo inverso, a saber, explorar o psiquismo partindo das mais elevadas realizações mentais do homem.

Os fatos aí estão, não queremos negá-los. Mas subsiste a questão de saber se a abordagem inversa, que caracteriza a psicanálise, deve realmente ser considerada prejudicial ou, pelo contrário, o avanço mais fecundo e mais considerável no domínio dos métodos psicológicos.

Durante séculos, todos os esforços visavam a apreensão dos processos mentais a partir da consciência; foi por essa razão que se introduziu a psicologia pela força nas categorias do espírito humano consciente e culto (lógica, ética, estética). Mas não se pode afirmar que um grande benefício tenha resultado disso. As mais simples manifestações da vida psíquica permaneceram herméticas e, apesar de todas as garantias doutrinárias pretendendo o contrário, a estéril "psicologia das faculdades" prevaleceu sempre. Como reação, surgiu uma tentativa de abordagem psicofisiológica que, no entanto, não pôde lançar uma ponte sobre o abismo que separa os processos fisiológicos relativamente simples e as realizações mentais complexas do homem civilizado. A psicofisiologia fracassou quando quis abandonar o domínio da fisiologia descritiva dos sentidos; neste caso foi forçada – num contraste flagrante com a precisão tão elogiada de seus métodos – a recorrer às hipóteses mais temerárias.

Depois vieram as surpreendentes descobertas de Freud a respeito dos processos mentais inconscientes, e o método que nos permitiu explorar o conteúdo e o funcionamento deles. Essas descobertas foram inicialmente feitas com base em doentes. Mas quando Freud tentou inserir os processos mentais latentes postos a descoberto em neuróticos no espaço que separa a biologia e a psicologia do consciente dos indivíduos normais, os problemas que a psicologia do consciente atacava sem êxito e que a psicofisiologia não se atrevera sequer a enfrentar foram resolvidos sem dificuldade.

Os sonhos, os chistes, os atos falhos dos indivíduos normais foram reconhecidos como estruturas psíquicas da mesma natureza e obedecendo às mesmas leis científicas; a aparência de acaso ou de arbitrário dissipou-se; a descoberta do inconsciente levou à cristalização de uma compreensão mais profunda da psicologia do artista e do poeta, dos fenômenos da mitologia e da religião, da psicologia dos povos e da sociologia. Com a ajuda do inconsciente pôde ser demonstrada a existência do princípio biogenético na esfera psicológica.

Os surpreendentes êxitos obtidos pela aplicação das descobertas de Freud deveriam convencer-nos, na minha opinião, a não abandonar um método tão fecundo; mas, pelo contrário, a considerar que os seus resultados são a confirmação pragmática de sua exatidão, e a ampliar ainda mais o campo de sua aplicação. Pensamos, pois, que tentar explicar os processos e o funcionamento da consciência por meio da psicologia profunda é mais urgente, porque mais rico de promessas, do que seguir o conselho do professor Putnam e, partindo da consciência, prosseguir na prospecção de poços abandonados por causa de sua improdutividade.

É possível, por certo, que a farta corrente de conhecimentos novos que atualmente nos oferece a investigação do inconsciente se esgote um dia, e sejamos obrigados a reatar a pesquisa psicológica a partir de novas bases: talvez a partir da consciência ou da psicologia. Quero simplesmente sublinhar aqui que, de imediato, a nossa tarefa consiste em prosseguir no aprofundamento da psicanálise, independentemente de todo e qualquer sistema filosófico.

XXII

Sugestão e psicanálise

São numerosos aqueles que consideram a psicanálise uma terapêutica baseada na sugestão. Tal julgamento é fruto da falta de informação e de conhecimentos. Mas até os que percorreram algumas obras analíticas são propensos a qualificar a psicanálise, com base numa informação superficial, de "método sugestivo", quando não tiveram uma experiência prática pessoal, quando não viveram eles próprios uma análise. Em contrapartida, aqueles que praticam a psicanálise – como é o meu caso – reconhecem uma grande diferença entre esses dois métodos de investigação e de tratamento que são a análise e a sugestão. É sobre essas diferenças que me proponho falar.

Talvez os leitores me perdoem se, cedendo a razões sentimentais, dirijo-me primeiro aos que não estão informados e, portanto, são imparciais, para me ocupar em seguida das objeções dos outros.

É quase inútil definir o sentido do termo "sugestão"; todos sabem o que essa palavra significa: a introdução voluntária de sensações, sentimentos, pensamentos e decisões no universo mental de um outro, e isso de maneira tal que a pessoa influenciada não possa corrigir ou modificar por iniciativa própria os pensamentos e sentimentos sugeridos. Em suma, diremos que a sugestão consiste em impor, ou em aceitar incondicionalmente, uma influência psíquica estranha. A desconexão do espírito crítico é, portanto, a condição *sine qua non* de uma sugestão bem-sucedida.

E quais são os meios empregados? Por um lado, a autoridade, a intimidação; por outro, a insinuação com a ajuda de uma atitude benevolente e calorosa. Tentei demonstrar, num outro artigo, que a sugestão rebaixa o paciente ao nível de uma criança incapaz de resistir ou de pensar e refletir por si mesma; o sugestionador pesa sobre a autoridade do paciente com uma autoridade quase paternal, ou então insinua-se no espírito do "médium" com uma doçura acariciadora do tipo maternal. E o que quer fazer de seu médium aquele que pratica a hipnose ou a sugestão? Muito simplesmente impedi-lo de sentir, saber ou querer o que, segundo a sua natureza, deveria sentir, saber ou querer: que não sofra mais de suas dores físicas ou psíquicas, que sua consciência não seja sobrepujada por ideias obsessivas, que não se esforce mais por atingir objetivos inacessíveis. Ou então que seja capaz de saber, sentir, querer, a despeito de uma resistência interna: que possa trabalhar, concentrar sua atenção, concretizar projetos; que possa perdoar, amar, odiar, mesmo quando obstáculos internos ou externos o paralisam. Como Jesus, o hipnotizador diz ao paralítico histérico: "Levanta-te e anda", e o paciente deve levantar-se e andar. À mulher que vai dar à luz, ele diz: "Darás à luz sem sofrimento", e ela obedece.

Como se vê, a hipnose e a sugestão não fazem diferença nenhuma entre a supressão de um mal orgânico, de um conhecimento, de um ato voluntário reais, e a de males irreais, que chamamos "imaginários".

A terapêutica por hipnose e sugestão seria um procedimento maravilhoso, um verdadeiro milagre para contos de fadas, se a sua aplicação não deparasse com tantos obstáculos.

O primeiro e principal obstáculo é este: nem todas as pessoas podem ser sugestionadas. Quanto mais os homens se tornam independentes, maduros, moral e intelectualmente evoluídos, menos indivíduos haverá que o hipnotizador, esse médico milagroso, poderá reduzir ao estado de uma criança dócil.

O segundo obstáculo provém do fato de que mesmo no caso de um indivíduo ser influenciável devido a uma relativa limitação ou mesmo de uma redução do campo de sua autoconsciência, essa influência é apenas provisória, só dura enquanto se prolongar a autoridade do sugestionador, ou enquanto permanecer intata a confiança que o seu paciente lhe dedica. Na verdade, trata-se frequentemente de um período de tempo muito curto.

Talvez isso pareça insignificante, mas, do ponto de vista do paciente sugestionado, importa saber que a hipnose ou a sugestão fixam, de algum modo, a diminuição do campo da consciência, instruindo o paciente para manter-se cego a uma parte de suas percepções externas e internas. Aquele que se abandona totalmente ao hipnotizador chegará facilmente a crer na Virgem de Lourdes ou na vidente de Ó-Buda[1].

A psicanálise, pelo contrário, assenta na sólida base do determinismo rigoroso da vivência psíquica. Recusa-se, em primeiro lugar, a admitir o ponto de vista segundo o qual as chamadas doenças "imaginárias" são manifestações sem fundamento, aparentadas com a simulação e os absurdos. Outrora, antes de conhecer a psicanálise, os pacientes me colocavam frequentemente numa situação embaraçosa, quando eu queria sugerir-lhes alguma coisa. Quando eu dizia a um paciente incapaz de se submeter a um trabalho sistemático: "Você não está doente, meu amigo, recobre as forças, basta querer!", ele me respondia: "O meu mal, doutor, é justamente o de não ter vontade; digo-me dia e noite: você tem que, você tem que, e, apesar de tudo, não consigo. Procurei-o precisamente para que me ensine a querer!" Nos casos semelhantes, o paciente (pois ele está, sem dúvida nenhuma, doente e sofre) fica muito pouco impressionado quando o médico não faz outra coisa senão repetir-lhe, talvez num semitom mais alto ou com um ar grave, severo ou muito firme: "Perfeitamente, você tem que querer!" O paciente volta para casa, triste e decepcionado; vai procurar um outro médico, e quando tiver consultado todos e todos o tiverem decepcionado, cairá no desespero ou nas mãos de charlatães. Conheço o caso de um médico célebre que cuidava de uma jovem vítima de obsessões; ela o procurara cheia de confiança; ele a mandou embora afirmando que, no seu entender, ela não tinha nada. A jovem regressou a casa e enforcou-se.

Podemos dizer que não se trata de verdadeiras doenças, quando tantos seres padecem delas durante anos e anos, chegando a abandonar a família, a negligenciar seu trabalho ou a fugir no suicídio? Não existe uma boa dose de verdade neste comentário irônico de um doente ao seu médico, que o aconselhava a não "inventar ideias": "E o senhor, por que não inventa algumas ideias, doutor?"

Assim, a psicanálise descobriu que não são os hipnotizadores mas os doentes que tinham razão. O doente imaginário e o homem

---

1. Um dos bairros de Budapeste. (N. do T.)

sem vontade são realmente pessoas que estão mal; é somente a respeito da verdadeira causa de seu mal que elas estão erradas. O medo do hipocondríaco é "sem fundamento" quando ele observa seu pulso, controla incessantemente seu funcionamento cardíaco, acreditando estar para morrer a qualquer instante; mas ele traz em si uma causa escondida, uma angústia secreta que alimenta continuadamente a angústia dirigida para o seu corpo. O paciente que sofre de agorafobia histérica, que não se atreve a dar um único passo na rua, possui, sem dúvida, um sistema nervoso central e periférico sem falhas, músculos, articulações e ossos em perfeito estado. Mas isso não significa que ele "esteja bem". Laboriosa e pacientemente, a psicanálise busca e encontra a ferida espiritual esquecida, enterrada no inconsciente, da qual a agorafobia é a expressão mascarada, deformada.

Portanto, ao passo que a hipnose e a sugestão se contentam em negar o mal, ou em enterrá-lo mais profundamente – deixando-o na realidade latente no fundo do psiquismo como o fogo sob as cinzas –, a psicanálise exuma o mal, energicamente mas sem brutalidade, e reencontra o foco do incêndio.

E quais são esses focos de incêndio? São as lembranças, os desejos, as autoacusações, as feridas profundas no amor-próprio, aparentemente esquecidas, mas de fato vivas, que o indivíduo se recusa a justificar a seus próprios olhos, preferindo a solução da doença. E, essencialmente, trata-se de conflitos não resolvidos no nível dos dois instintos principais do homem: o instinto de conservação e o instinto de reprodução, conflitos esses que se tornaram insuportáveis em consequência de uma disposição individual ou de circunstâncias exteriores.

Poderão perguntar-me qual é a vantagem de ficar sabendo, ao cabo de uma longa e penosa investigação, qual é o mal de que se sofre na realidade. Não seria mais sensato deixar ao paciente suas angústias obsessivas, a paralisia histérica em que ele se refugiou, em vez de forçá-lo a considerar sem rodeios as imperfeições e os defeitos de natureza afetiva e moral que se dissimulam nele?

A experiência prova o contrário. Pois é sempre possível encontrar uma solução para um mal real, e em tantos casos este já perdeu há muito tempo a sua significação original. As pessoas que figuram nos complexos de representações do paciente talvez já tenham morrido nesse meio-tempo, ou passado a ser indiferentes; e, no entanto, dezenas de anos de padecimentos psíquicos podem seguir-se se, para cuidar-se, ele foge da solução dolorosa de um conflito, optando pelo recalcamento, a mentira e a dissimulação a seus próprios olhos.

Não é raro encontrar em nossas análises o drama que se desenrola de maneira tão comovente na peça de Ibsen, *A dama do mar*. A heroína é a esposa de um médico que, embora tenha tudo para ser uma mulher feliz, é vítima de graves obsessões. O mar, somente o mar e nada mais, preenche todo o seu universo afetivo. Toda a ternura daqueles que a rodeiam, de sua família, resvala nela sem atingi-la. Seu marido, aflito, mobiliza todo o arsenal da ciência para restabelecer o equilíbrio afetivo de sua esposa: tranquilização, diversão, distrações de todos os gêneros, nada disso adianta. Finalmente, por meio de um interrogatório psicanalítico em regra, ele descobre que o mal imaginário de sua esposa provém de um desgosto real. A lembrança de um marinheiro, um aventureiro, de quem estivera noiva quando era mocinha, perturbava sua tranquilidade. Era continuamente atormentada pela ideia de que não amava verdadeiramente seu marido, de que se casara com ele por interesse, e de que seu coração continuava pertencendo ao marinheiro. No final do drama, o homem do mar reaparece efetivamente e quer que se cumpra o antigo compromisso. O marido, no começo, quer reter sua mulher pela força, mas logo compreende que quatro paredes podem reter o corpo de um ser mas não os seus sentimentos. Portanto, concede à esposa o direito de dispor de si mesma e deixa-a livre para que escolha entre ele e o marinheiro. E, a partir do instante em que dispõe de liberdade de escolha, é o marido quem ela escolhe de novo; essa decisão livremente tomada põe fim para sempre no pensamento torturante de só amar o marido por interesse.

O que o poeta pode se permitir – fazer reviver personagens a seu bel-prazer – é impossível para o psicanalista. Mas a imaginação liberta de seus entraves pela análise pode evocar as lembranças do passado com uma força extraordinária; descobre-se então com frequência, como em *A dama do mar*, que a preocupação ou o pensamento inconsciente que ocasionou tantos tormentos inúteis ao doente só podia perturbá-lo enquanto permanecesse no inconsciente, ao abrigo da luz desmistificante da consciência.

E se a análise revela que a ideia ou a angústia recalcadas, comprometendo o equilíbrio do indivíduo, conservam sua atualidade e ainda abrigam conflitos, subsiste a necessidade de desvendá-los e expô-los claramente a nós próprios e ao nosso paciente.

Os males reais também têm frequentemente um remédio; mas desde que se conheçam esses males. Se *A dama do mar*, diante da liberdade de escolha, continuasse sentindo que não amava seu marido, então que se divorciasse. Depois, ela sempre poderá refletir se deve acompanhar esse aventureiro, ou não seguir nem seu marido, um bom homem a quem não ama, nem o homem sedutor mas sem fé, e, rompendo com os dois, fixar-se novas metas que poderiam oferecer-lhe alguma compensação.

E estaria aí um exemplo da terceira eventualidade, quando o problema permanece insolúvel mesmo depois da análise. Poder-se-ia pensar que, nesse caso, é preferível combater uma obsessão absurda, como o amor monomaníaco pelo mar, do que a cruel realidade. Mas não é assim. A principal característica dos sintomas neuróticos é a impossibilidade de encontrar-lhes uma solução e, por conseguinte, sua destrutibilidade. O complexo dissimulado no inconsciente, qual um núcleo vulcânico, enche-se incessantemente de energia e, quando a tensão atinge um certo nível, produzem-se novas erupções. Só o que foi plenamente vivenciado e compreendido pode perder sua força, sua intensidade afetiva. A compreensão completa é seguida de um "escalonamento associativo" da tensão afetiva. É preciso saber que também o luto tem duas formas: o luto fisiológico e o luto patológico. Na primeira forma, a paralisia psíquica inicial é logo seguida de uma resignação filosófica; as preocupações e os deveres do futuro permitem ao instinto de conservação retomar seus direitos. Quando anos, décadas se passam sem que o sentimento de luto se acalme, podemos estar certos de que o enlutado não chora somente a pessoa e a lembrança de que tem consciência mas de que, no fundo do inconsciente, outros motivos de depressão se aproveitam do luto atual para manifestar-se.

A análise transforma o luto patológico em luto fisiológico e assim o torna acessível à erosão do tempo e da vida, à semelhança de um cristal que permanece intato enquanto enterrado nas profundezas da terra, mas que se altera sob o efeito da chuva, do gelo, da neve e do sol, desde que trazido à superfície.

Portanto, ao passo que a sugestão é um tratamento paliativo, a análise merece o nome de tratamento causal. O modo de ação da sugestão pode comparar-se ao do higienista, que combate o alcoolismo e a tuberculose preconizando incansavelmente a abstinência e a desinfecção. A análise agiria, antes, à maneira do sociólogo que pesquisa e tenta atenuar os males sociais que estão efetivamente na origem do alcoolismo e da tuberculose.

Como eu já disse, para certas pessoas, mesmo uma análise assim concebida ainda é sugestão. O analista ocupa-se muito do seu paciente, "enfia-lhe na cabeça" que seus sintomas provêm disto ou daquilo, e o efeito terapêutico é devido a essa sugestão.

De maneira geral, são esses mesmos críticos os que afirmam de um só fôlego que os dados da análise são falsos e que, por outro lado, eles os conhecem desde longa data; e, ainda mais, que a análise é ineficaz e nociva, só curando, aliás, por sugestão.

Em virtude do princípio da dialética, que quer que incumbe, àquele que afirma, fornecer a prova do que diz, eu não deveria sequer deter-me nessas objeções, que consistem sempre e por toda a parte em simples afirmações ou hipóteses, nenhum dos críticos se valendo de uma experiência pessoal.

Mas como tais objeções são enunciadas com frequência e sua repetição poderia acabar impressionando, considero necessário citar alguns fatos que excluem de imediato a possibilidade de a sugestão desempenhar um papel, por menos importante que seja, na análise.

Conforme disse antes, a condição primordial da sugestão é a fé e a autoridade. Quanto à análise, começa por uma exposição em que recomendamos ao paciente o ceticismo mais completo. Convidamo-lo a verificar, julgar, atacar, ridicularizar todas as nossas afirmações que lhe pareçam inacreditáveis, infundadas ou ridículas. Não posso pretender que, no começo, os pacientes se mostrem pressurosos em obedecer a essa diretriz. Pelo contrário, manifestam uma forte tendência a considerar tudo o que dizemos como revelações divinas. Incumbe-nos, então, notar seu ceticismo latente, que se exprime por insignificantes lapsos e atos falhos, e obrigá-los a reconhecê-lo abertamente. Alguns pacientes, desde as primeiras interpretações, são tomados de uma extraordinária "febre intelectual". Recomendam e exaltam a análise, falam dela o tempo todo, procuram fazer adeptos. Somos levados, em geral, a demonstrar aos pacientes dessa categoria que todo esse barulho só serve para fazer calar suas próprias dúvidas. Portanto, ao passo que o sugestionador solicita unicamente ao paciente que creia, nós temos de estar incessantemente atentos a que o paciente não creia em nada de que não esteja realmente convencido.

O sugestionador quer impressionar seu paciente. Apresenta-se ao seu paciente com a máscara de superioridade da autoridade moral, da bondade desinteressada, prodigalizando-lhe encorajamentos ou ordens. Mesmo a sua aparência externa participa em sua ação: uma bela barba ou uma roupa adequada.

Nós, pelo contrário, obrigamos o paciente a dizer-nos tudo o que lhe passa pela cabeça, sem afastar nada, nem mesmo o que lhe parece penoso ou ofensivo para o médico. Assim, pouco a pouco, exprime-se toda a desconfiança, o desprezo, a ironia, o ódio, a suscetibilidade de que estão sempre impregnados os sentimentos benevolentes entre humanos, mas que são abafados, rechaçados em estado nascente pelo aspecto imponente, o ar de severidade ou de bondade, ou a autoridade, do médico sugestionador. Pode-se imaginar um terreno mais desfavorável à sugestão do que uma relação em que o parceiro ameaçado de sugestão tem o direito e mesmo o dever de rebaixar, ridicularizar, humilhar seu médico por todos os meios? Pois é o momento de dizer que os pacientes aproveitam-se amplamente da ocasião para despejar de uma vez toda a aversão e ironia que dedicam às autoridades e reprimem desde a infância. Consideram o médico com um olhar penetrante, examinam sua aparência, os traços, as roupas, zombam de sua postura, suspeitam da integridade do seu caráter, fazem-no suspeito de diversos crimes. E o analista, se conhece o seu ofício, não se defende; espera calmamente que o paciente descubra por si mesmo que essas acusações infundadas ou excessivas correspondem à transferência para o analista da agressividade que sente em relação a outras pessoas, muito mais importantes para ele.

No tratamento por sugestão ou hipnose, o médico não diz nem faz crer ao seu paciente senão coisas agradáveis. Nega a sua doença, encoraja-o, infunde-lhe força, segurança, em suma, sugere-lhe apenas o que lhe é agradável, agradável a ponto de ser capaz de renunciar, por um certo tempo, à produção dos sintomas.

O analista, pelo contrário, não para de jogar verdades desagradáveis no rosto do seu paciente. Desvenda os aspectos negativos de seu caráter, de sua ética, de sua inteligência; rebaixa sua autoconfiança ao nível que corresponde à realidade. O paciente defende-se com unhas e dentes, recusa-se a perceber realidades tão desagradáveis, e o analista abstém-se uma vez mais de influenciá-lo; reconhece que, no fim das contas, é apenas um homem e pode se enganar; mas, com grande frequência, a continuação da análise mostra que ele não se enganou, já que o próprio paciente lhe fornecerá o relato de fatos e lembranças que virão confirmar as suspeitas do analista. E esse estado de espírito tem muitas vezes por consequência a atenuação de certos sintomas.

Se se encontrar ainda alguém para chamar de sugestão a esse processo, então toda a noção de sugestão terá que ser revista e será necessário associar-lhe o ato de convencer com a ajuda da lógica baseada em provas indutivas. Entretanto, em consequência disso, tanto o termo quanto a objeção perderiam toda a significação.

O sugestionador não se contenta em impressionar; ele tem outras armas à sua disposição: uma aparência de interesse, de afeição, de altruísmo. Essa é a causa da admiração imoderada, do amor por vezes apaixonado que envolve a pessoa do médico sugestionador.

Esses sentimentos também são muito fortes em psicanálise, mas a possibilidade ilimitada de exprimir os sentimentos negativos – coisa que não existe na sugestão – abala seriamente o entusiasmo pela pessoa do médico analista.

Acrescente-se que o psicanalista trata de dissecar, sem rodeios, até mesmo esses sentimentos de simpatia; e haverá coisa mais ofensiva para os sentimentos de simpatia do que sua recusa de reciprocidade e considerá-los um dado científico de interesse terapêutico que convém analisar? De fato, o amor patológico, tal como o luto patológico, uma vez analisado, dissolve-se e perde sua magia.

O médico sugestionador seduz seu paciente pela esperança de uma cura certa. O analista prevenido abstém-se disso. Desde o início do tratamento, ele só fala da *possibilidade* ou da *probabilidade* de uma cura; aliás, não pode falar de outra maneira, dado que a natureza do mal, sua gravidade, os obstáculos que decorrem da personalidade do paciente só aparecem à medida que o tratamento avança; somente então será possível dizer se as resistências afetivas ou intelectuais podem ser vencidas, e em que medida.

Se, a despeito de tudo o que acaba de ser dito, o paciente se cura, só pode falar de sugestão aquele que ignora tudo da análise ou então só possui dela noções errôneas.

O psicanalista deve cuidar de nunca agir por sugestão. Acontece que o paciente vem vê-lo com ar alegre e proclama o evangelho de sua cura; é ao médico que incumbe então a tarefa desagradável de pôr em evidência os indícios que contradizem essa cura. Mas se alguém pretender ainda que isso também é sugestão, ser-me-ia impossível prosseguir a discussão, pois seria levado a pensar que esbarro numa ideia obsessiva, inacessível à argumentação.

Historicamente, no início de sua evolução, a análise esteve efetivamente ligada à hipnose, mas já se desvinculou dela há muito tempo. Os inventores do método começaram por recorrer ao instrumento tão prático da hipermnésia hipnótica para evocar as lembranças latentes. Mas verificou-se rapidamente que se a sugestão misturada à análise facilita, por vezes, o início do tratamento, complica o seu término e a resolução da transferência; em conclusão, e se eu levar em conta as mais autorizadas opiniões na matéria, posso dizer que a análise conduzida com a ajuda da hipnose é atualmente considerada um verdadeiro erro profissional. É preciso dizê-lo, pois são numerosos aqueles que ainda hoje pensam que a análise consiste em evocar lembranças e ab-reagir afetos sob hipnose. Mas não é nada disso. O paciente deve, muito pelo contrário, estar perfeitamente vígil para poder manifestar de maneira aberta sua resistência intelectual e afetiva.

O meu propósito no que precede foi mostrar que não só a análise não é sugestão, mas, pelo contrário, é uma luta constante contra as influências sugestivas, e que a técnica analítica comporta mais medidas de precaução contra a crença cega, a submissão sem crítica, do que qualquer método de ensino ou de explicação em vigor no quarto das crianças, na universidade ou no consultório do médico.

Por outro lado, a pouca popularidade de que desfruta a psicanálise nos meios médicos contribui largamente para limitar o efeito da sugestão em nossas análises.

Mas ainda que eu não lutasse pessoalmente contra a sugestão e que a resistência interna dos pacientes não conseguisse compensar o efeito das influências sugestivas, bastaria a atmosfera que reina atualmente na maior parte da classe médica para destruir a credulidade dos nossos pacientes. A esse respeito, aliás, vão até longe demais, às vezes. Quando um de meus pacientes se informa a respeito da psicanálise com um médico – e a tendência dos neuróticos para consultar médicos é muito conhecida –, está saturado de múltiplas dúvidas quanto a esse método de tratamento. Ainda tem sorte quando ouve dizer que a "análise é o erro monumental de um homem de gênio", ou uma fantasia, ou literatura; ainda passa quando é sucinta e substancialmente qualificada de tolice por pessoas que ignoram uma só palavra dela. Mas acontece também que, graças à benevolência de certos confrades, os pacientes chegam até a suspeitar da integridade pessoal do analista.

Naturalmente, os informantes ignoram que o doente em análise conta realmente tudo ao seu médico; é justamente essa obrigatoriedade de dizer a verdade que corrige, numa certa medida, a poderosa contrassugestão que poderia abalar, de início, a confiança do paciente. Em nossos dias, como diz justamente "o homem de gênio" acima citado, a análise é "como uma intervenção cirúrgica em que os pais e os médicos passassem o tempo cuspindo no campo operatório".

Portanto, não se trata de sugestão em análise, mas da livre manifestação de uma resistência extraordinariamente possante que provém, em parte, da repugnância profunda que as pessoas sentem em compreender coisas penosas e, também em parte, da grande desconfiança que certos médicos – aqueles, justamente, que agem por sua autoridade – despertam em nossos pacientes.

Se, nessas circunstâncias difíceis, continua sendo possível curar ou atenuar duradouramente pela psicanálise estados psíquicos complicados, o mérito cabe exclusivamente ao método e só a ignorância pode atribuí-lo à sugestão.

Duas filosofias se chocam atualmente no leito do neurótico; elas se defrontam desde longa data, não só em patologia mas também no domínio social. Uma delas pretende derrotar os males rechaçando-os, disfarçando-os, recalcando-os; age pela estimulação da compaixão e pela manutenção do culto à autoridade. A outra, pelo contrário, combate a "mentira vital" onde quer que ela se encontre, não abusa do peso da autoridade, e seu objetivo final consiste em fazer penetrar a luz da consciência humana até as instâncias mais escondidas dos motivos de ação; sem recuar diante das tomadas de consciência dolorosas, desagradáveis ou repugnantes, ela desvenda as verdadeiras fontes dos males. Uma vez atingido esse objetivo, deixa de ser difícil harmonizar com toda autonomia os interesses pessoais e os interesses da sociedade, tendo por base única a razão lúcida.

O homem – seja ele saudável ou doente – está maduro para enfrentar conscientemente seus males; é dar prova de uma ansiedade excessiva querer cuidar dele, ainda hoje, pela sugestão e pela tranquilização, métodos insatisfatórios até mesmo para uma criança, em lugar de pílulas da verdade, às vezes amargas, mas sempre proveitosas.

XXIII

Notas diversas

UMA REPRESENTAÇÃO IMPRESSIONANTE DO INCONSCIENTE

No livro de O. Liebman, *Gedanken und Tatsachen*[1] (2.ª ed., Estrasburgo, 1899), encontramos a seguinte observação: "Existem dramas que seriam totalmente ininteligíveis sem o conhecimento do que se passa por trás do pano. A vida psíquica do homem faz parte desses dramas. O que se desenrola em cena, em plena luz da consciência, corresponde a fragmentos e pedaços da vida psíquica pessoal. Isso seria inconcebível, mesmo impossível, se não existisse tudo o que se passa nos bastidores, a saber, os processos inconscientes." (Citado por M. Offner, *Das Gedächtnis*[2].)

Revelação de uma fantasia de incesto inconsciente num ato falho (relatado por Brantôme)

Em seu livro *La vie des femmes galantes*, Brantôme (1539-1614) conta o seguinte episódio: "Lembro-me de um grande príncipe que conheci. Querendo elogiar uma mulher com quem tivera relações amorosas, ele disse estas palavras: 'É uma belíssima cortesã, grande como a senhora minha mãe.' Surpreendido pela soltura de sua fala, apressou-se a corrigir que não fora sua intenção dizer que ela era

---

1. Pensamentos e fatos. (N. do T.)
2. A memória. (N. do T.)

uma grande cortesã como a senhora sua mãe, mas que era de estatura e compleição tão grandes quanto as da senhora sua mãe. Diz-se às vezes coisas que não se pensa dizer; outras vezes, também sem o pensar, diz-se a pura verdade."

XXIV

O conhecimento do inconsciente

Não são os soberanos, nem os políticos, nem os diplomatas, que decidem o destino do mundo, mas os cientistas. Os poderosos são apenas, de fato, os executantes ou eventualmente os inimigos inflexíveis das forças liberadas pelas ideias, mas continuarão sendo, em todo caso, marionetes submetidas a essas forças. "Quem sabe", pergunta Anatole France, "se numa pobre mansarda o pesquisador desconhecido não está já empenhado em realizar a obra que um dia fará explodir o mundo?"

A transformação da face do universo não a esperamos somente dos milagres da técnica, da domesticação cada vez mais vigorosa das forças naturais, nem mesmo das tentativas para garantir a cada um e ao maior número uma vida melhor, graças a uma organização mais adequada da distribuição dos bens materiais e da estrutura social. O progresso visa um terceiro objetivo, não menos rico de esperança: a perspectiva de um desenvolvimento mais amplo das forças físicas e espirituais, e da capacidade de adaptação do homem. A serviço deste último objetivo encontra-se a higiene individual e social, e esse movimento de amplitude crescente que assumiu por tarefa a melhoria das raças, denominado eugenismo.

Essas aspirações apresentam um caráter marcante: uma certa unilateralidade. É impossível os sociólogos subtraírem-se à influência hipnotizante das realizações extraordinárias das ciências naturais propriamente ditas – física, química, biologia – e é só delas que esperam a salvação, principalmente da seleção e proteção das células germinais.

Acrescenta-se a isso o fato de a humanidade ainda não estar totalmente liberta da reação que se produziu no século passado, sob o efeito da corrente filosófica materialista, contra o estudo de todo fenômeno não tangível, não mensurável, irredutível a uma equação e incontrolável pelo método experimental, ou seja, tudo o que pode caber na noção tão desacreditada de "especulação".

Tanto quanto essa orientação unilateral do interesse voltado para o exterior foi proveitosa para as ciências naturais, na mesma medida foi prejudicial à ciência que trata do mundo interior do homem, a psicologia. A parte dos fenômenos psíquicos que pode ser medida, colocada em fórmulas matemáticas, abordada pela experimentação, é uma fração tão pequena e elementar da vida psíquica que, sob o efeito da corrente materialista, a psicologia caiu na categoria de um domínio tributário da fisiologia sensorial condenado à esterilidade, podemos afirmá-lo com toda a certeza, há várias décadas. Em contrapartida, as manifestações psíquicas mais complexas, para as quais o único método à nossa disposição até aqui era a *observação* e a *introspecção*, não retiveram a atenção dos cientistas; os pesquisadores profissionais não se interessaram pelos problemas do conhecimento do homem, do estudo do caráter, pelos conflitos psíquicos e seus modos de liquidação, pelos efeitos passageiros ou duradouros das impressões psíquicas. Só os poetas, os biógrafos ou autobiógrafos e alguns historiadores se dedicaram a esse domínio da ciência, mas eles não nos ofereciam ciência pura; pois o poeta quer distrair e não instruir; o historiador interessa-se pelo evento, o biógrafo pelo indivíduo e não pelos princípios gerais que decorrem do objeto de seu estudo.

Foi o estudo de uma afecção psíquica, a histeria, que levou a psicologia a desempenhar sua verdadeira tarefa. As pesquisas de Charcot, Moebius e Janet tornaram evidente que esse estado mórbido representa uma "experiência natural" muito instrutiva, que nos demonstra que o psiquismo humano não consiste, em absoluto, nessa unidade indivisível que o termo "indivíduo" deixaria supor mas, pelo contrário, é um edifício de estrutura extremamente complexa, do qual a consciência nos mostra apenas, por assim dizer, a superfície, a fachada, ao passo que as verdadeiras forças e mecanismos dinâmicos devem ser procurados numa terceira dimensão: nas profundezas subconscientes do espírito. Entretanto, os pesquisadores não extraíram essas deduções das manifestações de histeria;

ainda acreditavam que a divisão, a fragmentação da consciência só podia sobrevir numa organização psíquica patologicamente degenerada, excessivamente débil desde a origem para poder assegurar a coesão, a síntese das forças psíquicas. Não tinham compreendido que a histeria apenas representa sob uma forma ampliada e deformada o que se passa em todo homem, ainda que de um modo mais discreto.

Quase simultaneamente com esses estudos sobre a histeria, a doutrina da unidade da consciência sofria um outro golpe no mesmo sentido: Liébault e Bernheim, em Nancy, e os pesquisadores de La Salpêtrière dedicavam toda a atenção aos fenômenos da hipnose, até então relegados para o campo da superstição. O sintoma patológico da histeria, a fragmentação da personalidade em dois ou vários elementos, podia ser provocado à vontade pela experimentação hipnótica.

Na enfermaria parisiense onde se desenrolavam essas experiências, "cultivavam-se" verdadeiramente sujeitos que possuíam dois, três ou quatro "eus", nada ou quase nada sabendo dos desejos e atos uns dos outros, representando com frequência personalidades de caráter radicalmente oposto e dispondo de grupos mnêmicos distintos.

É típico da inércia do espírito humano que mesmo essas experiências de hipnose realizáveis à vontade tanto em doentes quanto em sujeitos sãos não tenham podido conduzir os cientistas à conclusão evidente de que essa desagregação da consciência em vários elementos não é uma curiosidade científica, um *lusus naturae* teratológico, mas uma particularidade essencial do psiquismo humano. Em vez de se dedicarem com paixão ao estudo desses problemas radicalmente novos, abrindo vastas perspectivas, eles obstinaram-se em prosseguir com suas estéreis medições psicofísicas. Partindo do ponto de vista errôneo de que os objetivos da psicologia estavam estritamente limitados às manifestações psíquicas conscientes, rejeitavam *a priori* a possibilidade de compreender o domínio subconsciente num plano diferente do fisiológico. Era em vão que a experiência obtida com a histeria e a hipnose vinha contradizer essa concepção; era em vão que os fenômenos constatados revelavam a existência, abaixo do nível da consciência, de complexos altamente estruturados que, à parte a qualidade consciente, possuem poderes quase equivalentes aos da consciência plena.

Eliminavam essa contradição ora reduzindo as estruturas psíquicas complexas subconscientes a uma "atividade cerebral", portanto, à fisiologia, ora decretando sem mais, desprezando inúmeros fatos que os contradiziam, que o funcionamento psíquico que se desenrola no subconsciente possui sempre um certo grau de consciência; e aferravam-se à noção de "semiconsciência" mesmo quando o único juiz qualificado, o próprio sujeito, não conhecia nem experimentava nada disso. Numa palavra, uma vez mais foram os fatos que levaram a pior quando se atreveram a enfrentar teorias enraizadas. *Tant pis pour les faits!*[1]

As coisas encontravam-se nesse pé quando em 1881 um médico vienense, Breuer, foi levado por uma paciente de talento a compreender que nos sujeitos histéricos as imagens mnêmicas imersas sob o limiar da consciência, onde provocavam transtornos, podiam em certas condições voltar à superfície e tornar-se conscientes. Além do benefício que a doente auferiu desse processo no plano terapêutico, é lícito atribuir a esse evento um alcance considerável do ponto de vista psicológico. Era a primeira vez que uma ação conjunta permitia estabelecer o conteúdo de grupos de representações enterradas no inconsciente e a natureza dos afetos a elas vinculados.

Mas seria um erro acreditar que essa descoberta foi imediatamente seguida de uma investigação febril dos enigmas do psiquismo inconsciente. Durante dez anos, essa observação clínica permaneceu, inutilizada, nas gavetas do médico vienense, até que, por fim, Freud reconheceu sua significação universal.

A exploração do universo psíquico inconsciente está associada, portanto, ao nome de Freud. Foi ele quem elaborou um método de exame analítico do psiquismo mórbido e são, que foi sendo aperfeiçoado e refinado progressivamente, colocando assim o nosso conhecimento do psiquismo em bases radicalmente novas. Desde Freud, sabemos que o desenvolvimento individual do psiquismo humano não pode se comparar ao crescimento progressivo de uma superfície esférica mas, antes, ao de uma árvore cujo tronco serrado permite reconhecer os círculos concêntricos que representam os anos vividos. Nas camadas inconscientes do psiquismo sobrevivem, quando se acreditava que estivessem eliminados há muito tempo, os instintos incultos e amorais, os complexos de representação pri-

---

1. Em francês no texto húngaro: "Tanto pior para os fatos!" (N. do T.)

mitivos da nossa infância e adolescência; como estão subtraídos ao poder de moderação, de controle e de direção da consciência, podem perturbar a harmonia lógica, ética e estética do ego consciente, provocando explosões de paixões, de atos inoportunos, ineficazes e compulsivos, e muitos sofrimentos e dores inúteis.

Voltemos ao nosso ponto de partida. O controle das paixões humanas, o alívio das cargas que pesam no psiquismo, a profilaxia das doenças mentais deixaram de ser problemas oriundos de uma ciência abstrata; indicam, isso sim, uma direção nova e rica de promessas para a prosperidade e o desenvolvimento da humanidade futura. Mais ainda: só poderemos falar, na plena acepção do termo, de "pensamento livre" quando o pensamento tiver deixado de mover-se exclusivamente na superfície da consciência, permanecendo sob o domínio das representações inconscientes, para levar igualmente em consideração as representações e tendências soterradas nas profundezas, ainda que estejam eventualmente em contradição com a ordem moral estabelecida; em suma, quando assumir todos os fatores até então inconscientes para dispor deles de forma soberana, com lúcida eficácia, harmonizando com pleno conhecimento de causa o bem do indivíduo e o da coletividade.

O que a psicanálise já realizou com vistas à cura de afecções mentais em sentido estrito autoriza a esperança de que esse método de exploração possa estabelecer as causas reais de um bom número de afecções psíquicas graves da nossa sociedade e encontrar o tratamento apropriado para elas.

Mas é um futuro mais distante que nos dará uma reforma radical da educação psicológica dos seres humanos, e formará uma geração que não se desembaraçará das pulsões e dos desejos frequentemente dissonantes das exigências da civilização enterrando-os no inconsciente ou ao preço de uma negação ou de um reflexo de recalcamento, mas aprenderá a suportá-los conscientemente e a governá-los com lucidez. Será o fim de uma era da humanidade caracterizada pela hipocrisia, o respeito cego pelos dogmas e a autoridade, e a ausência de toda autocrítica.

XXV

Contribuição para o estudo do onanismo

Numa série de casos, a análise tornou consciente a origem da angústia ligada às ideias de castração e de incesto, suprimindo assim os sintomas psiconeuróticos; mas, durante e após o tratamento, a abstinência de masturbação não foi total: no dia seguinte ao ato masturbatório, esses pacientes apresentavam uma série de distúrbios psíquicos e somáticos, que proponho agrupar sob a designação de "neurastenia de um dia". Queixavam-se, sobretudo, de uma enorme lassidão, um peso de chumbo nas pernas, especialmente intensos de manhã ao levantar; de insônia ou de um sono entrecortado; de uma hipersensibilidade às excitações luminosas e sonoras (às vezes, autênticas sensações dolorosas no nível dos olhos ou do ouvido); de distúrbios gástricos, de parestesias lombares, de dores à pressão exercida em trajetos nervosos. No domínio psíquico: grande irritabilidade afetiva, desânimo, crítica incessante, incapacidade ou diminuição de capacidade de concentração (aprosexia). Esses diferentes sintomas persistiam durante toda a manhã, depois dissipavam-se progressivamente na parte da tarde, para só desaparecer ao cair da noite; assistia-se então ao retorno da integridade das sensações corporais, do rendimento intelectual e da tranquilidade afetiva.

Chamo a atenção para o fato de que esses sintomas não se faziam acompanhar de nenhum agravamento nem recidiva dos transtornos psiconeuróticos, e de que em nenhum caso a análise teve domínio sobre eles nem chegou a influenciá-los de forma alguma. Deve-se, portanto, com toda a franqueza – evitando toda especulação intelectual – reconhecer que os sintomas descritos são a consequência fisiológica do onanismo.

Aliás, essa constatação reforça, creio eu, a hipótese de Freud a respeito da gênese da neurastenia. Pode-se mesmo conceber que a neurose masturbatória atual é a repetição, a passagem à cronicidade, dos sintomas que constituem a "neurastenia de um dia", ligada ao onanismo.

Que a atividade masturbatória possa provocar sintomas fisiológicos que não se encontram após o coito normal, eis o que está provado por mais de uma observação e que de forma nenhuma contradiz a reflexão teórica.

Alguns homens têm, apesar de uma libido enfraquecida, relações sexuais frequentes com a mulher, mas, ao fazê-lo, substituem a realidade da esposa pela fantasia de uma outra mulher e, por assim dizer, masturbam-se numa vagina. Se esses homens têm, episodicamente, relações com uma outra pessoa e elas são inteiramente satisfatórias, eles notam uma grande diferença entre o que sentiram após o coito sustentado por uma fantasia e um coito que se basta por si mesmo. A pessoa satisfaz as necessidades da sua libido, sente-se revigorada após o coito, não tarda em adormecer e, no próprio dia, assim como no seguinte, pode garantir um rendimento aumentado. Um coito masturbatório é, por certo, seguido de uma "neurastenia de um dia", apresentando todos os sintomas descritos mais acima; a ocorrência, imediatamente após a relação, de alguns desses distúrbios parece particularmente típica: dores oculares provocadas pela luz, peso nas pernas e, além da excitabilidade psíquica, uma hiperestesia cutânea pronunciada, mais particularmente às cócegas. A insônia pode explicar-se, ao que me parece, no tocante às sensações concomitantes de calor e de batimentos, como sendo uma consequência da excitação vasomotora.

Não se pode, de forma válida, opor nenhum argumento teórico à hipótese segundo a qual os processos do coito normal e da masturbação comportam diferenças não só psicológicas mas também fisiológicas. Pode-se enfatizar a diferença essencial entre os mecanismos de uma relação sexual normal e do onanismo, quer este seja praticado por excitação manual ou por fricção do pênis na vagina de um objeto sexual insatisfatório; os prelúdios amorosos estão excluídos do onanismo, ao passo que a participação da fantasia é nele exacerbada; sendo assim, não penso que os prelúdios sejam um processo puramente psicológico. Quando um objeto sexual satisfatório é contemplado, acariciado, beijado e abraçado, as zonas erógenas visuais, táteis, bucais e musculares são fortemente excitadas, e uma parte dessa excitação é automaticamente transmitida à zona genital. O processo desenrola-se primeiro nos órgãos dos sentidos ou centros sensoriais: a fantasia só participa secundariamente no sofrimento – ou no gozo – do conjunto. No onanismo, pelo contrário, os órgãos sensoriais não estão em jogo, toda a excitação deve ser fornecida pela fantasia consciente e pela estimulação genital.

O apego violento a uma imagem, que se apresenta muitas vezes com força alucinatória durante o ato sexual e que normalmente é quase por completo inconsciente, representa um esforço considerável, numa medida suficiente para explicar a fatigabilidade da atenção após o ato.

Não é fácil explicar a excitabilidade dos órgãos dos sentidos que persiste após o onanismo (e durante a neurastenia). Ainda se sabe pouquíssimo sobre os processos nervosos do coito normal. A excitação das zonas erógenas durante o coito provoca o despertar e a disponibilidade dos órgãos genitais; depois, durante as fricções que se seguem, é o reflexo genitoespinhal que desempenha o papel principal; a excitação genital atinge o seu clímax e, finalmente, no momento da ejaculação, difunde-se de modo explosivo por todo o corpo. Penso que o gozo – como as sensações mais comuns – não é localizável, o que se pode explicar assim: quando a estimulação genital acumulou ou atingiu uma certa intensidade, ela propaga-se de modo explosivo, transbordando do centro espinhal para toda a esfera sensitiva – e também para os centros cutâneos e sensoriais. Portanto, não é indiferente que a onda voluptuosa se difunda numa esfera sensível preparada pelas primícias amorosas, ou então adormecida, inexcitada e, por assim dizer, fria. Assim, não é evidente, pelo menos, que os processos nervosos sejam fisiologicamente idênticos durante o coito e durante a masturbação. E mais: estas últimas reflexões fornecem uma indicação para compreender a causa da superexcitação vasomotora, sensível, sensorial e psíquica, que acompanha o onanismo. É provável que, quando tudo se passa normalmente, a onda de prazer se esgote por inteiro; mas a masturbação, pelo contrário, não lhe permite equilibrar-se totalmente; essa fração residual da excitação pode ser a explicação do quadro da neurastenia de um dia – e talvez da neurastenia em geral[1].

Tampouco se deve esquecer as descobertas de Fliess sobre as relações que existem entre o nariz e o aparelho genital. A hiperexcitação vasomotora que acompanha a masturbação pode provocar distúrbios crônicos do tecido erétil da mucosa nasal, que podem ser a causa de nevralgias ou de transtornos funcionais diversos. Verificou-se, após a cauterização dos pontos genitais do nariz, uma melhoria a olhos vistos de certas neurastenias masturbatórias. Seria necessário, a esse respeito, promover pesquisas em grande escala.

Ao passo que em meus comentários precedentes queria advertir contra um modo exclusivamente psicológico demais de considerar as consequências da masturbação, receio mais o erro inverso no que se refere ao problema da ejaculação precoce. De acordo com a minha experiência, esta observa-se com frequência naqueles para quem o coito é penoso por uma razão ou outra, e que têm sempre interesse em se ver livre dele rapidamente. Sabemos que os onanistas, absortos em sua fantasia, ficam muito depressa insatisfeitos com o objeto sexual e pode-se admitir que, inconscientemente, desejam abreviar o ato. Não quero dizer, porém, que na ejaculação precoce as causas locais não devam ser levadas em consideração (alteração do canal ejaculador).

Gostaria de chamar ainda a atenção para a gênese dos laços simbólicos que existem entre a extração de um dente e o onanismo e que podem ser observados nos sonhos e nas neuroses. Sabemos que nos sonhos a extração de um dente é a representação simbólica do onanismo. Freud e Rank provaram-no com exemplos incontestáveis e mostraram que esse mesmo simbolismo se encontra na língua alemã. Entretanto, o mesmo laço simbólico é muito frequente nos húngaros que ignoram, por certo, a expressão popular alemã. Por outro lado, em húngaro, não existe expressão análoga para a masturbação. Em contrapartida, em todos os casos, a análise permitiu o aparecimento da probabilidade de uma identidade simbólica entre a extração dentária e a castração. O sonho substitui

---

[1]. Pode-se observar também o quadro clínico da "neurastenia de um dia" após um coito inteiramente normal. Por exemplo, quando, por exceção, ele ocorre de manhã, no momento em que a libido é habitualmente pouco intensa; a libido aumenta nas últimas horas da tarde, o que, por certo, está relacionado com a melhoria clínica constatada à noite nos neurastênicos.

simbolicamente a castração pela avulsão (ou seja, o onanismo pela punição).

Encontra-se, na história vivida, um momento que pode explicar esse símbolo do onanismo; isso reforça a analogia aparente do dente e do pênis, da extração do dente e do corte do pênis. Com efeito, a castração e a extração (a queda, a perda do dente) são precisamente as primeiras intervenções em que a criança pode sentir-se seriamente ameaçada. A criança não tem em seguida a menor dificuldade em recalcar para fora de suas fantasias a mais desagradável dessas duas operações (a castração), dando maior ênfase à extração dentária que a ela se parece. É provavelmente dessa maneira que se constituiu o simbolismo sexual.

Existe, aliás, uma neurose dentária bem definida: medo desmesurado de toda intervenção nos dentes, ou seja, toda e qualquer intervenção efetuada por um dentista; sondagens e explorações perpétuas nas cavidades de dentes cariados; obsessões a respeito dos dentes, etc. A análise revela que essa neurose deriva do onanismo ou da angústia de castração.

Bibliografia

Esta bibliografia foi estabelecida a partir da relação fornecida por *Bausteine zur Psychoanalyse* e completada pela *Final Contributions to Psychoanalysis*. Não reproduziremos a lista dos trabalhos divulgados de 1899 a 1907 inclusive, cuja grande maioria tem um caráter puramente médico e só existe em língua húngara, sem ter tido tradução em qualquer outro idioma. Começaremos, portanto, por 1908.

Lista das abreviaturas

B.I a IV : *Bausteine zur Psychoanalyse* (Internationaler Psycho-analytischer Verlag, Viena – reeditado em 1964 por Verlag Hans Huber A.G. Berne).
B.J. : *British Journal of Medicai Psychology* (Cambridge University Press, Londres).
C. : *Contributions to Psycho-Analysis*, reeditado sob o título de: *Sex and Psycho-Analysis* (R. G. Badger, Boston).
F. C. : *Further Contributions to the Theory and Technique of Psycho-Analysis* (The Hogarth Press e The Institute of Psycho-Analysis, Londres).
Fin. : *Final Contributions to the Problems and Methods of Psycho-Analysis* (Londres, Hogarth Press).
Gy. : *Gyògyàszat*.
Im. : *Imago* (Internationaler Psychoanalytischer Verlag, Viena).
J. : *The International Journal of Psycho-Analysis* (Baillière, Tindall and Cox, Londres).
Jb. : *Jahrbuch für psychoanalytische und psychopathologische Forschungen* (Publicação interrompida; esgotado).
O.C. I. : *Oeuvres Complètes de Ferenczi*, vol. I (Éditions Payot, Paris).

O.H.   : *Orvosi Hetilap.*
P.   : *Zeitschrift für psychoanalytische Pädagogik* (Internationaler Psychoanalytischer Verlag, Viena).
P.V.   : *Populäre Vorträge über Psychoanalyse* (Internationaler Psychoanalytischer Verlag, Viena; esgotado).
Q.   : *The Psychoanalytic Quarterly* (The Psychoanalytic Quarterly Press, Nova York).
R.   : *The Psychoanalytic Review* (The Nervous and Mental Disease Publ. Co., Nova York e Washington).
R.F.   : *Revue Française de Psychanalyse* (Denoël et Steele, Paris).
Z.   : *Internationale Zeitschrift für Psychoanalyse* (Internationaler Psychoanalytischer Verlag, Viena).
Zb.   : *Zentralblatt für Psychoanalyse* (Publicação interrompida; esgotado).

As versões que serviram de base à tradução dos artigos que compõem este volume estão marcadas com uma seta. As outras versões que foram levadas em conta para a elaboração da versão francesa estão assinaladas com um asterisco.

1908

56 Atrophie polynévritique des muscles du bras et du mollet.
   – Polyneurotikus sorvadàs (felkar és alszàr izmainak). *O.H.*, 1908, n.° 1-2.
57 De la portée de l'éjaculation précoce.
   – *O.C. I.*
   →– Az ejaculacio praecox jelentöségéröl. Budapesti Orvosi Ujsàg, 1908, n.° 4. Contenu dans "Lélekelemzés".
   * – Wirkung der Potenzverkürzung des Mannes auf das Weib. *B.*, II, p. 287.
   – The effect on women of premature ejaculation in men. *Fin.*, p. 291.
58 La psychose maniaco-dépressive sous un éclairage suggestif.
   – A mànias-depressziv elmezavar szuggesztiv vilàgitàsban. *Gy.*, 1908, n.° 5.
59 De la pédagogie sexuelle.
   – A szexuàlis pedagògia. Budapesti Orvosi Ujsàg, 1908, n.° 4.
60 Les névroses à la lumière de l'enseignement de Freud et la psychanalyse.
   – *O.C. I*
   →– A neuròzisok Freud tanànak megvilàgitàsàban és a pszichoanalizis. *Gy.*, 1908, n.ºs 15-16. Contenu dans "Lélekelemzés".

* – Üeber Aktual- und Psychoneurosen im Licht Freudscher Forschungen und über die Psychoanalyse. Wiener Klinische Rundschau, 1908, n.° 48-51. – *P.V.*, I.
  – Actual- and psycho-neuroses in the light of Freud's investigations and psycho-analysis. *F.C.*, p. 30.

61 Interprétation et traitement psychanalytiques de l'impuissance psychosexuelle.
  – *O.C. I.*
  ⇾ – A pszichoszexuàlis impotencia analitikai értelmezése és gyògyitàsa. *Gy.*, 1908, n.° 50. Contenu dans "Lélekelemzés".
  * – Analytische Deutung und Behandlung der psychosexuellen Impotenz des Mannes. Psych.-neur. Wochenschrift, 1908 (Jg. X). – *B.*, II, p. 203.
  – Analytical interpretation and treatment of psychosexual impotence in men. *C.*, 11.

62 Une blessure consécutive à un accident de la circulation peut-elle déclencher une paralysie progressive?
  – Baleseti sérülés okozhat-e progressziv paralizist? *Gy.*, 1908, n.° 28.

63 Psychanalyse et pédagogie.
  – *O.C. I.*
  ⇾ – Pszichoanalizis és pedagógia. *Gy.*, 1908, n.° 43. Contenu dans "Lélekelemzés".
  – Psychoanalyse und Pädagogik. *B.*, III, p. 9.
  * – Psychoanalysis and education. *Fin.*, p. 280. – J., 1949, XXX, 220.

1909

64 Perspectives de la Caisse d'assurance contre les accidents et les atteintes nerveuses consécutives à des accidents.
  – A balesetbiztositàsi intézmény kilàtàsairòl és a baleseti idegbàntalmakrol. *O.H.*, 1909, n.° 7.

65 Des psychonévroses.
  – *O.C. I.*
  ⇾ – A pszichoneuròzisokròl. *Gy.*, 1909, n.ºs 22-23. Contenu dans "Lélekelemzés".
  * – Zur analytichens Auffassung der Psychoneurosen. *P.V.*, p. 25.
  – The analytic conception of psycho-neuroses. *F.C.*, p. 15.

66 L'interprétation scientifique des rêves.
  – *O.C. I.*
  ⇾ – Az àlom pszichoanalizise és annak kòrtani jelentösége. *O.H.*, 1909, n.ºs 44-45. Contenu dans "Lélekelemzés".
  – Die psychologische Analyse der Träume. Psych.-Neur. Wochenschrift, 1910 (XII, n.ºs 12-13). – *P.V.*, p. 41.

- On the psychological analysis of dreams. C., p. 94.
67 Introjection et transfert.
- O.C. I.
* - *Introjection und Uebertragung. Jb.*, 1909 (I, 422-457). B., I, p. 9. - Franz Deuticke, Wien, 1910.
→ - Indulatàttétel és magàbavetités. *Gy.*, 1910, n.° 19-20. Contenu dans "Lelki problémàk". Suivi de: A hipnòzis és szuggesztio pszichoanalizise (deuxième partie du même article dans la version allemande originale). *Gy.*, 1910, n.° 45. Contenu dans "Lelki problémàk".
* - Introjection and transference. C., p. 35. - R., 1916 (III, 107).
68 Notes de lecture: "Médecine Légale" par le Dr. Kenyeres Balàzs.
- Rf Kenyeres Balàzs dr. "Törvényszéki Orvostan". *Gy.*, 1909, n.° 52.

1910

69 Rapport sur la nécessité d'une union plus étroite des tenants de la doctrine freudienne et projet pour la constitution d'une organisation internationale permanente.
- Referat über die Notwendigkeit eines engeren Zusammenschlusses der Anhänger der Freudschen Lehre und Vorschläge zur Gründung einer ständigen internationalen Organisation. Conférence prononcée au IIe Congrès International de Psychanalyse à Nüremberg, 1910. - *Zb.*, 1910-11 (I, 131). Voir 79.
70 *Analyse psychologique. Conférences sur la psychanalyse.*
- *Lélekelemzés. Ertekezések a pszichoanalizis köréböl. Manò Dick, Budapest. Ire édition, 1910, 2e éd., 1914, 3e éd., 1918. Contient les n.ºs 57, 60, 61, 63, 65, 66.*
71 Notes de lecture: "De la combinaison de l'hydrothérapie et de la psychothérapie" par Farkas.
- Rf Farkas, Dr. M.: Üeber die Kombination von Hydround Psychoterapie. *Zb.*, 1910-11 (I, 78).
72 Notes de lecture: "De la neurasthénie" par Jendrassik, Dr. E.
- Rf Jendrassik, Dr. E.: "Üeber den Begriff der Neurasthenie. *Zb.*, 1910-11 (I, 114).
73 Notes de lecture: "Essais de diagnostic d'établissement des faits chez des prévenus" par le Dr. Ph. Stein.
- Rf Stein, Dr. Ph.: Tatbestandsdiagnostische Versuche bei Untersuchungsgefangenen. *Zb.*, 1910-11 (I, 183).
74 Notes de lecture: "Théorie freudienne des névroses" par Dr. E. Hitschmann.
- Rf Hitschmann, Dr. E.: Freuds Neurosenlehre. *Zb.*, 1910-11 (I, 601).
- *Gy.*, 1910, n° 50.

1911

75 Mots obscènes.
 – *O.C. I.*
 * – *Üeber obszöne Worte. Beitrag zur Psychologie der Latenzzeit. Zb.*, 1910--11 (I, 390-99). – *B.*, I, p. 171.
 – Almanach d. Psa, 1928 (123).
 →– A tràgàr szavakròl. "Lelki problémàk".
 * – On obscene words. *C.*, p. 132.

76 Anatole France, psychanalyste.
 – *O.C. I.*
 – Anatole France als Analytiker. *Zb.*, 1910-11 (I, 461-67). *P.V.*, p. 159.
 – Almanach d. Psa, 1929, p. 177.
 →– Anatole France mint analitikus. "Lelki problémàk".
 – Anatole France as Analyst. *R.*, 1917 (IV, 344).

77 Un cas de paranoïa déclenché par excitation de la zone anale.
 – *O.C. I*
 – *Reizung der analen erogenen Zone als auslösende Ursache der Paranoïa. Beitrag zum Thema: Homosexualität und Paranoïa. Zb.*, 1910-11 (I, 557-59). – *B.*, II, p. 281.
 →– Az anàlis zòna izgalma mint tébolyodottsàgot kivàltò ok. "Ideges tünetek keletkezése és eltünése".
 – Stimulation of the anal erotogenic zone as a precipitating factor in paranoïa. *Fin.*, p. 295.

78 Psychologie du mot d'esprit et du comique.
 – *O.C. I.*
 →– Az élc és komikum lélektana. *Gy.*, 1911, n.ºs 5-7. Contenu dans "Lelki problémàk".
 * – Die Psychoanalyse des Witzes und des Komischen. *P.V.*, p. 89.
 * – The psycho-analysis of wit and the comical. *F.C.*, p. 332.

79 De l'histoire du mouvement psychanalytique.
 – *O.C. I.*
 →– A pszichoanalitikusolk szervezkedése. *Gy.*, 1911, n.° 31. Contenu dans "Lelki problémàk".
 – Zur Organisation der Psychoanalytiker. *B.*, I, p. 275.
 – On the organization of the psycho-analytic movement. *Fin.*, 299.

80 Le rôle l'homosexualité dans la pathogénie de la paranoïa.
 – *O.C. I.*
 – *Üeber die Rolle der Homosexualität in der Pathogenese der Paranoia. Jb.*, 1911 (III, 101-19). – *B.*, I, p. 120.
 →– A homoszekszualitàs szerepe a paranoïa pathogenézisében. *Gy.*, 1911, n.ºs 37-38. Contenu dans "Lelki problémàk".
 – On the part played by homosexuality in the pathogenesis of paranoia. *C.*, p. 154. – *R.*, 1920 (VII, 86).

81 L'alcool et les névroses.
– *O.C. I.*
– Alkohol und Neurosen. Antwort auf die Kritik von Prof. Eugen Bleuler. *Jb.*, 1911 (III, 853-57). – *B.*, I, p. 145.
→ – Az alkohol és a neuròzisok. *Gy.*, 1912, n.° 27. Contenu dans "Ideges tünetek".

82 Notes de lecture: "Les psychonévroses" par Dornbluth.
– Rf Dornbluth, Dr. O.: Die Psychoneurosen. *Zb.*, 1911-12 (II, p. 281).

1912

83 Rêves orientables.
– *O.C. I.*
– *Üeber lenkbare Träume. Zb.*, 1911-12 (II, 31-32). – *B.*, II, p. 137.
→ – Kormànyozhatò àlmok. "Ideges tünetek".
– Dirigible dreams. *Fin.*, p. 313.

84 Le concept d'introjection.
– *O.C. I.*
* – *Zur Begriffsbestimmung der Introjektion. Zb.*, 1911-12 (II, 198-200). – *B.*, I, p. 58.
→ – Az introjekciò fogalmi meghatàrozàsa. "Ideges tünetek".
– On the definition of introjection. *Fin.*, p. 316.

85 Symptômes transitoires au cours d'une psychanalyse.
– *O.C. I.*
* – *Üeber passagère Symptombildungen während der Analyse. Zb.*, 1911--12 (II, 588-96). – *B.*, II, p. 9.
→ – Mulò szimptòmaképzödés a pszichoanalizis folyamàn. *Gy.*, 1913, n.° 11. Contenu dans "Ideges tünetek" sous le titre de: Ideges tünetek keletkezése és eltünése a pszichoanalizis folyamàn.
– On transitory symptom-constructions during the analysis. *C.*, p. 193.

86 Un cas de "déjà vu".
– *O.C. I.*
– Ein Fall von "déjà vu". *Zb.*, 1911-12 (II, 648). – *B.*, II, p. 161.
→ – A rémlés (déjà vu) egy esete. "Ideges tünetek".
– A case of "déjà vu". *Fin.*, p. 319.

87 La généalogie de la "feuille de figuier".
– *O.C. I.*
→ – Zur Genealogie des "Feigenblattes". *Zb.*, 1911-12 (II, 678). – *B.*, III, p. 40.
– On the genealogy of the "fig-leaf". *Fin.*, p. 321.

88 Métaphysique = métapsychologie.
– *O.C. I.*
→ – Metaphysik = Metapsychologie. *Zb.*, 1911-12 (II, 678) – *B.*, III, p. 40.

* – Metaphysics = Metapsychology. *Fin.*, p. 322.
89 Paracelse, aux médecins.
    – *O.C. I.*
    →– Paracelsus an die Arzte. *Zb.*, 1911-12 (II, 678). – *B.*, III, p. 41.
    * – Paracelsus to the physicians. *Fin.*, p. 323.
90 Goethe, de la valeur de réalité de l'imagination du poète.
    – *O.C. I.*
    →– Goethe über den Realitätswert der Phantaise beim Dichter. *Zb.*, 1911-12 (II, 679). – *B.*, IV, p. 11.
    * – Goethe on the reality value of the poet's fantasy. *Fin.*, p. 324.
91 Un précurseur de Freud (Dr. S. Lindner).
    – *O.C. I.*
    →– Dr. S. Lindner. *Zb.*, 1911-12 (II, 162). – *B.*, IV, p. 11.
    – Dr. S. Lindner: a forerunner of Freud's in the theory of sex. *Fin.*, p. 325.
92 La figuration symbolique des principes de plaisir et de réalité dans le mythe d'Oedipe.
    – *O.C. I.*
    * – Symbolische Darstellung des Lust- und Realitäts-prinzips im Oedipus-Mythos. *Im.*, 1912 (I, 276-84). – *P.V.*, p. 142.
    →– Symbolic representation of the pleasure and reality principles in the Oedipus myth. *C.*, p. 253.
93 Philosophie et psychanalyse.
    – *O.C. I.*
    – Philosophie und Psychoanalyse. Bemerkungen zu einem Aufsatz des Herrn Prof. James J. Putnam. *Im.*, 1912 (I, 519-26). – *P.V.*, p. 142.
    →– Filozòfia és pszichoanalizis. "Ideges tünetek".
    * – Philosophy and Psycho-analysis. *Fin.*, 326.
94 Suggestion et psychanalyse.
    – Suggestion und Psychoanalyse. Exposé fait à "l'École Libre des Sciences Sociales" de Budapest. Contenu dans *P.V.*, p. 70.
    →– Szuggesztiò és pszichoanalizis. "Lelki problémàk".
    * – Suggestion and psycho-analysis. *F.C.*, p. 55. Également sous le titre: Psycho-analysis of suggestion and hypnosis. Trans. Psycho--Med. Soc., London, 1912 (III, Pt. 4).
95 Une image frappante de l'"inconscient".
    – *O.C. I.*
    →– Ein treffendes Bild des "Unbewussten". *Zb.*, 1912-13 (III, 52). – *B.*, III, p. 41.
    – A striking picture of the "unconscious". *F.C.*, p. 350.
96 Interprétation de fantasmes d'inceste dans un acte manqué de Brantôme.
    – *O.C. I.*

→ – Deutung unbewusster Inzestphantasien aus einer Fehlleistung (von Brantome). *Zb.*, 1912-13 (III, p. 53). – *B.*, III, p. 42.
– The interpretation of unconscious incest fantasies from a parapraxis (Brantome). *Fin.*, p. 335.

97 La connaissance de l'inconscient.
– *O.C. I.*
→ – A tudattalan megismerése. Paru dès 1911 dans "Szabad gondolat". Contenu dans "Lelki problémàk".
– Zur Erkenntnis des Unbewussten. *B.*, III, p. 26.
– Exploring the unconscious. *Fin.*, p. 308.

98 Problèmes psychiques à la lumière de la psychanalyse.
– Lelki problémàk a pszichoanalizis megvilàgitàsàban. Manò Dick, Budapest, 1re éd., 1912, 2e éd., 1919, 3e éd., 1922. Contient: 67, 75, 76, 78, 79, 80, 94, 97.

99 Préface à "Psychanalyse" de Freud, Manò Dick, Budapest, 1re éd., 1912, 2e éd., 1915, 3e éd., 1919.

100 Contribution à l'étude de l'onanisme.
– *O.C. I.*
→ – Üeber Onanie. Contribution à une discussion à la Société de Psychanalyse de Vienne, à Vienne en l'été 1912. J. F. Bergman, Wiesbaden, 1912. – *B.*, III, p. 33.
* – Az onàniàròl. "Ideges tünetek".
* – On onanism. *C.*, p. 185.

101 Notes de lecture: "Le mécanisme psychique des maladies mentales" par le Dr. J. Brenner (Csàth Géza).
– Rf Brenner, Dr. J. (Csàth Géza) "Az elmebetegségek pszichikus mechanismusa". *Gy.*, 1912, n.° 24.

102 Notes de lecture: "Prophylaxie gynécologique dans la démence" par le Prof. Dr. L. M. Bossi.
– Rf Bossi, Prof. Dr. L. M.: Die gynäkologische Prophylaxe bei Wahnsinn., *Zb.*, 1912-13 (III, 87).

GRÁFICA PAYM
Tel. [11] 4392-3344
paym@graficapaym.com.br